# 作者简介

**张睿**，管理学博士，桂林理工大学旅游与风景园林学院教授，博士生导师，研究领域包括乡村旅游、知识管理、创新和创业管理等。主持 9 项国家级和省级科研项目，近年来围绕民族地区乡村旅游主持完成国家社科基金项目 1 项、省社科基金项目 2 项，参与国家级科研项目 5 项，发表 CSSCI、SSCI 和 SCI 等检索论文 20 余篇，研究成果获省级奖项 2 项。主持省级教改项目 1 项，主编教材获 2024 年广西普通本科高校优秀教材二等奖，作为主讲教师获第五届全国高校教师教学创新大赛广西赛区一等奖。

**孙雨芹**，东北财经大学工商管理学院博士研究生，研究领域包括战略管理、产业经济、乡村旅游等。参与国家社会科学基金项目、国家自然科学基金项目、广西哲学社会科学项目等多个科研项目，主持 2 项广西旅游产业研究院研究生科研项目。在《旅游学刊》《旅游科学》《技术经济》等国内外学术期刊发表论文 4 篇。获桂林理工大学"科研活动"先进个人、桂林理工大学年度三好学生、桂林理工大学优秀毕业生等荣誉称号。

# 民族地区乡村旅游人才培育与产业升级研究

张睿 孙雨芹 著

本书聚焦民族地区乡村旅游人才培育与产业升级，系统研究旅游职业农民知识转移及产业进化机制，通过构建模型、实证分析与案例研究，揭示知识转移的过程、影响因素、效果及产业进化组态路径，剖析产业跨越动力机制。在此基础上，本书提出针对性的策略建议，涵盖政策设计、人才培养举措与产业升级对策，旨在为民族地区乡村旅游的可持续发展提供理论支撑与实践指导，推动乡村产业振兴。

本书适用于致力于旅游发展研究的学者、政策制定者、行业从业者以及旅游管理类专业学生。

### 图书在版编目（CIP）数据

民族地区乡村旅游人才培育与产业升级研究 / 张睿，孙雨芹著. -- 北京：机械工业出版社，2025.9.
ISBN 978-7-111-79041-9

Ⅰ. F592.3

中国国家版本馆 CIP 数据核字第 20252FX844 号

机械工业出版社（北京市百万庄大街22号　邮政编码100037）
策划编辑：朱鹤楼　　　　　责任编辑：朱鹤楼　章承林
责任校对：郑　婕　陈　越　责任印制：邓　博
北京中科印刷有限公司印刷
2025年9月第1版第1次印刷
169mm×239mm・15.25 印张・3 插页・208 千字
标准书号：ISBN 978-7-111-79041-9
定价：128.00元

电话服务　　　　　　　　　网络服务
客服电话：010-88361066　　机　工　官　网：www.cmpbook.com
　　　　　010-88379833　　机　工　官　博：weibo.com/cmp1952
　　　　　010-68326294　　金　书　网：www.golden-book.com
封底无防伪标均为盗版　　　机工教育服务网：www.cmpedu.com

# 前言

在新时代背景下，民族地区乡村旅游的蓬勃发展，成为实施乡村振兴战略的重要力量。然而，要实现可持续发展与进一步提升竞争力，人才培育与产业升级成为关键议题。在此背景下，本书应运而生，致力于深入探讨民族地区乡村旅游人才培育与产业升级的相关问题，以期为该领域的研究与实践提供理论支持与实践指导。

本书的研究内容涵盖了民族地区乡村旅游人才培育与产业升级两方面。在人才培育上，我们深入探讨了乡村旅游职业农民知识转移的演进过程、影响因素以及效果促进策略。通过对知识转移过程的系统分析，揭示了乡村旅游职业农民知识转移的动态演进规律，为提高乡村旅游职业农民的知识水平和技能素养提供了理论依据和实践指导。在产业升级上，我们研究了民族地区乡村旅游产业进化模式与路径、产业跨越动力与机制仿真，以及促进产业升级的策略。通过构建理论模型和实证分析，为民族地区乡村旅游产业升级提供科学指导。

本书的研究工作由桂林理工大学旅游与风景园林学院张睿教授及其研究生孙雨芹共同完成。本书的出版获得了国家社会科学基金项目（21BGL153）、广西高等教育本科教学改革工程项目（2025JGA232）和广西文化旅游产业学院专项经费、旅游管理一流学科建设经费的资助。本书得到了桂林理工大学旅游与风景园林学院领导的高度重视与悉心关怀，为研究工作的完成提供了坚实的保障。同时，众多教师在学术交流、资料共享等方面给予了无私的帮助。在此，我们向桂林理工大学旅游与风景园林学院的领导与教师们致以诚挚的感谢。感谢东北财经大学工商管理学院博士生姬长旭对文本分析和数据计算所付出的辛勤努力，以及桂林理工大学旅游与风景园林学院硕士生于莹莹在文字校对和润色工作中的精心付出，他们的专业素养和敬业精神为本书的顺利完成提供了重要支持。此外，我们在本书的撰写过程中参考了大量学者的论文、著作、观点和成果（详见"参考文献"），在此，谨向所有相关学者表示诚挚的谢意！特别感谢机械工业出版社朱鹤楼编辑，他的建议和修改意见使本书的质量得到了显著提升，我们衷心感谢他的付出。

在本书撰写的过程中，我们力求内容的严谨性与实用性，但由于研究水平和时间精力有限，书中难免存在不足之处，敬请广大读者不吝赐教。

张 睿

前言

# 第一部分 导读

## 第1章 绪论 /2

### 1.1 研究背景与研究对象 /2
1.1.1 研究背景 /2
1.1.2 研究对象 /4

### 1.2 主要研究内容 /4
1.2.1 乡村旅游职业农民知识转移研究 /4
1.2.2 乡村旅游产业进化与产业跨越研究 /6
1.2.3 乡村旅游人才培育与产业升级策略 /6

### 1.3 研究方法与技术路线 /7
1.3.1 研究方法 /7
1.3.2 技术路线 /10

### 1.4 研究取得的创新之处 /11
1.4.1 在乡村人才培育研究中取得的创新性研究成果 /12
1.4.2 在乡村产业升级研究中取得的创新性研究成果 /13

# 第二部分 民族地区乡村旅游人才培育研究

## 第2章 乡村旅游职业农民知识转移演进过程研究 /18

### 2.1 引言 /18

### 2.2 文献综述 /19
2.2.1 旅游领域的知识转移研究 /20

2.2.2　知识转移过程模型研究　/ 21
　　　2.2.3　旅游职业农民知识转移过程研究　/ 22
　　　2.2.4　研究评述　/ 23
　2.3　研究设计　/ 23
　　　2.3.1　分析框架　/ 23
　　　2.3.2　研究方法　/ 24
　　　2.3.3　案例选择　/ 25
　　　2.3.4　数据收集与分析　/ 26
　2.4　研究内容　/ 27
　　　2.4.1　旅游职业农民知识转移演进过程阶段划分　/ 27
　　　2.4.2　旅游职业农民知识转移动态演进过程模型　/ 48
　2.5　研究结论　/ 50

# 第3章　乡村旅游职业农民知识转移影响因素解释结构模型研究　/ 53

　3.1　引言　/ 53
　3.2　文献综述　/ 54
　　　3.2.1　知识转移概念与影响因素　/ 55
　　　3.2.2　旅游职业农民知识转移影响因素　/ 60
　　　3.2.3　研究评述　/ 61
　3.3　研究设计　/ 61
　　　3.3.1　分析框架　/ 61
　　　3.3.2　研究方法　/ 62
　　　3.3.3　数据收集　/ 68
　3.4　研究内容　/ 71
　　　3.4.1　旅游职业农民知识转移影响因素界定　/ 71
　　　3.4.2　知识转移影响因素解释结构模型构建　/ 76
　3.5　研究结论　/ 81

# 第4章　乡村旅游职业农民知识转移效果研究　/ 86

　4.1　引言　/ 86

4.2 理论基础与研究假设 / 89

 4.2.1 MOA 框架 / 89

 4.2.2 信任的调节作用 / 92

 4.2.3 概念模型 / 93

4.3 研究设计 / 93

 4.3.1 研究方法 / 93

 4.3.2 问卷设计 / 94

 4.3.3 数据收集 / 95

4.4 实证分析 / 96

 4.4.1 探索性因子分析 / 96

 4.4.2 验证性因子分析 / 97

 4.4.3 结构方程模型分析 / 97

 4.4.4 调节效应检验 / 98

4.5 研究结论 / 99

# 第三部分　民族地区乡村旅游产业升级研究

## 第 5 章　乡村旅游产业进化模式与路径研究　/ 104

5.1 引言 / 104

5.2 理论基础与模型构建 / 105

 5.2.1 产业进化的起源与过程 / 105

 5.2.2 现代资源观理论下的乡村旅游产业进化 / 107

 5.2.3 乡村旅游产业进化过程模式 / 108

5.3 研究设计 / 108

 5.3.1 案例地选取 / 108

 5.3.2 定性比较分析法 / 109

 5.3.3 数据收集 / 109

5.4 研究内容 / 110

 5.4.1 乡村旅游产业进化影响因素模型 / 110

   5.4.2　乡村旅游产业进化组态路径　/ 115

   5.4.3　乡村旅游产业进化路径综合分析　/ 120

  5.5　研究结论　/ 121

第6章　乡村旅游产业跨越动力与机制仿真研究　/ 123

  6.1　引言　/ 123

  6.2　文献综述　/ 125

   6.2.1　旅游产业发展研究　/ 125

   6.2.2　乡村旅游产业发展研究　/ 127

   6.2.3　乡村旅游产业发展的驱动因素　/ 128

   6.2.4　研究评述　/ 130

  6.3　理论基础与模型构建　/ 131

   6.3.1　理论基础　/ 132

   6.3.2　模型构建　/ 135

  6.4　研究设计　/ 139

   6.4.1　数据收集　/ 140

   6.4.2　数据处理　/ 141

  6.5　研究内容　/ 141

   6.5.1　乡村旅游产业跨越过程模型　/ 142

   6.5.2　乡村旅游产业跨越驱动因素　/ 142

   6.5.3　乡村旅游产业跨越动力机制　/ 147

   6.5.4　乡村旅游产业跨越动力系统仿真分析　/ 153

   6.5.5　仿真分析结论　/ 174

  6.6　研究结论　/ 176

**第四部分　民族地区乡村旅游人才培育与产业升级策略**

第7章　促进乡村旅游人才培育与产业升级的对策　/ 180

  7.1　系统动力学模型构建　/ 180

   7.1.1　模型适用性分析　/ 180

7.1.2 因果关系模型与反馈回路 / 180
　　7.1.3 模型假设与系统流图 / 183
　　7.1.4 方程设计及说明 / 184
7.2 模型仿真与灵敏度分析 / 185
　　7.2.1 模型检验 / 185
　　7.2.2 系统模型的灵敏度分析 / 189
7.3 民族地区乡村旅游人才培育策略 / 197
　　7.3.1 农民应主动适应知识转移过程中的职业转变 / 197
　　7.3.2 政府应多措并举提高知识转移效果 / 198
　　7.3.3 乡村旅游精英应发挥带头作用，积极分享经验教训 / 199
　　7.3.4 外来经营者应打破知识壁垒，做好知识转移榜样 / 200
　　7.3.5 旅游企业应配合国家战略，积极推动旅游产业升级 / 201
7.4 民族地区乡村旅游产业升级策略 / 201
　　7.4.1 推动建立学习型组织和多类型知识联盟 / 201
　　7.4.2 促进乡村旅游企业合理配置资源 / 202
　　7.4.3 优化政策环境对乡村旅游产业的促进作用 / 203
　　7.4.4 增强乡村旅游产业创新能力 / 203
　　7.4.5 旅游产业跨越不同阶段的具体对策 / 204

# 附　录

附录 A　专家调查问卷 / 210

附录 B　典型证据编码表 / 213

# 参考文献

第一部分

# 导　读

# 第1章 绪　　论

## 1.1 研究背景与研究对象

本节聚焦民族地区乡村振兴战略实施中的关键议题，系统阐述民族地区乡村旅游人才培育与产业升级的研究背景与研究对象。

### 1.1.1 研究背景

持续推进脱贫地区发展、加快发展乡村富民产业是实现全面乡村振兴的关键抓手和重要支撑。作为脱贫攻坚的"硬骨头"和"最短板"，民族地区依然是我国巩固拓展脱贫攻坚成果的重点区域[1]。数据显示，2016—2020年，中央累计安排财政专项扶贫资金2415.2亿元用于支持民族八省区，占全国总量的45.5%。2021年以来，中央财政衔接推进乡村振兴补助资金累计安排民族八省区2359亿元，占全国总量的47.5%。由此可见，确保民族地区经济发展仍然是我国今后巩固脱贫成果、实现乡村振兴的艰巨任务。

农民是乡村振兴的主体。农民作为乡村内生发展最重要的主体力量，其主体性和自主性主要是指他们在乡村振兴过程中所表现出来的主

---

[1] 王琪. 让民族团结与乡村振兴同频共振：民族地区扎实推进巩固拓展脱贫攻坚成果同乡村振兴有效衔接纪实[N/OL]. 中国民族报，2023-09-12[2023-09-12]. http://210.12.104.26:81/epaper/index.html?id=1701401495351590912&time=20230912&bc=01B.

人翁地位和创造能力。民族地区的乡村产业以农业为主，缺少中东部地区产业集聚和基础设施建设带来的发展机会，而民族村寨拥有优美的自然生态环境和丰富多彩的少数民族文化，发展乡村旅游是现阶段实施乡村振兴的重要路径。乡村振兴的实施主体是农民，民族地区乡村旅游从业人员主要是从传统农业生产转化而来的知识文化层次偏低、旅游服务技能有限、综合素质不高的少数民族农民，无法满足乡村旅游产业规模迅速扩张和产业结构优化、多领域融合发展的需求，很难承担起实现乡村振兴的重任。

人才振兴是乡村振兴的关键[1]。如何破解民族地区乡村"人才困境"成为亟待解决的问题。知识转移作为促进后脱贫时代乡村旅游产业与人才双振兴的有效途径，能够提高农民的乡村旅游服务能力、管理能力、技术应用能力和对乡村旅游发展的判断能力，增强农民内生发展动力，在民族地区传统农民成长为旅游职业农民的过程中发挥着重要作用。

产业振兴是乡村振兴的物质基础、重中之重，是乡村振兴的首要任务[2]。优质乡村企业是产业振兴的重要推动力量。实践中，现阶段民族地区乡村旅游产业面临产业规模不足、粗放增长及同质化严重等一系列困境。产业生命周期理论指出，产业发展遵循初创、成长、成熟与衰落的"S"形曲线。处于快速成长期的乡村旅游产业对旅游地市场规模提升和乡村经济发展影响更显著，聚焦于乡村旅游产业向成长期的质量转变才能真正推动乡村振兴。

基于此，本书对旅游职业农民知识转移展开研究，剖析少数民族乡

---

[1] 新华社. 中共中央 国务院关于学习运用"千村示范、万村整治"工程经验有力有效推进乡村全面振兴的意见[EB/OL]. (2024-01-01)[2024-02-03]. https://www.gov.cn/gongbao/2024/issue_11186/202402/content_6934551.html.

[2] 新华社. 中共中央 国务院关于全面推进乡村振兴加快农业农村现代化的意见[EB/OL]. (2021-01-04)[2021-02-21]. https://www.gov.cn/gongbao/content/2021/content_5591401.htm.

村旅游职业农民知识转移过程及影响因素，揭示主客知识转移效果影响路径，提出促进旅游职业农民知识转移效果的对策建议。此外，本书从民族地区乡村产业振兴视角出发，对乡村旅游产业从初创期向成长期的质量转变展开研究。

### 1.1.2 研究对象

基于以上分析，本书首先聚焦于民族地区乡村本土人才振兴，以旅游职业农民为研究对象，研究旅游职业农民知识转移演化过程、影响因素和主客知识转移效果影响路径。在民族地区乡村产业振兴视域，以乡村旅游产业为研究对象，揭示少数民族乡村旅游产业进化过程、前因条件及多重条件联动匹配的本质，以及构建并仿真分析乡村旅游产业跨越动力机制。

其次，基于以上研究结论，总结提出民族地区乡村旅游人才培育与产业升级策略，以期为民族地区乡村旅游人才振兴和产业振兴提供理论依据和实践指导。

## 1.2 主要研究内容

本节将介绍本书的主要研究内容，具体为：乡村旅游职业农民知识转移研究、乡村旅游产业进化与产业跨越研究、乡村旅游人才培育与产业升级策略。

### 1.2.1 乡村旅游职业农民知识转移研究

**1. 乡村旅游职业农民知识转移动态演进过程**

首先，借鉴陆林和刘烊铭（2019）提出的旅游地生命周期理论，选取广西龙脊梯田景区开展纵向单案例研究，根据案例地乡村旅游发展过程中的关键事件指标,进行民族地区旅游职业农民知识转移过程阶段划分;其次,根据 Albino 等学者(1998)提出的知识转移要素模型,从转移情境、知识源、知识接收方、转移内容四个维度,识别民族地区旅游职业农民在知识转移萌芽阶段、发展阶段和成熟阶段的转移过程及主要影响因素;最后,根据民族地区乡村情境下知识转移的多阶段演进过程特征,构建民族地区旅游职业农民知识转移动态演进过程模型。

**2. 乡村旅游职业农民知识转移影响因素解释结构模型研究**

首先,兼顾案例的典型性、数据的可获得性和理论抽样三个方面,选取广西龙脊梯田景区、程阳八寨景区和贵州肇兴侗寨景区开展多案例研究,从知识转移过程视角识别民族地区旅游职业农民知识转移影响因素;其次,运用 DEMATEL-MMDE-ISM(决策实验室法–最大平均逆熵法–解释结构模型)方法,根据影响因素间层次关系和相互影响关系,建立民族地区旅游职业农民知识转移影响因素解释结构模型;最后,结合案例地旅游产业发展实践和前人研究成果,阐释模型中影响因素的重要程度和作用机制。

**3. 乡村旅游职业农民知识转移效果研究**

首先,从旅游职业农民个体视角出发,借鉴 MOA(动机–机会–能力)模型探索动机、机会、能力和信任对民族地区旅游职业农民"主客"知识转移效果的影响,提出民族地区旅游职业农民"主客"知识转移效果影响因素概念模型;其次,采用结构方程模型分析法实证检验知识转移影响因素理论模型;最后,结合实证验证结果和旅游职业农民知识转移实践,并参考已有研究,探究转移主体行为特征和关系属性对知识转移效果的具体作用和影响路径。

### 1.2.2 乡村旅游产业进化与产业跨越研究

**1. 乡村旅游产业进化模式与组态路径研究**

首先，基于产业进化理论、现代资源观理论和乡村旅游产业进化的特征，理论分析乡村旅游产业进化过程模式；其次，遵循"资源渠道–资源行为–结果"的资源配置逻辑主线，根据资源获取渠道，结合案例地实践提取影响乡村旅游产业进化的内外部影响因素，构建民族地区乡村旅游产业进化影响因素模型；最后，运用 fsQCA（模糊集定性比较分析）法，对民族地区乡村旅游产业进化路径进行分析，探究乡村旅游产业进化的条件组态路径及多重条件联动匹配的本质，对比分析乡村旅游产业进化不同路径及其适应条件。

**2. 乡村旅游产业跨越动力及机制仿真研究**

首先，根据乡村旅游产业的系统性与动态演变特征，对乡村旅游产业系统进行解构，以物理学能量守恒和转换定律作为阐释驱动产业系统演进过程的理论基础，构建乡村旅游产业跨越过程模型；其次，借鉴旅游产业生命周期理论，结合案例地乡村旅游产业发展过程中的旅游人数、旅游收入以及关键事件等划分乡村旅游产业生命周期的阶段；再次，基于关键事件和线性趋势模拟结果界定民族地区乡村旅游产业跨越的过程，识别产业跨越动力因素，构建民族地区乡村旅游产业跨越的动力模型；最后，采用系统动力学研究法，复现民族地区乡村旅游产业子系统反馈回路图和子系统初级因果逻辑关系，构建并仿真分析民族地区乡村旅游产业跨越动力机制。

### 1.2.3 乡村旅游人才培育与产业升级策略

根据以上研究结论，构建系统动力学模型并仿真分析，提出民族地区乡村旅游人才培育和产业升级策略。在旅游职业农民知识转移效果提升策略上，本书提出：农民应主动适应知识转移过程的职业转变；政府应多措并举提高农民知识转移效果；乡村精英应发挥带头作用，积极分享经验教训；外来经营者应打破知识壁垒，做好知识转移榜样；旅游企业应配合国家战略，积极推动旅游产业升级。在乡村旅游产业升级策略上，本书提出：推动建立学习型组织和多类型知识联盟；促进乡村旅游企业合理配置资源；提高政策对乡村旅游产业发展的促进作用；制定旅游产业跨越不同阶段的具体对策。

## 1.3 研究方法与技术路线

本节介绍研究方法与技术路线。研究方法部分详细介绍本书使用的文献研究法、田野调查法、纵向单案例研究法、多案例研究法、DEMATEL-MMDE-ISM-MICMAC 方法、结构方程模型分析法、模糊集定性比较分析法、系统动力学研究法和仿真分析法。技术路线展示了研究的逻辑关系。

### 1.3.1 研究方法

#### 1. 文献研究法

文献研究法指通过搜集、鉴别、整理文献并对文献展开研究，形成科学认识的方法。本书借助中国知网、万方、Science Direct、Web of Science 以及 Google Scholar（谷歌学术）等国内外平台检索搜集关于各研究主题的相关文献，梳理分析国内外学者关于旅游地生命周期理论、知识转移、旅游职业农民知识转移、产业生命周期理论、产业进化、乡村旅游产业进化性等方面的最新研究成果，把握相关领域的研究前沿。全面掌握与本书研究相关的管理学、经济学和生物学经典理论，通过对现有理论的集成和整合构建研究主题的理论框架，用以指导本书的理论研究。

### 2. 田野调查法

田野调查法指调查人员到调查对象所在地收集实际资料的过程，包括访谈、参与性观察等。项目团队对广西龙脊梯田景区、程阳八寨景区和贵州肇兴侗寨景区、西江千户苗寨和鹤庆新华村等地进行了长期的实地调研，对调研地点的农民、工匠、外来创业者、旅游公司员工、游客、公益组织、景区管理人员和村委干部等利益相关群体进行了大量半结构访谈，深入了解当地旅游职业农民学习旅游经营相关知识的主要途径、实施知识转移影响因素、乡村旅游小企业发展过程、乡村旅游产业进化过程和产业跨越过程等，收集访谈数据并整理成文本资料，同时通过参与性观察收集相关资料，撰写田野笔记，为研究奠定基础。

### 3. 纵向单案例研究法

对民族地区旅游职业农民知识转移演进过程和乡村旅游产业发展过程的研究采用纵向单案例研究法，具体原因有如下几个方面。首先，案例研究适合对现实中某一复杂和具体的问题进行深入和全面的考察，构建和验证新的理论。本书的研究目标包括探究旅游职业农民知识转移和乡村旅游产业发展呈现出怎样的演进过程以及影响因素的动态变化，属于回答"How"的问题范畴，适合采用案例研究。其次，旅游职业农民知识转移和乡村旅游产业发展过程是一个复杂且动态的多阶段演进过程，不同阶段存在差异性，纵向单案例研究有助于反映研究案例各个阶段的变化情况，适用于本书的研究主题。

### 4. 多案例研究法

本书采用多案例研究法探寻具有普适性的旅游职业农民知识转移影响因素。选择该方法的原因在于，归纳性的理论化是质性研究的基石，具有代表性的多案例研究可以相互印证、相互补充，以更好地分析问题并形成具有共性的结论，适用于构建更具普适性的理论。

### 5. DEMATEL-MMDE-ISM-MICMAC 方法

本书采用 DEMATEL-MMDE-ISM-MICMAC 方法分析旅游职业农民知识转移影响因素间的重要程度、相互关系、层次结构关系、影响路径和驱动力、依赖性等方面。DEMATEL-MMDE-ISM-MICMAC 方法是一种将决策实验室法（DEMATEL）、最大平均逆熵法（MMDE）、解释结构模型（ISM）和交叉影响矩阵相乘法（MICMAC）相结合，对复杂系统进行分析决策的方法。选择该方法的原因在于，DEMATEL 能够对复杂系统进行有效分析，ISM 能够构建出具有层级特性的递阶解释结构模型，进而分析各因素间的相互关联关系。将 DEMATEL 获得的结果与 ISM 相结合需要设置一个合理的阈值，MMDE 作为一种利用熵函数计算合适阈值的科学算法有效解决了这一问题。最后，区别于 ISM 只能对因素间的直接关系做出评判，MICMAC 能评估因素相互影响的程度，根据因素的驱动力和依赖性对其进行分类，将其分成独立因素、依赖因素、联动因素和自发因素四类，弥补解释结构模型的不足。

### 6. 结构方程模型分析法

本书采用结构方程模型分析法验证民族地区旅游职业农民知识转移效果影响路径。选择该方法的原因在于，以往研究 MOA 的方法包括探究 MOA 三个变量之间互补关系的乘法模型、针对三个变量之间复杂因果关系和具体结果的 fsQCA 方法、变量间交互关系的回归分析、结构方程模型（SEM）等。根据研究目标，结构方程模型用于检验各因素之间的相关性。这种全面的多元统计分析方法可以同时检验概念模型中所有变量之间的关系。

### 7. 模糊集定性比较分析法

模糊集定性比较分析（fsQCA）法是一种基于布尔集合对中小数量案例进行组态分析的方法，适用于解释结果等效性、因果不对称性的"多重并发因果"现象。本书选取这一方法对乡村旅游产业进化展开研究，主要基于如下理由：第一，研究主题涉及多资源要素及其交互作用，模糊集定性比较分析法可衡量进化过程的多条件变量组态效应、探究复杂因果本质；第二，受研究层次及案例地产业规模的约束，样本量难以满足大样本要求，而 fsQCA 可弥补该不足。

### 8. 系统动力学研究法

系统动力学研究法以系统要素之间的关系和联系作为研究重点，具有处理长期、动态、非线性问题的特性，通过整合定性与定量研究、利用计算机仿真进行建模，并把数值、文字资料以及主观资料作为建模依据。乡村旅游产业经济系统包含了大量相互依存、非线性因素的动态复杂系统。因此，本书运用系统动力学方法探究构建基于组织学习与知识管理协调作用的动态能力动力机制，以及乡村旅游产业跨越动力机制的科学性和合理性。

### 9. 仿真分析法

本书借助仿真分析法，采用模型有效性、稳定性和极端值检验三种方式检验乡村旅游产业跨越系统模型，仿真分析驱动力对动力系统综合反馈回路的作用效果，以弥补研究所需的实际数据难以或无法获取的不足。

## 1.3.2 技术路线

本书的技术路线图如图 1-1 所示。

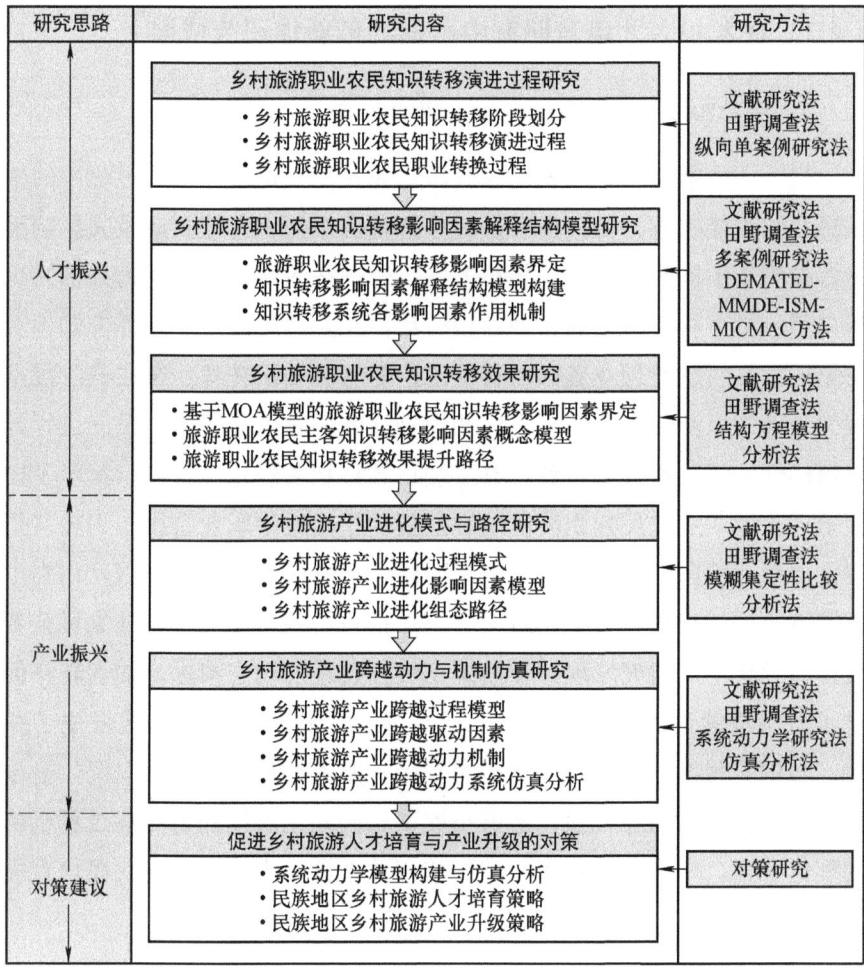

图 1-1　技术路线图

## 1.4 研究取得的创新之处

本书基于民族地区乡村旅游产业发展实践，围绕"人才振兴和产业振兴"这一核心主题，沿着"基础理论分析—应用实践研究—政策建议"递进展开的分析逻辑，分别从民族地区乡村本土人才培育和产业升级这两个维度开展了深入研究，取得了如下创新性研究成果。

## 1.4.1 在乡村人才培育研究中取得的创新性研究成果

**1. 旅游职业农民知识转移过程研究方面**

第一，清晰刻画了民族地区旅游职业农民知识转移演进过程中的知识源、知识接收方、转移内容、转移情境四个知识转移要素及其影响因素，指明了不同阶段的知识转移方向，即：在萌芽阶段呈现为外部知识源向第一批乡村旅游创业者的知识转移；在发展阶段呈现为外部知识源与第一批乡村旅游创业者向乡村旅游追随者的知识转移；在成熟阶段呈现为外部知识源向旅游职业农民知识转移的同时旅游职业农民间进行内部流动性知识转移，丰富和完善了知识转移相关理论。第二，揭示了民族地区旅游职业农民知识转移演进过程，指出旅游职业农民知识转移呈现为"萌芽阶段—发展阶段—成熟阶段"三阶段动态演进过程，识别出不同阶段的知识转移分别由政府、第一批乡村旅游创业者与外来经营者发挥主导作用。研究发现，伴随知识转移过程的动态演进，知识转移促进了旅游经营的成功与旅游收入的提高，导致农民生计模式发生了变化，知识转移推动农民实现"传统农民—亦农亦旅的'两栖农民'—旅游职业农民"的职业转换。本书拓展了旅游职业农民知识转移过程机制的理论研究，丰富和完善了知识转移相关理论，为旅游职业农民培育提供理论基础。

**2. 旅游职业农民知识转移影响因素解释结构模型研究方面**

第一，识别出13个因素影响民族地区旅游职业农民知识转移系统。第二，构建旅游职业农民知识转移影响因素解释结构模型，明晰了各因素层次结构关系，其中：社会文化、转移能力、转移意愿、信任关系、知识势差、外来经营者的冲击和知识的层次性位于ISM图L1层，是系统的直接因素；知识的专业性和国家战略位于ISM图L2层，是系统的关键因素；技术进步、先前经验、经济收入刺激和知识瓶颈是系统的根源因素。第三，揭示了旅游职业农民知识转移影响因素间的影响关系及其对知识转移系统的作用机制。研究发现：技术进步是知识转移系统唯一的独立因素和驱动因素，在系统里承担着驱动的角色，对各因素具有强驱动；知识的专业性对知识转移系统的影响程度最为显著，知识的专业性和转移意愿是依赖因素，受根源因素影响较大；先前经验的原因度最高，其主动性强，在系统中较少受到其他因素影响，但极易对其他因素产生影响且影响程度大；国家战略是知识转移系统的关键因素，受根源因素影响并通过直接因素作用于知识转移系统。本书明确了旅游职业农民知识转移影响因素的重要程度、层次结构关系及其对知识转移系统的作用机制，为有针对性地提出民族地区乡村旅游职业农民培育策略提供理论支持。

**3. 旅游职业农民知识转移效果研究方面**

第一，基于 MOA 模型理论构建民族地区旅游职业农民"主客"知识转移效果影响因素概念模型。第二，揭示民族地区旅游职业农民"主客"知识转移效果影响路径，即：知识转移机会对知识转移效果有显著正向影响；知识转移动机和知识转移能力显著正向影响知识转移机会，并通过知识转移机会间接影响知识转移效果；信任在知识转移机会与效果间并不起明显的正向调节效应。第三，研究证实机会在特殊情境下可以作为 MOA 模型中的主要驱动力；民族地区旅游职业农民对外部知识源的信任程度较高，继续增加知识转移主体间的信任程度难以获得更多正向反馈。本书从旅游职业农民个体视角出发，明确了转移主体行为特征和关系属性对知识转移效果的作用和影响路径，有助于从外部知识源和旅游职业农民视域探索知识转移效果提升对策。

## 1.4.2 在乡村产业升级研究中取得的创新性研究成果

**1. 乡村旅游产业进化研究方面**

第一，基于现代资源观理论和经济进化论，通过自上而下的理论建构勾勒出乡村旅游产业的"自由演化—市场选择—实现进化"螺旋式进化过程，结合自下而上的文本编码识别出民族地区乡村旅游产业进化影响因素，即：组织学习能力、人力资本、技术创新、知识联盟、正式制度、创业环境促进民族地区旅游产业完成进化过程。第二，提出民族地区乡村旅游产业进化路径，研究发现 6 个因素联动匹配构成 5 组前因构型，均是民族地区乡村旅游产业完成"自由演化—市场选择—实现进化"的有效路径。第三，揭示出在民族地区乡村情境下，组织学习能力是推动民族地区乡村旅游企业在市场选择中获胜的核心根源，技术创新未成为引起产业素质质变的核心要素。本书揭示了民族地区乡村旅游产业进化的复杂因果本质，丰富了经济进化的理论内涵。

**2. 乡村旅游产业跨越研究方面**

第一，基于物理学理论，阐释乡村旅游产业跨越的本质和过程，建立乡村旅游产业跨越过程模型。第二，厘清并识别出民族地区乡村旅游产业跨越过程和关键驱动因素，即：领军企业、竞合关系、政策支持是民族地区乡村旅游产业跨越的能量源，驱动乡村旅游产业历经累积、整合并实现跨越的过程。第三，构建了民族地区乡村旅游产业跨越的系统动力学模型并进行量化模拟分析，展现民族地区乡村旅游产业跨越过程中各驱动因素对创新能力、环境及市场子系统的作用机制。研究发现，在跨越过程中，表征产业素质和收益的三个子系统通过正负反馈交互作用促进系统有效运转；政策环境对环境子系统贡献最大且有利于缩短跨越年限；领军企业与竞合关系是产业创新能力子系统的主要驱动力；领军企业对创新能力的边际贡献持续增加，竞合关系对创新能力的促进由强变弱且提高系统进入壁垒、抑制市场子系统中企业的吸引力。本书为民族地区乡村增强内生发展动力，实现乡村旅游产业振兴提供理论透镜和助力。

以上述创新为要点,本书形成了一个完整的体系,对民族地区"乡村人才振兴和产业振兴"主题涉及的主要问题做出了科学的回答。研究结论为我国乡村振兴理论提供新的研究视角,对推进民族地区乡村振兴具有启迪和借鉴意义。

第二部分

## 民族地区乡村旅游人才培育研究

# 第 2 章 乡村旅游职业农民知识转移演进过程研究

## 2.1 引言

当前我国脱贫攻坚战已取得全面胜利，但民族地区乡村振兴仍是实现乡村全面振兴的重点和难点。民族地区的乡村产业以农业为主，缺少中东部地区产业集聚和基础设施建设带来的发展机会，独具魅力的自然生态与民族文化旅游资源使得民族地区在发展乡村旅游上拥有得天独厚的优势，乡村旅游助推民族地区实现乡村振兴。然而，民族地区乡村旅游从业人员主要是从传统农业生产转化而来的知识文化层次偏低、旅游服务技能有限、综合素质不高的农民，无法满足乡村旅游产业规模迅速扩张和产业结构优化、多领域融合发展的需求，很难承担起实现乡村振兴的重任。因此，要想把乡村旅游作为民族地区乡村振兴的突破点，就必须提升农民的知识水平，让农民学习旅游经营知识技能，成为具有科学文化素质、具备一定经营管理能力和专业服务技能的旅游职业农民。而知识转移作为促进后脱贫时代乡村旅游产业与人才双振兴的有效途径，能够提高农民的乡村旅游服务能力、管理能力、技术应用能力和对乡村旅游发展的判断能力，增强农民内生发展动力，在民族地区传统农民成长为旅游职业农民的过程中发挥着重要作用。

旅游职业农民知识转移是农民识别、移动、应用、内化与乡村旅游业生产和经营相关的各类显性和隐性知识的活动过程。围绕这个具有很强理论创新和现实意义的议题，国内外学者对旅游职业农民知识转移类型、知识转移效果、知识转移过程和影响因素等方面进行了探讨。现有研究主要关注特定情境下旅游职业农民间或旅游职业农民与外部知识源间的知识转移，然而由于成人学习的职业导向与任务导向特点，旅游职业农民知识转移的转移情境、转移主体与转移内容及其影响因素在乡村旅游发展进程中会随着知识转移过程的持续、农民知识存量的增多、职业角色的转变而动态变化，但尚未有研究对旅游职业农民知识转移的演化阶段、演进过程进行分析总结。

鉴于此，本部分拟结合具体案例，探索民族地区旅游职业农民知识转移过程阶段，分析不同阶段转移主体、转移情境、转移内容及其影响因素，揭示民族地区旅游职业农民知识转移演进过程，旨在探讨回答以下研究问题：民族地区旅游职业农民知识转移呈现为怎样的多阶段演进过程？不同阶段旅游职业农民知识转移的具体过程及主要影响因素是怎样的？农民在知识转移演进过程中实现了怎样的转变？广西龙脊梯田景区经历 30 多年的旅游开发，从传统少数民族社区转变为成熟的旅游地，探索出了实现民族乡村经济振兴的"龙脊模式"，当地农民也从传统农民转变为旅游职业农民，在这个过程中知识转移对农民的人力资本水平提升、内生发展动力增强起到了重要的促进作用，为本部分理论研究提供了典型样本。因此，本部分选取广西龙脊梯田景区为研究对象，针对上述问题进行纵向单案例研究，以期对既有旅游职业农民知识转移研究形成有益补充，为民族地区乡村旅游产业本土人才培养提供有针对性的理论指导和实践启示。

## 2.2 文献综述

本节的文献综述分为四个部分：旅游领域的知识转移研究、知识转移过程模型研究、旅游职业农民知识转移过程研究和研究评述。

### 2.2.1 旅游领域的知识转移研究

随着知识经济时代的到来，旅游业转型升级，实现高质量发展成为必然趋势，旅游产业发展的知识效应成为重要议题。但与一般商业研究领域涌现出了大量关于知识管理和知识转移的文献不同，旅游领域的知识转移研究相对较少，不过近年来知识转移逐渐成为旅游领域的一个热点研究方向。Hjalager（2002）较早对旅游业的创新过程和知识转移过程进行了分析，认为复杂且非重点的研究成果必须经过"提炼""编纂"和"调制"后才能流入旅游业成为旅游实践的一部分，并指出了旅游业中知识转移的四种不同渠道：贸易体系、技术体系、基础设施体系和法律法规体系。Cooper（2006）探讨了旅游领域知识转移的定义、旅游业知识转移模型以及旅游领域知识转移的知识源等内容。在 Hjalager、Cooper 研究的基础上，Shaw 和 Williams（2009）全面回顾了旅游领域的知识转移研究，强调了将知识管理和知识转移研究中快速发展的一些关键概念纳入旅游研究的重要性，讨论了旅游领域知识转移研究的方向，为后续学者的研究奠定了基础。目前，在旅游领域，知识转移理论主要关注酒店集团、旅游景区、旅游目的地小企业、旅行社等正式组织内部或组织间的知识转移相关研究。

在酒店集团研究方面，主要关注知识转移对酒店集团服务和品牌的影响、对提升酒店集团创新和竞争能力的意义、酒店集团知识转移影响因素等。其中：Molose 和 Ezeuduji（2015）的研究表明，知识转移对确保酒店服务一致性、提高游客满意度和增强企业竞争力等具有重要作用，特别要重视组织文化对员工知识转移态度与行为的影响；Larkin（2020）通过多案例研究发现，酒店内部的知识创造、转移和内化活动有助于酒店品牌身份的塑造；唐健雄等人（2023）通过对委托管理饭店知识转移进行研究发现，转移渠道、信任关系、激励制度、转移意愿、学习文化和知识复杂性等因素对知识转移的影响至关重要。

在旅游景区研究方面，主要关注知识转移在促进区域范围内旅游景区间知识流动和共享方面的重要作用。其中：Sørensen（2007）对西班牙马拉加省的深入研究表明，区域范围内旅游景区的社会网络由本地弱密集网络和非本地强稀疏网络组合而成，网络关系的强度是决定知识转移的重要因素，这种网络结构能够提供不同网络的信息优势，知识来源的多样性同样有力地促进了知识转移；Weidenfeld等学者（2010）的研究表明，旅游景区之间的空间邻近性、产品相似性和市场相似性会在一定空间范围内促进知识转移和创新溢出。

在旅游目的地小企业研究方面，主要关注知识转移对旅游目的地小企业创新的重要意义、旅游目的地小企业知识转移影响因素等方面。其中，Novelli等学者（2006）以英国为例探讨了网络和集群在旅游业中的过程和意义，认为网络和集群增加了旅游目的地小企业交流信息与知识转移的机会，这促进了旅游目的地小企业的创新并产生了协同效应。此外，现有研究也证实了旅游目的地小企业主的个人能力，旅游目的地小企业的社会资本，转移渠道，吸收、适应和创新的动态能力，信任关系等因素会对旅游目的地小企业知识转移产生重要影响。

在旅行社研究方面，主要关注旅行社在旅游业知识转移中的位置和作用。其中：杨勇军（2015）认为旅游产业链中的知识转移是双向互动的，知识从旅行社向基层旅游企业转移、共享的同时，基层旅游企业总结的知识也会逆向转移到上层，进而为整个产业知识库做出贡献；Valeri和Baggio（2022）则认为旅行社作为旅游中介知识网络在整个旅游领域发挥着基础性的战略作用，其结构变化也能显著提高知识转移效率以及交换信息和知识的能力。

## 2.2.2 知识转移过程模型研究

知识转移的概念最早由Teece（1977）提出，指企业通过跨国界应用的技术转移来积累知识。后来随着知识经济的兴起，知识转移逐渐成为知识管理领域研究的热点，扩展到个体、群体、组织和组织间等层次有意识的知识交流、扩散、转移行为（张永宁和陈磊，2007），具体包括显性知识转移和隐性知识转移。聚焦到旅游产业的研究领域，知识转移理论则常用于对酒店集团、旅游景区、旅游目的地企业网络、旅行社等正式组织内部或组织间的知识转移现象、转移过程、影响因素、动力机制等进行研究，但对无组织边界的旅游职业农民知识转移的关注相对不足。

### 2.2.3 旅游职业农民知识转移过程研究

旅游职业农民是以获取利润为目的，收入主要来自乡村旅游并具有相应的旅游经营知识技能的新一代农民，其经营范围包括乡村民宿、农家乐、乡村餐饮、休闲农业等领域。知识转移为实现乡村旅游人才振兴提供了一条重要途径，对培育旅游职业农民，提高其旅游经营管理能力，增强内生发展动力有着重要意义。当前研究识别了乡村旅游发展中农民学习的知识类型，阐明了知识转移对旅游职业农民培育的重要意义，探究了知识转移对旅游职业农民提升自身对旅游开发的支持态度、经营效果等方面的积极作用，提出了知识转移是提升旅游职业农民能力的有效策略。

而围绕旅游职业农民知识转移过程与影响因素，现有研究从不同角度考察了旅游职业农民间或旅游职业农民与外部知识源间的知识转移。饶勇等人（2018）分析了外来劳动者与旅游职业农民间知识转移的微观过程，认为其知识转移过程包含知识流转的技术性过程及各参与方关系再生产的社会性过程；Wiltshier 和 Edwards（2014）探究了大学与旅游职业农民之间的知识转移过程，发现旅游职业农民可以通过知识转移接触营销、金融等专业知识；而 Longart 等人（2017）认为大学与旅游职业农民之间的知识转移过程包含开始、执行、跃迁三个阶段，共涉及高等教育机构、旅游管理部门、教师、学生与农民多个利益相关者；周波（2019）则着重分析了旅游职业农民之间的知识转移机制，发现人际信任、互惠合作与共同愿景等社会资本是知识转移重要的影响因素。

## 2.2.4 研究评述

国内外学者对知识转移的内涵、转移模型等方面进行了大量研究，为本部分研究提供了坚实的理论基础，但现有研究仍存在以下问题：一是虽然知识转移研究已较为完善，但主要关注正式组织内部或组织间的知识转移，对无组织边界的旅游职业农民的知识转移的研究尚不充分，现有的知识转移理论难以全面揭示旅游职业农民知识转移过程、特征与影响因素等；二是随着乡村旅游发展经历了探索、参与、发展、巩固与创新等过程，基于职业导向与任务导向的旅游职业农民知识转移同样呈现出多阶段、动态演进的特性，但旅游职业农民知识转移的演化阶段，不同阶段的知识转移主体、转移内容和转移情境等要素的改变及其影响因素的变化等问题仍尚待深入探索。

基于现有研究存在的不足，本部分拟通过广西龙脊梯田景区的纵向单案例研究，梳理民族地区旅游职业农民知识转移的演进阶段，分析不同阶段知识转移的知识源、知识接收方、转移内容和转移情境及影响因素的动态变化，明确民族地区旅游职业农民知识转移演进过程，拓展完善知识转移研究理论。

## 2.3 研究设计

本节从分析框架、研究方法、案例选择和数据收集与分析 4 个方面阐述乡村旅游职业农民知识转移演进过程的研究设计。

### 2.3.1 分析框架

随着人们消费模式的升级与个性化需求的增加，民族地区乡村旅游模式从早期的观光旅游、扶贫旅游逐渐向休闲度假旅游转变，其中涉及的旅游经营理念、经营方式以及商业模式也随之变化，使旅游职业农民逐渐从单纯学习基础旅游技能转为主动寻求多样化的专业知识以适应市场变化，其知识转移呈现为多阶段的动态演进过程。知识转移要素模型指出了知识转移的系统构成，既为分析、探究知识转移过程及影响因素提供了有力的理论支持，又能反映不同知识转移阶段的转移情境、转移内容、转移主体及影响因素的动态变化。当前知识转移理论研究普遍使用知识转移模型作为分析框架来探索正式组织内部、组织间、群体间以及个体间知识转移内涵、过程模式及影响因素等内容。旅游职业农民作为无组织边界的特殊群体，在农村差序格局等因素的影响下，其知识转移虽然呈现出鲜明的非正式、自组织特点，但仍可以清晰识别其主要知识转移过程及其影响因素的变化情况。

因此，本部分通过梳理已有文献并选取契合研究主题的案例，借鉴 Albino 等人（1998）的知识转移要素模型，并将贯穿知识转移过程的影响因素纳入研究框架，通过分析知识转移的核心要素——知识源、知识接收方、转移内容和转移情境在不同阶段的具体体现及发展变化过程，探究不同影响因素对知识转移核心要素的影响作用，探索民族地区旅游职业农民知识转移的动态演进过程，明确农民掌握的先进乡村旅游经营管理知识的方法策略，分析框架如图2-1所示。

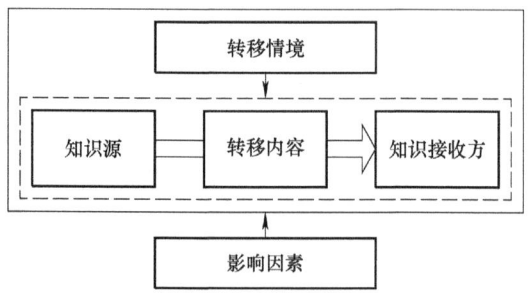

图 2-1　分析框架

## 2.3.2　研究方法

本部分采用纵向单案例研究法进行分析，具体原因有如下几个方面。首先，案例研究适合对现实中某一复杂和具体的问题进行深入和全面的考察，构建和验证新的理论。本部分研究旨在探究民族地区旅游职业农民知识转移呈现出怎样的演进过程以及过程中知识转移要素及其影响因素的动态变化，属于回答"How"问题的范畴，适合采用案例研究。其次，民族地区旅游职业农民知识转移是一个复杂且动态的多阶段演进过程，不同阶段知识转移有所差异，纵向单案例研究有助于反映待研究案例各个阶段的变化情况，适用于本部分所要研究的情况。

### 2.3.3 案例选择

本部分研究兼顾案例的典型性、数据的可获得性和理论抽样3个方面，选取广西龙脊梯田景区作为案例研究样本，原因如下：

首先，案例地为民族地区乡村旅游开发的成功典型。龙脊梯田景区经历了30多年的旅游开发，从传统少数民族社区转变为成熟的旅游地，探索出了民族地区依托梯田文化及民族文化资源优势发展旅游产业，实现民族乡村经济振兴的"龙脊模式"（吴忠军和罗洁，2020）。龙脊梯田景区拥有独特魅力的自然生态景观与民族文化旅游资源，景区内农民在旅游开发前以从事山地梯田农耕为主，生活极为贫困。村寨地理区位较为封闭、农民思想传统且保守，当地农民普遍受教育程度较低，大部分人不讲汉语而讲瑶语。随着龙脊梯田景区旅游的发展以及在崇尚知识与乐于学习的民族文化的影响下，当地农民为了更好从事乡村旅游服务以实现脱贫致富，通过知识转移逐步掌握旅游经营的知识技能，成功实现了从传统农民到旅游职业农民的转变，满足了案例对象选取的典型性。其次，研究数据具有可获得性。龙脊梯田景区少数民族农民在旅游发展不同阶段先后参与到乡村旅游中，积累了大量鲜活的知识转移实践素材，无论是一手资料还是二手资料都较容易获取。最后，研究案例符合理论抽样原则。现有文献对旅游职业农民知识转移关注较少且缺乏从动态演进角度探究旅游职业农民知识转移过程的研究，本部分选取广西龙脊梯田景区作为研究案例，旨在探究民族地区旅游职业农民知识转移演进过程，有助于填补现有研究空白。

### 2.3.4 数据收集与分析

为保证研究信度与效度，选取半结构访谈、现场走访、二手资料整理等多种方法进行数据收集。研究团队于 2019 年 10 月—2021 年 3 月先后 6 次到龙脊梯田景区实地调研，对 20 位当地旅游职业农民和村委干部、2 位桂林龙脊旅游有限责任公司（以下简称龙脊旅游公司）管理者进行访谈，其中：受访者中有 4 位旅游职业农民的乡村旅游经营活动完整地贯穿了龙脊梯田景区的旅游发展历程；4 位村委干部既是政府与农民间沟通的纽带，又全都作为旅游精英直接参与到了乡村旅游经营活动中；2 位龙脊旅游公司管理者基本参与和见证了龙脊梯田景区旅游发展的全过程。研究团队在当地通过访谈深入了解了景区乡村旅游发展状况、知识转移过程与细节后，于 2021 年 1 月对长期跟踪研究龙脊梯田旅游发展的 2 位专家进行了关于景区乡村旅游发展的深度访谈，获得了大量一手资料，为纵向分析龙脊梯田景区旅游职业农民知识转移演进过程提供了数据支持。此外，为了充分保证数据的可信度和准确性，避免或弥补单一资料带来的主观性，本部分研究还收集了有关龙脊梯田景区的媒体报道、宣传手册、视频、统计年鉴以及公开发表的相关期刊文献等二手数据，形成"三角验证"。本部分研究数据收集的描述性统计及编号见表 2-1。

表 2-1 数据收集的描述性统计及编号

| 数据来源 | 数据信息统计 | | |
|---|---|---|---|
| | 访谈对象 | 访谈时长/h | 文稿/万字 |
| 半结构访谈（A1） | 大寨村村干部 2 人、黄洛瑶寨村干部 1 人、黄洛瑶寨民俗表演者 2 人、平安寨村干部 1 人、民宿经营者 14 人、龙脊旅游公司管理者 2 人 | 50 | 12.3 |
| 深度访谈（A2） | 某大学吴教授、梁教授 | 8 | 3.5 |
| 现场走访（A3） | 现场走访、观察龙脊梯田景区内从事乡村旅游的农民 | | |
| 二手资料（B） | 有关龙脊梯田景区的媒体报道、宣传手册、视频（B1） | | |
| | 龙脊梯田景区统计数据以及龙胜县的统计年鉴（B2） | | |
| | 公开发表的相关期刊文献（B3） | | |

本部分研究借鉴内容分析法，参照许庆瑞等的研究对收集到的数据资料进行分析。首先，根据数据来源对资料进行一级编码，梳理出广西龙脊梯田景区旅游职业农民知识转移过程阶段和关键性事件。其次，在分析框架的指导下，对不同阶段旅游职业农民知识转移的主要参与主体、具体内容、宏观或微观情境及相应影响因素进行概念化编码，形成二级条目库。最后，将二级条目根据知识源、知识接收方、转移内容和转移情境及其影响因素进行三级编码，并将三级编码条目分配到四个核心构念各自的条目库中。这个过程采取两位作者背对背编码，编码结果一致的条目进行保留，不一致的条目进行再讨论，确定保留还是删除，这样团队讨论得出的结果能有效减少研究者个人的偏见和主观性。

## 2.4 研究内容

本节借鉴产业生命周期理论，划分旅游职业农民知识转移演进过程阶段，分析不同阶段知识转移过程，构建旅游职业农民知识转移三阶段动态演进过程模型。

### 2.4.1 旅游职业农民知识转移演进过程阶段划分

龙脊梯田景区位于广西壮族自治区桂林市龙胜各族自治县龙脊镇，占地面积 70.1km$^2$，涵盖金竹壮寨、黄洛瑶寨、平安寨、大寨和古壮寨等壮族、瑶族少数民族村寨。景区以梯田稻作农耕文化为特色，拥有丰富的少数民族人文景观与优美的自然景观，包括平安壮族梯田观景区、金坑红瑶梯田观景区、龙脊古壮寨梯田观景区三大观景区。龙脊梯田景区自 1993 年开始进行旅游开发，经过 30 多年的旅游发展，成绩斐然，于 2006 年被评为国家级农业旅游示范点，2010 年被评为国家 4A 级景区，2018 年被联合国粮食及农业组织认定为全球重要农业文化遗产，2020 年位列全国 4A

级景区品牌 500 强榜单第 10 位[一]。当地农民通过乡村旅游成功脱贫致富，成为乡村旅游带动乡村经济发展、实现乡村振兴的典型案例。

龙脊梯田景区的成绩不是一蹴而就的，其旅游发展呈现出明显的阶段性特征。国内外学者多使用旅游收入（沈克，2018）、游客量（陆林，1997）、占总市场规模（Butler，2006）、游客量变化的速度和加速度（杨春宇，2009）等指标作为旅游地生命周期阶段的划分依据。结合龙脊梯田景区实际情况及资料可获得性，本部分研究选取历年旅游接待人数指标来划分龙脊梯田景区旅游发展阶段。根据龙脊梯田景区 1999—2019 年旅游接待人数的数据[二]，游客数量随景区的旅游发展总体呈逐年上升趋势，其中 2004 年与 2009 年前后的游客数量增长率幅度变化明显，数据出现拐点。因此，本部分研究将 2004 年和 2009 年作为两个主要分界点，将龙脊梯田景区旅游发展阶段划分为：探索阶段、参与阶段和发展阶段，如图 2-2 所示。

图 2-2　龙脊梯田景区旅游发展阶段划分

---

[一] 李宗文. 4A 景区品牌 500 强榜单发布　广西 2 景区入选全国十强[EB/OL]. [2020-11-27]. https://www.gxnews.com.cn/staticpages/20201118/newgx5fb53cf5-19947533.shtml.

[二] 统计数据来源为广西龙胜龙脊梯田国家湿地公园风景名胜区管理处。

从 1993 年至今，龙脊梯田景区的旅游发展经历了各民族村寨陆续进行旅游开发、评为 4A 级景区、旅游接待人数破百万人次、旅游接待收入超亿元以及成功实现脱贫等诸多关键事件。其中涉及旅游职业农民知识转移的主要关键事件主要发生在 2003 年与 2008 年，导致前后阶段的知识转移要素及其影响因素发生重大变化。随着乡村旅游的持续发展，2003 年龙脊梯田景区核心景点之一——大寨金坑梯田开始旅游开发，游客的大量涌入使景区内旅游接待设施与旅游服务供不应求，旅游收入的吸引力促使更多农民参与到乡村旅游实践中，进而产生了庞大的知识获取需求，这一阶段知识转移过程要素与影响因素因此发生了改变。2008 年，龙脊梯田景区旅游的向好发展吸引了以理安山庄、全景楼等为代表的外来经营者开始大量进入景区内的乡村酒店、旅游餐饮的经营中，外来经营者更成熟的经营理念与经营模式，对当地农民的旅游经营产生了巨大的竞争压力，促使农民学习先进的旅游服务知识、提高旅游接待能力与服务水平、提升市场竞争力，旅游职业农民知识转移进入了新的阶段。新的主要知识源进入给旅游职业农民带来了大量高质量旅游经营知识，但新知识发挥效用的时间有着明显的滞后性，所以知识转移阶段与旅游发展阶段不完全一致。

综上，考虑到龙脊梯田景区旅游发展历程中的关键性事件、主要知识源进入时间和对旅游产生的影响程度以及新知识发挥效用的滞后性等因素，本部分研究以 2003 年和 2008 年作为知识转移过程阶段的分界点，将龙脊梯田景区旅游职业农民知识转移过程划分为三个阶段，如图 2-3 所示。其中：1993—2002 年为萌芽阶段；2003—2007 年为发展阶段；2008 年至今为成熟阶段。

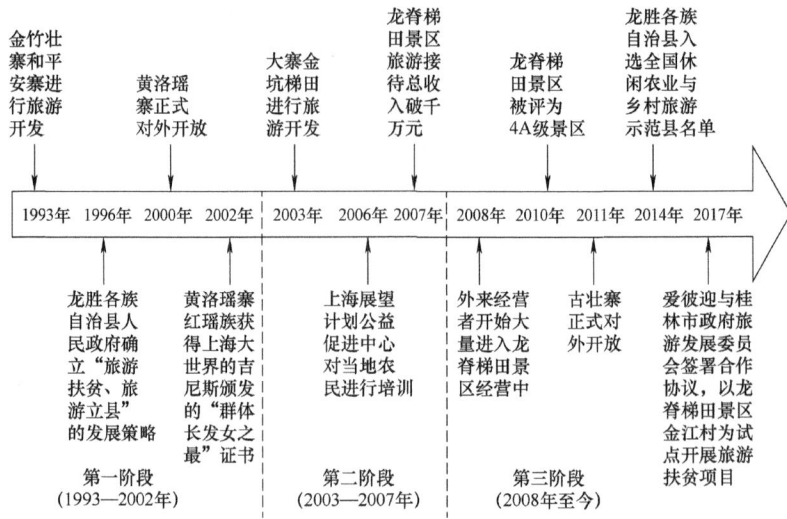

图 2-3　龙脊梯田景区旅游职业农民知识转移阶段及关键性事件

## 1. 萌芽阶段旅游职业农民知识转移过程

在理论文献研究与案例数据分析的基础上，本部分对萌芽阶段知识转移进行编码，分析了本阶段转移情境、知识源、知识接收方、转移内容，具体见表 2-2。

表 2-2　萌芽阶段核心编码和典型证据

| 转移要素 | 维度 | 影响因素 | 典型证据 |
| --- | --- | --- | --- |
| 转移情境 | 旅游开发成为当地政府工作重点 | 政策引导 | 1996 年，龙胜各族自治县人民政府确定"旅游扶贫、旅游立县"的发展策略（B1）<br>1988 年，龙脊梯田景区被确定为省级风景名胜区，政府将旅游开发作为以后的重点工作方向，政府的重视也使他们对旅游的发展前景充满信心（B3） |
| | 社会开放观念的冲击 | 社会观念 | 以前很怕客人，客人特别是外国人把我们拉出来照相想看长发表演，我们就放下来给对方看……有时候给一两百元或者五十元左右。后来看到这个能赚钱，就穿戴好站在外面招揽游客（A1）<br>1995 年之前仅有两家旅馆的原因主要还是观念落后，惧怕风险的思维……到了 1997—1998 年，旅游致富的新观念已经深入村民心中（B3） |

第 2 章　乡村旅游职业农民知识转移演进过程研究

（续）

| 转移要素 | 维　度 | 影响因素 | 典　型　证　据 |
| --- | --- | --- | --- |
| 知识源 | 政府 | 政府重视 | 在上级政府和有关部门的关心与帮助下，黄洛社区的民族成人教育……开设有文化提高班、科技班、民族刺绣班和旅游英语班、文明市民班等（B3） |
| | 旅游企业 | 国企优势 | 2001年成立经营龙脊梯田和龙胜温泉的桂林龙胜温泉旅游有限责任公司是龙胜各族自治县旅游开发有限公司的控股子公司之一（B2） |
| | | | 村里曾经分成两派：一派支持公司管理；另一派试图将公司赶出去，自己与外来私人老板合作。两派闹得不可开交……大家也都基本上认识到了公司的作用和好处（A2） |
| | 游客 | 联系强度 | 偶尔会有干部、摄影家、画家来平安寨，一般由……廖寨老和廖老支书接待，住在他们家中，有些客人就建议其开旅馆以接待更多客人（B3） |
| 知识接收方 | 第一批乡村旅游创业者 | 知识门槛低 | 此时开办旅馆只需要将原来的麻栏建筑稍微整理一下，添置住宿用具即可（A1） |
| | | | 景区内的壮族居民均采用"麻栏"建筑形式，第一层养牲畜，第二层主人居住，第三层则供客人居住……对于壮族居民来说经营家庭旅馆的门槛并不高（B3） |
| | | 特殊的身份 | 丽晴旅社的业主是廖寨老，而美景来的业主是廖老支书，其特殊的身份地位决定了他们在获取信息和资源利用方面的优越性，早期的一些政府接待任务都是他们在负责，可以说较早地就接触了旅游服务（B3） |
| | | 敏锐的眼光 | 当时我父亲是坚决反对的，怕借那么多钱还不起。但从客流量趋势看，我相信自己的判断……情况比预判的还要好，两三年就还完了外债（A1） |
| | | | 一年后，在外面"见了世面"的潘支书看到了大寨发展旅游的潜力，毅然回乡创业（B1） |
| | | 接受知识机会多 | 我没有文化，没有读过书，做姑娘的时候经常跟大伙出去演出，走的地方多了，见得也多了，总认为不能给私人老板承包……（A1） |
| | | | 作为村寨主要干部，他们有较多机会接触外界，了解信息。尤其是在20世纪80年代末期，他们在县乡各种会议上了解到旅游业的重要性和政府的重视程度与日俱增……（B3） |

（续）

| 转移要素 | 维　度 | 影响因素 | 典 型 证 据 |
|---|---|---|---|
| 转移内容 | 简单的经营理念 | 知识的复杂性 | 他们得不到客源，不知道怎么做营销，所以一开始他们以为旅游很容易做，来了我给你吃住，领你去玩不就完了（A2） |
| | | | 早期的时候他们做旅游也是很简单的……你学会炒菜，接待游客，帮游客把包背到家就行了，是不是？他们认为旅游就这么简单，如果你讲复杂了，他们就做不成了，他们都不敢做（A3） |
| | | | 对于村民来说，地理位置好就意味着有更好的入住率、更好的经营收入……很多位置较偏的农家房屋没有被改造成家庭旅馆，他们会说"我们家的房子位置不好，没有在路边，没有客人会来我们家住宿的"这样的话语（B3） |
| | 改进接待设施 | | 平安寨居民……新建了一种带有传统麻栏建筑外观、内部却是完全适宜开办民宿的新型民居建筑，它比传统的三层麻栏建筑拥有更大更宽的体量，楼层得到加高，采光度更好，同时拥有更多的客房，还有卫生间、餐厅（A2） |
| | 多样的经营形式 | | 出现了合作经营（廖某情就是先与龙安旅社合作，积累资金后开设迎宾旅社的）、负债经营（廖某蒙就是借钱装修旅社，负债经营）甚至寻求外来投资等新形式（B3） |

从转移情境看，本阶段地方政府对龙脊梯田的旅游开发是知识转移的前提条件。在龙脊梯田景区正式开发之前，仅有少数以记者、摄影爱好者、画家为主的先锋游客前往龙脊，农民此时没有经营旅游的意识，提供住宿、吃饭、向导等旅游服务多是出于热情好客的淳朴民风。随着龙胜各族自治县旅游开发有限公司对金竹壮寨民族歌舞表演与平安寨梯田观景的开发以及龙胜各族自治县人民政府于1996年确定了"旅游扶贫、旅游立县"的发展战略，景区内农民受到外面社会开放观念的冲击，思维逐渐开始活跃。在这种情境下，龙脊梯田景区的第一批乡村旅游创业者以开设民宿、参加民族歌舞表演、售卖旅游工艺品等形式参与到了旅游经营中，并出于经营的需要进入他们祖辈从未涉足的知识领域。

从知识源看，本阶段政府、游客是主要知识源，旅游企业是次要知识源。龙胜各族自治县人民政府出于旅游开发和旅游扶贫的需要在景区内开展识字教育和旅游技能培训，这让第一批乡村旅游创业者掌握了基本的旅游服务技能。此时前来景区的游客还较少，出于淳朴的热情好客理念，第一批乡村旅游创业者多出于待客之道陪游客吃饭、聊天并充当向导。在主客间的紧密互动中，游客往往会根据自身经历和体验对第一批乡村旅游创业者的经营，特别是旅游接待设施方面提出一些建议，第一批乡村旅游创业者多会接受游客的建议并进行改善。龙胜各族自治县旅游开发有限公司以及2001年成立的桂林龙胜温泉旅游有限责任公司是本阶段龙脊梯田景区的直接经营者和管理者，其工作重点涉及景区旅游设施完善、宣传推广等方面，未直接向当地农民转移知识。但公司在与当地农民的利益协调过程中，潜移默化地让第一批乡村旅游创业者接受了由国企进行景区整体管理比他们单打独斗或让私人企业进行景区运营要有利的旅游开发观念。

从知识接收方看，萌芽阶段第一批乡村旅游创业者是主要知识接收方。作为最早参与龙脊梯田景区旅游服务的群体，他们大都有特殊的身份地位和更多的知识接收机会。比如，平安寨最早开办民宿的廖老支书和廖寨老，他们在旅游正式开发前就负责政府接待，较早接触了旅游服务知识。作为村寨干部和领袖人物，他们有更多机会了解外界信息，在参加县乡各种会议并认识到政府对旅游业的重视以及旅游的发展前景后，果断选择学习旅游经营知识并开始创业。由于本阶段游客日渐增多而景区旅游接待设施不完善，因此第一批乡村旅游创业者只需要将原有木楼进行简单装修、添置住宿用具，不需要宣传推广即可获得较好的经济收益；但相对较低的知识门槛也让他们失去了接收更为专业的旅游经营知识的动力。

从转移内容看，旅游经营是祖祖辈辈以种田为生的当地农民从未涉足的陌生领域，他们难以理解和接受复杂的专业知识，于是本阶段各知识源转移给第一批乡村旅游创业者的知识多为简单的经营理念和实用的旅游从业技能。反映到知识转移结果上表现为第一批乡村旅游创业者掌握了一定的旅游经营知识，能够为游客提供基本的旅游设施和旅游服务，除独自经营外还出现了合作经营、负债经营甚至寻求外来投资等多样化经营形式，旅游成为第一批创业者的主要生计来源，他们逐步脱离了传统农民的范畴。但此时农民对旅游的认识简单且片面，认为旅游只是给游客提供饮食和住宿；在经营理念上认为地理位置是决定其日后经营状况好坏的关键因素，好位置意味着更好的入住率以及更高的经营收入；在旅游技能方面更倾向接收炒菜、服务、店铺装修等实用的知识。

研究发现，萌芽阶段旅游职业农民知识转移过程以外部输入性知识转移为主，在当地政府政策引导和龙脊农民社会观念逐渐开放的转移情境下，呈现出政府、旅游企业和游客作为主要知识源向第一批乡村旅游创业者转移经营理念、经营形式以及旅游技能等知识的过程，因此本阶段是知识转移萌芽阶段。随着本阶段知识转移的进行，第一批乡村旅游创业者在识别、学习以后简单掌握了这部分知识并投入乡村旅游实践中，获得了比从事农业劳作更高的收益。根据数据测算⊖，自 1993 年开始，龙脊梯田景区农民开始从事旅游接待且旅游收入逐年增加，到 2002 年农民人均旅游收入占总收入的比例已达到 33%，本阶段乡村旅游服务收入逐渐成为他们农耕之外的一大生计来源，农民的生计模式发生了变化，迈出了从传统农民向旅游职业农民转变的第一步。萌芽阶段知识转移具体过程及影响因素如图 2-4 所示。

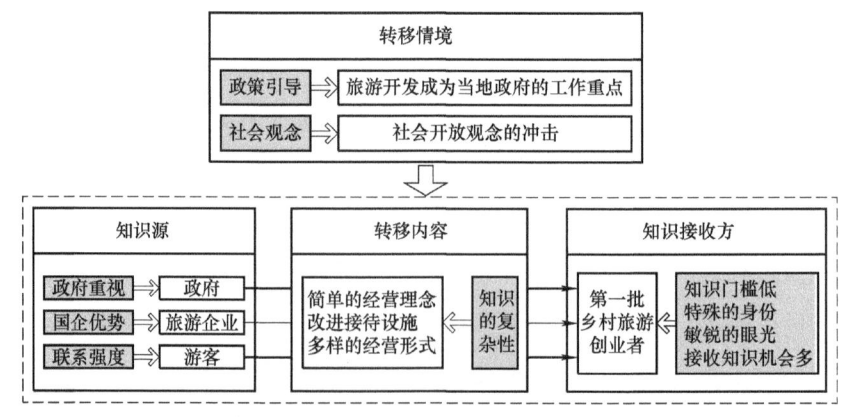

图 2-4 萌芽阶段知识转移具体过程和影响因素

---

⊖ 数据来源：《龙胜年鉴》和《桂林经济社会统计年鉴》。

民族地区旅游职业农民萌芽阶段知识转移过程的主要影响因素如下：政策引导与社会观念因素为农民营造了有利的转移情境；政府重视、国企优势以及游客与农民间紧密的联系强度因素促使旅游经营知识从知识源向第一批乡村旅游创业者转移；而知识门槛低、特殊的身份、敏锐的眼光与接收知识机会多等因素也使得第一批乡村旅游创业者有机会、有能力接收旅游经营知识；但旅游经营知识的复杂性使得第一批乡村旅游创业者仅能掌握简单的经营理念和实用的旅游从业技能。其中，政府在本阶段知识转移过程中占据主导地位，是旅游生产经营知识的主要来源以及知识转移行为的主要推动力量。原因在于：首先，民族地区囿于其内部资金、市场资源、人才、管理等因素的制约，难以将丰富的旅游资源转化成旅游资本，由政府主导乡村旅游发展是我国民族地区乡村旅游开发的现实选择；其次，此阶段民族地区农民多属于贫困人口，而面向贫困人口的知识转移机制具有公共物品属性，需要政府作为责任主体来承担知识转移过程中的交易费用，并进行有组织、有计划的知识转移来加快贫困人口的能力提升进程；最后，随着乡村旅游的发展、第一批乡村旅游创业者经营思路的拓宽以及市场竞争的愈发激烈，不可避免地出现了制度供给不足引发的"公地悲剧"、利益纠纷等现象，这也需要政府力量介入对第一批乡村旅游创业者进行政策引导和利益协调。

**2. 发展阶段旅游职业农民知识转移过程**

在理论文献研究与案例数据分析的基础上，本部分研究对知识转移发展阶段进行编码，分析了本阶段的转移情境、知识源、知识接收方、转移内容，具体见表2-3。

表2-3 发展阶段核心编码和典型证据

| 转移要素 | 维 度 | 影响因素 | 典 型 证 据 |
|---|---|---|---|
| 转移情境 | 乡村旅游的蓬勃兴起 | 行业趋势 | 龙胜乡村旅游的开发让群众端起了"金饭碗"，大寨村成为远近闻名的"富裕村"和全国旅游扶贫示范村（B1） |

(续)

| 转移要素 | 维度 | 影响因素 | 典型证据 |
|---|---|---|---|
| 转移情境 | 龙脊梯田旅游业的持续发展 | 发展前景 | 没有旅游之前，我们的收入没有那么稳定。现在好了，人们的生活水平提高了……如今我每年的收入也有四五万元（A1）<br>"大寨无人想耕种的梯田成了外来游客的宝。"潘某英说。随着外来游客的逐渐增多，大寨村各组的村民都开起了农家饭店和旅馆，坐在家中就可以赚到钱（B1） |
| 知识源 | 政府 | 转移动机 | 潘某慧对记者说，去年3月，她和大寨的姐妹们到龙胜县城参加了农家乐专题培训，学到了不少旅游知识和服务技巧（B1）<br>黄洛瑶寨的长发舞表演完全由村民自发组织……县旅游局意识到其中的潜力，帮助农民提高演出节目的质量，安排县文化馆的老师为村民梳理、挖掘本民族文化，把节目水平提高了一个层次（B1） |
| 知识源 | 非政府组织 | 转移动机 | 在上海展望计划公益促进中心的帮助下，村民建起了自己的宣传网页，开始了网络营销，在龙脊梯田的农家乐中走在前列（B1）<br>该县得到了上海展望公益计划促进中心的支持与扶助，将龙脊梯田景区内60多家农家乐旅馆的信息发到网站上（B3） |
| 知识源 | 游客 | 转移动机 | 旧楼盖的时候学的是2003年左右最早开发旅游那些人盖的房子，装修好了以后客人说房间的隔音效果不好就返修了一次，把房间之间的隔断拆了重装了隔音板（A1） |
| 知识源 | 第一批乡村旅游创业者 | 第一批创业者的知识内化程度 | 农民的旅游知识转移有很强的示范性，谁走前头谁去吃螃蟹，那个是会死人的。所以政府往往就是通过这些能人、敢试的人，让他们先把这个知识给消化了，然后再转移给后面跟上来的这些人（A2） |
| 知识接收方 | 乡村旅游追随者 | 冒险精神 | 廖某芬敏锐地感觉到旅游带来的商机……大着胆子向亲友借了40万元，把自家的木楼改造成了一栋三层的农家旅馆（B1） |

（续）

| 转移要素 | 维度 | 影响因素 | 典型证据 |
|---|---|---|---|
| 知识接收方 | 乡村旅游追随者 | 接收能力 | 这些"背包族"渐渐成为龙胜旅游的形象使者，他们努力提高自身素质，不仅把普通话讲得越来越标准，英语也越说越顺溜（B1） |
| | | 接收意愿 | 这些罗列出来的培训班中，民族歌舞班是落实得最积极的，因为这是核心需求……旅游英语和服务课也会不时进行，但频率远远不如宣传得那么频繁（B3） |
| | | 第一批乡村旅游创业者的示范效应 | 我父亲是村里的木匠，他经过琢磨在我们家进行尝试修建，最后成功了。当时在木楼里面加装卫生间还是件史无前例的事情……村里的人纷纷来参观，陆续开始跟进重新装修（A1） |
| 转移内容 | 通用语言 | 知识的可表达性 | 带动旅游以后我们这边的人对普通话的普及程度提高了，原来只有这些年轻人会，但现在七八十岁的老奶奶、老爷爷也会说普通话了……就像阳朔一样，久了以后大家都会英语的那种感觉（A1） |
| | 基础旅游技能 | | 为此，龙胜组织专业人才，开展厨师、导游、蜡染、刺绣等各类培训，并有针对性地开展营销培训（B3） |
| | 借款借贷 | 知识的异质性 | 潘某慧是和平乡大寨村的一名瑶族妇女，2004年年初，她利用小微贷款为自己筹足了启动资金，将自家的木楼加盖修缮一新，扩建成可同时容纳20人住宿、100人用餐的红瑶农家乐（B1） |
| | 网络销售 | | 我也做不了旅游，也不知道旅游是怎么经营的，也不懂什么审美，那些设计、装修更没接触过（A1） |
| | | | 当地已从电话订房发展到网上订房，游客可以从网上了解景点线路、最新信息、联系电话等，信息化的服务提升了……品位与档次（B1） |
| | 旅游发展思路 | | 当年，随着乡村旅游的逐渐兴起，大寨村党支部……通过广泛调研……村党支部组织全体党员和村民代表开会讨论，一致表决同意利用梯田发展乡村旅游（B1） |

从转移情境看，本阶段乡村旅游的蓬勃兴起为龙脊梯田景区农民知识转移指明了方向，特别是在 2006 年龙脊梯田景区被评为国家级农业旅游示范点后，梯田资源较好的大寨将乡村旅游确立为未来主要发展方向，参与乡村旅游服务成为景区部分农民的主要从业方向，于是当地农民在参与旅游时从广泛地接受知识转为主要学习乡村旅游所需的知识技能。与此同时，本阶段龙脊梯田景区旅游持续发展，景区旅游接待人数从不足 10 万人次增加到 30 万人次，旅游接待总收入也首次突破千万元，这吸引了更多农民参与到乡村旅游服务中，产生了强烈的乡村旅游知识学习需求，客观上推动了知识转移的进行。

从知识源看，本阶段政府和非政府组织为主要显性知识源，游客和第一批乡村旅游创业者为主要隐性知识源。龙脊梯田景区旅游的快速发展吸引了更多当地农民参与到旅游服务中来，当地政府为了保证旅游服务质量，提高旅游接待水平，开办了大量培训班向农民传授基础的旅游知识和服务技巧，并安排专业人员为黄洛瑶寨的长发舞表演等农民自发形成的旅游服务进行梳理和提升。本阶段上海展望计划公益促进中心等公益性非政府组织则侧重为农民介绍东部地区的先进旅游经验及经营理念，帮助农民建立宣传网页，学习网络销售。在显性知识转移的过程中，政府和非政府组织出于社会责任的公益性转移动机让农民减少了抵触心理，促进了知识转移成功。农村差序格局的社会结构以及农民间知识转移的核心—外围结构使得第一批乡村旅游创业者成为乡村旅游追随者的主要模仿对象，他们的旅游经营方式、经营理念、房屋构造、装修设计的成功经验或失败教训等知识通过参观学习、交流请教等非正式途径转移给追随者。在这种情形下，第一批乡村旅游创业者的知识内化程度决定了他们向追随者转移知识的数量与效果。与萌芽阶段类似，游客作为知识源更多是根据自身旅游体验与经历以建议的形式向农民转移知识，游客对传统木楼房间隔音差的抱怨使经营者普遍对房间进行隔音处理就是典型例子。

从知识接收方看，本阶段乡村旅游追随者是主要知识接收方。龙脊梯田旅游业的快速发展使第一批乡村旅游创业者难以接待所有游客，旺季往往需要请亲戚朋友或邻居帮忙分担一部分旅游接待工作。在第一批乡村旅游创业者的带动和旅游经济效益的驱动下，这部分人除维持原有农业活动外，开始陆续提供旅游服务并成为乡村旅游追随者。但是经过第一批乡村旅游创业者多年的旅游服务实践，此时无论是经营民宿、农家乐还是参与民族歌舞表演的知识门槛与经济门槛都已提高，这成了许多追随者难以克服的障碍。面对这种情况，乡村旅游追随者对知识有着强烈的渴望，愿意参加各种培训学习旅游知识技能。但受自身学习能力和视野的限制，他们的核心需求更偏向旅游服务技能，对组织管理、宣传营销等知识的学习兴趣不大。同时他们普遍具有冒险精神，愿意承担贷款风险改造房屋提供旅游住宿餐饮服务，使得借贷经营在当地逐渐成为一种经营潮流。

从转移内容看，本阶段乡村旅游追随者虽然仍从事一定的农业活动，但对旅游已不再是一无所知，不过他们对一些旅游专业知识的认知并不清晰，为了能够为游客提供优质服务并在愈发激烈的市场竞争中生存下来，普通话、英语以及歌舞表演、厨师、导游、客房保洁等容易表达的基础旅游技能仍是本阶段知识转移的主要内容。同时非政府组织等新知识源的出现以及乡村旅游的兴起使得网络销售、借款借贷等先进旅游知识和新旅游发展思路逐渐被接纳，但知识的异质性导致网络销售等知识仅能被部分人学习并掌握，部分知识转移效果较差。

研究发现，本阶段旅游职业农民知识转移过程既包括政府、非政府组织和游客的外部输入性知识转移，也包括第一批乡村旅游创业者的内部流动性知识转移。在乡村旅游蓬勃兴起和龙脊梯田旅游业持续发展的转移情境下，呈现出政府、非政府组织和游客作为外部知识源向从事乡村旅游的农民转移基础旅游技能、先进旅游知识和新旅游发展思路等知识，第一批乡村旅游创业者作为内部知识源向乡村旅游追随者转移旅游经营经验技巧等知识的过程，因此本阶段是知识转移发展阶段。随着本阶段知识转移的进行，乡村旅游追随者与第一批乡村旅游创业者的旅游服务质量和旅游经营水平给他们带来了更高的收入。根据数据测算[一]，2007年龙脊梯田景区农民人均旅游收入占总收入的比例达到了57%，旅游收入超过农耕收入成为农民的重要生计来源。该阶段农民的生计模式发生了根本性改变，当地农民实现了从传统农民到亦农亦旅的"两栖农民"的转变。本阶段知识转移具体过程及影响因素如图2-5所示。

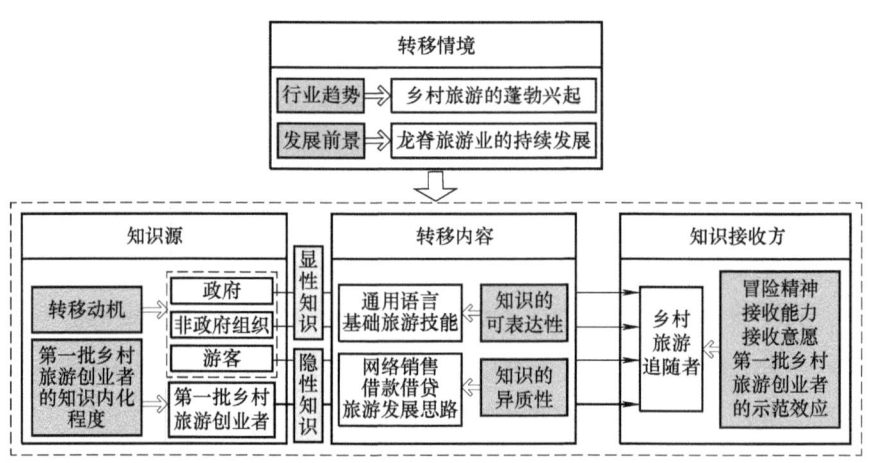

图2-5 发展阶段知识转移过程和影响因素

民族地区旅游职业农民发展阶段知识转移过程的主要影响因素如下：行业趋势和发展前景因素揭示了乡村旅游的大有可为，客观上推动了知识转移的进行；政府、非政府组织和游客强烈的转移动机、第一批乡村旅游创业者更高的知识内化程度有力地推动了更高水平旅游经营知识向乡村旅游追随者转移；乡村旅游追随者自身的冒险精神、更强的接收能力与接收意愿以及第一批乡村旅游创业者的示范效应等因素同样促进了知识转移的开展；但是更高水平旅游经营知识的难以表达性以及异质性特征导致并非所有乡村旅游追随者都能完全掌握这些隐性知识。其中，第一批乡村旅游创业者在本阶段知识转移过程中起引领和示范作

---

[一] 数据来源：《龙胜年鉴》和《桂林经济社会统计年鉴》。

用，其对旅游技能的掌握程度，旅游经营理念、旅游发展道路的选择直接决定了以后知识转移的主要内容和方向。原因在于：首先，第一批乡村旅游创业者通常为乡村精英，在乡村中拥有更多的经济收入、较高的社会地位以及更多的社会资源，扮演了政府与农民间的沟通者、农民集体利益的代言人和乡村建设的依靠力量的角色，使得普通农民被动或主动地依附于乡村精英周围；其次，第一批乡村旅游创业者同时作为旅游精英，出于经济利益、制度压力、道德约束等动机，愿意履行一定的社会责任，通过直接或间接的方式带动追随者参与乡村旅游；最后，农民间知识转移的核心-外围结构使得乡村旅游追随者旅游知识的学习方向和学习程度必然会受到第一批乡村旅游创业者直接且深刻的影响。

### 3. 成熟阶段旅游职业农民知识转移过程

在理论文献研究与案例数据分析的基础上，本部分研究对知识转移成熟阶段进行编码，分析了本阶段的转移情境、知识源、知识接收方、转移内容，具体见表2-4。

表2-4 成熟阶段核心编码和典型证据

| 转移要素 | 维 度 | 影响因素 | 典 型 证 据 |
|---|---|---|---|
| 转移情境 | 移动互联网的普及 | 技术进步 | 现在越来越多的人在网上订房，你在哪里能看到什么东西、能获得什么服务在网上基本上都有（A1） |
| | 脱贫攻坚、乡村振兴等战略的实施 | 国家战略 | 自脱贫攻坚工作开展以来，龙胜各族自治县注重将"扶志、扶智、扶能"工作结合起来，有效激发了贫困群众的内生动力（B2） |
| | | | 龙脊梯田开发以后，游客开始多了，尤其是精准扶贫工作开展以来，该县把旅游作为脱贫攻坚重要抓手（B3） |
| | 外来经营者的大量进入 | 社会文化 | 从2008年开始就有外地老板入驻平安寨，租赁当地居民木楼，或拆除重建或完善改造准备经营乡村酒店。2008年至今开办的乡村酒店不过13家，但是绝大多数是外地老板进驻经营的乡村酒店（B3） |

（续）

| 转移要素 | 维度 | 影响因素 | 典型证据 |
|---|---|---|---|
| 转移情境 | 农民工、大学生返乡创业 | 社会文化 | 自从与旅游公司签订共同开发梯田的协议后，之前在外打工的村民也陆续回到村里（B1） |
| | | | 前几年，廖某娜在桂林读大学。毕业后，学习电子商务专业的她，最终还是选择回到越来越热闹的家门口从事旅游工作（B1） |
| 知识源 | 政府 | 转移能力 | 5月10日，在深圳打工的蒙某月下班……匆匆乘上返回家乡的高铁，准备参加第二天县里举办的乡村旅游培训班（B1） |
| | 旅游企业 | 转移意愿 | 负责人表示，爱彼迎会把此前在印度等国家开展的扶贫项目中积累的经验分享给金江村。"我们会培训这些村民，甚至周边村民，告诉他们如何做一个合格的房东，了解国家相关准则、法规、消防知识和安全防护等。"（B3） |
| | | | 爱彼迎联合桂林旅游学院及资深民宿房东对本村村民管家开展示范培训和精准培训，向扶贫对象进行总计50余场的住宿接待服务培训（B3） |
| | 高校专家 | | 龙胜大寨村20位村民在第一书记的牵线搭桥下，来到桂林旅游学院参加3天的免费专业培训，学习客房标准化管理、烹饪西餐等（B1） |
| | 游客 | 信任关系 | 我家在这里，有次福建一个老板指导我，让我在这里卖小吃之类的，我就是听了他的指导后慢慢做了起来（A1） |
| | | | 客人提出来的建议基本上都是实用的……客人提出来的建议也必须要听取，反正客人进你店里面来，客人就是上帝（A1） |
| | 其他乡村旅游职业农民 | | 每家线上都有（卖房间），这种东西大家都会互相交流，互相学习线上怎么做，大家也愿意相信别人介绍的经验（A1） |
| | 外来经营者 | 知识势差 | （理安山庄）文创民宿的这样一套知识，竟然经过了那么长的时间才被他们（当地农民）普遍接受。为什么？因为它来的时候很超前，它是按照欧洲的眼光、个性化的酒店、个性化的民宿，这几个词来做的（A2） |

（续）

| 转移要素 | 维 度 | 影响因素 | 典 型 证 据 |
|---|---|---|---|
| 知识源 | 外来经营者 | 知识势差 | 外来业主的进驻一方面提升了当地住宿接待的水平，另一方面也给平安寨的民宿提供了一个可供学习和模仿的标准（B3） |
| 知识接收方 | 乡村旅游职业农民 | 知识瓶颈 | 村民潘某德开办农家乐4年多了，生意还算不错，但总觉得找不到新突破，潘某德说："大家都在想办法变点花样，可变来变去还是村里各家互相模仿的那几招。要是遇到外国游客想吃三明治、水果沙拉、牛排什么的，大家只能摇头。"（B1） |
| | | 外来经营者的冲击 | 但是这些知识一来的时候会对他们（当地农民）产生一种压力，让他们感受到危机，他们会反抗。反抗到后面的话……他们就接受了这种知识，我发现他们就是这样一种状态（A2） |
| | | | 面对外来业主的竞争，很多居民也将自己的旅馆拆除，重新建起水泥房，以提升住宿设施条件（A3） |
| | | 先前经验 | （老板）多次在外打工，对广东、四川等地的地方饮食偏好基本了解，做菜经验较为丰富，基本上能把控来往游客的饮食要求（A1） |
| | | 经济收入刺激 | 村民潘某德已经开始计划着怎样提高自己的经营档次，并打算去学习外语，"挣点美元、英镑什么的。"（B1） |
| 转移内容 | 更高水平接待服务知识 | 知识的层次性 | 20位大寨村村民代表来到旅游学院接受专业培训……学校根据大寨村的客源特点安排了近20道菜的教学，不少菜都是中西结合……老师还因地制宜地教授大家怎样把馒头变成三明治，番茄炒蛋怎样做好看又好吃（B1） |
| | | | 他们（当地农民）接受了不同的层面，有的接受了餐饮，有的接受了旅馆，有的接受了购物，有的接受了服务和接待，有的接受了上班打工，有的直接保持传统，使种田变成种风景（A2） |
| | 政策法规 | 知识的专业性 | 培训为期6天，包括《中华人民共和国旅游法》及广西旅游政策解读、《广西特色旅游名县评定标准（试行）》解读等（B1） |

（续）

| 转移要素 | 维度 | 影响因素 | 典 型 证 据 |
|---|---|---|---|
| 转移内容 | 保护景观环境的观念 | 知识的专业性 | "如今大家都知道梯田景区就是自己的'铁饭碗'，村民们保护梯田景观的意识也有所提高。"潘支书告诉记者（B1） |
| | 网络营销 | | （网站）有卖广告位的，适当的时候会买一点。因为像我们这边的话有淡旺季，淡季的时候买，按我个人来理解是没有必要的……到旺季的时候可能适当地买一些广告位。这算是一种策略吧，有的人可能会在淡季的时候买，但我不这样（A1） |
| | OTA平台运营 | | 潘某英告诉记者，如今村里的大多数农家乐都与"去哪儿"网建立了合作关系。据她介绍，通过与"去哪儿""美团"等网站合作，她家的旅店每年接待的客人增加了两成，而这是她之前无法想象的事情（B1） |
| | | | 携程帮忙运营，自己只负责提供相应的图片和接客人过来。用了携程以后就不能用其他平台了（A1） |

从转移情境看，本阶段移动互联网的普及使整个旅游产业呈现出新业态，这迫使旅游职业农民跳出原有旅游知识领域，主动学习互联网知识以适应市场新变化，满足游客新需求。同时，随着脱贫攻坚、乡村振兴等国家战略的实施，当地政府以旅游为工作抓手，将"扶志、扶智、扶能"作为工作重点，这直接推动了旅游职业农民知识转移进程。龙脊梯田旅游的持续发展和市场竞争的愈发激烈使得向成功者学习旅游知识、提升自身旅游服务质量成为当地的一种社会文化，此时携带先进知识的外来经营者大量进入以及有更开阔视野的农民工、大学生返乡创业推动了知识转移向更高层次进行。

从知识源看，本阶段政府、旅游企业和高校专家为主要显性知识源，外来经营者、游客和其他乡村旅游职业农民为主要隐性知识源。此时政府逐渐转变为了知识转移的组织者和资助者，将培训等具体工作委托给桂林旅游学院等高校的专家进行，这提升了知识转移的针对性与转移效率。但这类培训大部分时间较短，培训内容仍以基础旅游知识为主，难以满足当前阶段旅游职业农民的知识需求。本阶段作为知识源的旅游企业主要是携程、爱彼迎等 OTA（在线旅行社）平台，它们为了推广平台以及竞争房源，会向农民定期举办平台运营和网络营销相关培训，其中爱彼迎更是以景区内的金江村为试点打造民宿样板，探索互联网+旅游精准扶贫方案。在移动互联网迅速普及的背景下，这种针对性更强的知识转移得到了旅游职业农民的信任与青睐。本阶段外来经营者大量参与到景区的乡村酒店与旅游餐饮经营中，其携带有先进的经营理念、专业的管理知识和规范的服务标准，与当地旅游职业农民形成了巨大的知识势差，成为他们学习与模仿的样板。与前两阶段类似，本阶段游客出于提升自身旅游体验的目的，愿意根据自身需要或经验向旅游职业农民提供意见和建议，甚至指导他们转变经营思路。本阶段第一批乡村旅游创业者的知识优势已不明显，取而代之的是旅游职业农民间对旅游经营中的经验与技巧等知识的相互交流、共享和转移。

从知识接收方看，本阶段全体乡村旅游职业农民都是知识接收方，具体又可分为三类：前两阶段乡村旅游职业农民、返乡从事乡村旅游的农民工与大学生，本阶段的本地乡村旅游追随者。前两阶段的乡村旅游职业农民经过多年旅游实践与知识转移已获得较为丰富的旅游知识与较好经济收益；但该阶段他们既在旅游经营上到达了知识瓶颈，又受到外来经营企业的巨大冲击，迫切地想学习更为先进的行业知识，通过知识转移开展新一轮的经营突破和创新。返乡从事乡村旅游的农民工和大学生拥有一定的知识基础，同本地农民相比眼界更开阔，能更好地接收旅游经营专业知识、开展先进的经营模式，知识转移效率更高。本阶段的本地乡村旅游追随者在利益的驱动下加入乡村旅游服务业，出于提高自身竞争力以获得更高收入的目的学习各种旅游经营知识。

从转移内容看，本阶段基础旅游技能只受到刚参与乡村旅游农民的偏好，有一定经验的旅游职业农民更偏好如西餐烹饪、房间文创设计、房屋水泥化改造、民族歌舞表演品质提升、节事节庆活动策划、服务规范标准等更高水平的接待服务知识，转移内容呈现出明显的层次性。而旅游产业相关政策因隐含旅游发展新趋势和新需求，《中华人民共和国旅游法》等法律法规能处理因旅游市场扩大产生的纠纷与不良现象，成为旅游职业农民学习的重要内容。同时在政府宣传培训与政策规制下，保护景观环境的观念愈发深入人心，旅游职业农民逐渐认识到梯田景观作为景区的核心旅游吸引物必须加以维护，没有梯田就没有龙脊旅游的兴盛。移动互联网的兴起使得线上预订成为潮流，因此广告位购买、搜索引擎竞价等网络营销知识以及 OTA 平台运营知识成了旅游职业农民学习的重要内容，但这部分知识专业性很强，需要有一定的知识基础，要求职业农民具有较强的知识转移能力。

研究发现，本阶段旅游职业农民知识转移过程既包括政府、旅游企业、游客、外来经营者和高校专家的外部输入性知识转移，也包括乡村旅游职业农民间的内部流动性知识转移。在移动互联网普及、国家政策倾斜的宏观情境以及外来经营者、农民工、大学生等新群体参与龙脊乡村旅游的微观情境下，呈现出政府、旅游企业、游客、外来经营者和高校专家向旅游职业农民转移高水平的接待服务知识、景观保护观念、法律政策、互联网运营等知识，旅游职业农民间在原有知识基础上互相分享、学习乡村旅游经营经验技巧的过程，因此本阶段是知识转移成熟阶段。随着本阶段知识转移的进行，当地农民的乡村旅游经营也更为专业化，从旅游中获取的收入也在逐年提升。根据数据测算[1]，龙脊梯田景区农民的人均旅游收入占总收入的比例在 2019 年达到了 92%。他们的生计活动主要围绕旅游展开，参加农耕劳动的目的主要是维护梯田景观以保持景区的核心旅游吸引力，当地农民已经从亦农亦旅的"两栖农民"完全转变为了旅游职业农民。本阶段知识转移具体过程及影响因素如图 2-6 所示。

---

[1] 数据来源：《龙胜年鉴》和《桂林经济社会统计年鉴》。

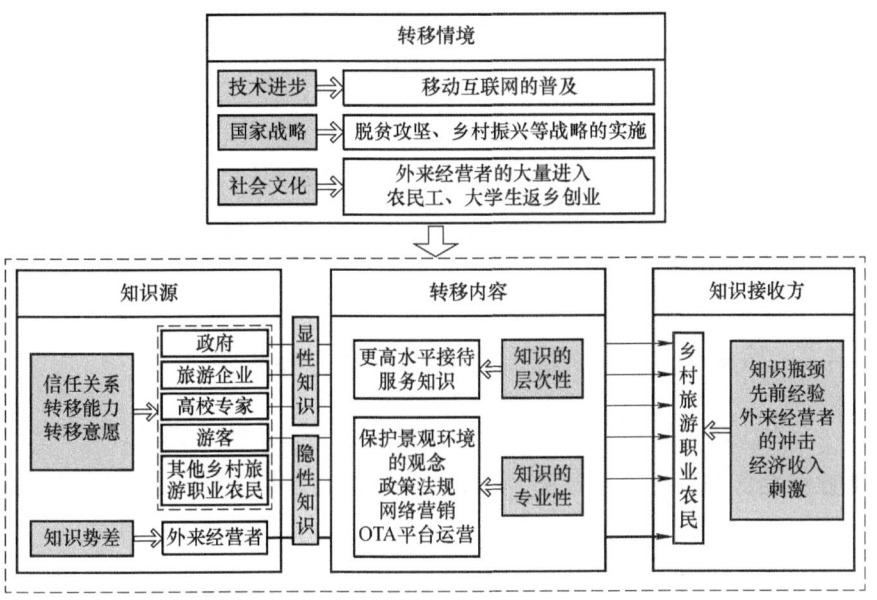

图 2-6 成熟阶段知识转移过程和影响因素

民族地区旅游职业农民成熟阶段知识转移过程的主要影响因素如下：国家战略、社会文化和技术进步等因素分别从宏观和微观层面营造了促进知识转移的氛围；农民与知识源间更高的信任关系与一定的知识势差、知识源自身更强烈的转移能力与转移意愿推动了更多样化的旅游经营知识的转移；乡村旅游职业农民在遭遇知识瓶颈、面对外来经营者的冲击以及经济收入的刺激等情况的影响下更积极地接收旅游经营知识；所转移知识的层次性和专业性显著影响了不同知识存量的旅游职业农民对知识的选择与接收。其中，外来经营者是本阶段知识转移过程的主要推动力量，他们在用先进经营理念、专业管理知识和更规范的服务标准等知识挤压旅游职业农民生存空间的同时，也刺激旅游职业农民将外来经营者作为学习和模仿的标杆。原因在于：首先，外来经营者凭借其资本优势、先进的管理经验及成熟的市场运营模式，不仅使参与乡村旅游开发的本地从业者在市场竞争中处于劣势地位，还进一步加剧了当地乡村旅游市场的竞争态势；其次，市场的激烈程度会影响知识接收方的接收能力和创新能力进而影响到知识转移效果，市场竞争越激烈，旅游职业农民对新知识的接收能力越强，所转移知识就越容易成功应用到乡村旅游实践中；最后，外来经营者与旅游职业农民间存在巨大的知识势差，这促使乡村旅游经营者以外来经营者为榜样，通过知识转移获得更新的知识与技能以削弱或弥补两者间的内容势差与价值势差。

### 2.4.2 旅游职业农民知识转移动态演进过程模型

综合上述分析可以发现，民族地区旅游职业农民通过知识转移获取的旅游经营知识逐渐专业化、自身知识存量逐渐增多以及知识需求更加多样化，其知识转移可以概括为"萌芽阶段—发展阶段—成熟阶段"的三阶段演进过程，在该过程中当地农民亦完成了职业转换过程。

具体表现为：在知识转移萌芽阶段，政府、旅游企业和游客作为主要知识源向第一批乡村旅游创业者转移经营理念、经营形式以及旅游技能等知识，旅游成为第一批乡村旅游创业者的一大生计来源，促使他们迈出了从传统农民向旅游职业农民转变的第一步；在知识转移发展阶段，政府、非政府组织和游客作为外部知识源向从事乡村旅游的农民转移基础旅游技能、先进旅游知识和新旅游发展思路等知识，第一批乡村旅游创业者作为内部知识源向乡村旅游追随者转移旅游经营经验技巧等知识，旅游成为第一批乡村旅游创业者与乡村旅游追随者的重要生计来源，他们已经从传统农民转变为了亦农亦旅的"两栖农民"；在知识转移成熟阶段，政府、旅游企业、游客、外来经营者和高校专家向旅游职业农民转移高水平的接待服务知识、景观保护观念、法律政策、互联网运营等知识，旅游职业农民之间在原有知识基础上分享学习乡村旅游经营的经验技巧，旅游成为当地农民的主要生计来源，他们从亦农亦旅的"两栖农民"完全转变成了旅游职业农民。民族地区旅游职业农民知识转移演进过程如图 2-7 所示。

# 第 2 章 乡村旅游职业农民知识转移演进过程研究

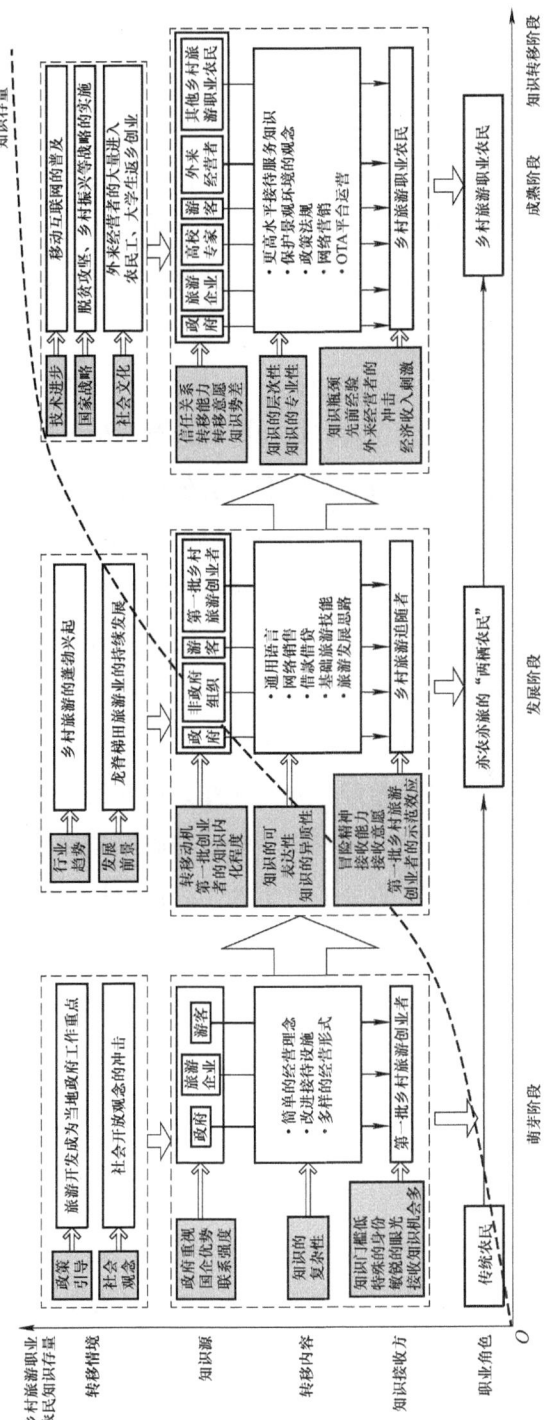

图 2-7 民族地区旅游职业农民知识转移演进过程

## 2.5 研究结论

本部分通过对广西龙脊梯田景区的纵向单案例研究，探索了民族地区旅游职业农民知识转移过程阶段，分析了不同阶段的转移情境、知识源、知识接收方、转移内容，揭示了民族地区旅游职业农民知识转移演进过程。研究结论如下：

民族地区旅游职业农民的知识转移呈现出"萌芽阶段—发展阶段—成熟阶段"的三阶段演进过程。萌芽阶段以外部输入性知识转移为主；发展阶段既包括政府、非政府组织和游客的外部输入性知识转移，也包括第一批乡村旅游创业者的内部流动性知识转移；成熟阶段既包括政府、旅游企业、游客、外来经营者和高校专家的外部输入性知识转移，也包括旅游职业农民间相互进行的内部流动性知识转移。

萌芽阶段知识转移主要影响因素如下：政策引导与社会观念因素为农民营造了有利的转移情境；政府重视、国企优势以及游客与农民间紧密的联系强度因素促使旅游经营知识从知识源向第一批乡村旅游创业者转移；而知识门槛低、特殊的身份、敏锐的眼光与接受知识机会多等因素也使得第一批乡村旅游创业者有机会、有能力接收旅游经营知识；但旅游经营知识的复杂性使得第一批乡村旅游创业者仅能掌握简单的经营理念和实用的旅游从业技能。其中，政府在民族地区旅游职业农民知识转移萌芽阶段占据主导地位。民族地区乡村旅游开发初期主要依靠政府力量的推动，为了提升当地农民能力使其适应乡村旅游发展的需要，政府作为责任主体承担了萌芽阶段的知识转移成本，并有组织、有计划地对当地农民进行知识转移。

发展阶段知识转移主要影响因素如下：行业趋势和发展前景因素揭示了乡村旅游的大有可为，客观上推动了知识转移的进行；政府、非政府组织和游客强烈的转移动机，第一批乡村旅游创业者更高的知识内化程度有力推动了更高水平旅游经营知识向乡村旅游追随者转移；乡村旅游追随者自身的冒险精神、更强的接收能力与接收意愿以及第一批乡村旅游创业者的示范效应等因素同样促进了知识转移的进行；但更高水平旅游经营知识的可表达性以及异质性特征导致并非所有乡村旅游经营者都能完全掌握这些知识技能。其中，第一批乡村旅游创业者在民族地区旅游职业农民知识转移发展阶段起重要的引领和示范作用。农村差序格局的社会结构以及农民间知识转移的核心-外围结构使得第一批乡村旅游创业者成为乡村旅游追随者的主要模仿对象，其对旅游技能的掌握程度、旅游经营理念、旅游发展道路的选择直接决定了这一时期知识转移的主要内容和方向。

成熟阶段知识转移主要影响因素如下：技术进步与国家战略、社会文化等因素分别从宏观和微观层面营造了促进知识转移的氛围；农民与知识源间更高的信任关系与一定的知识势差、知识源自身更强烈的转移能力与转移意愿推动了更多样化的旅游经营知识的转移；乡村旅游职业农民在遭遇知识瓶颈、面对外来经营者的冲击以及经济收入刺激等情况的影响下更积极地接收旅游经营知识；所转移知识的层次性和专业性显著影响了不同知识存量的旅游职业农民对知识的选择与掌握。其中，外来经营者是民族地区旅游职业农民知识转移成熟阶段的主要推动力量，他们所拥有的先进经营理念、专业管理知识和规范服务标准等知识使旅游职业农民在市场竞争中处于劣势地位，这激发了旅游职业农民向外来经营者学习、进行知识转移的动力和活力。

伴随着知识转移演进过程，当地农民经历了"传统农民—亦农亦旅的'两栖农民'—乡村旅游职业农民"的职业转换过程。在知识转移萌芽阶段，第一批乡村旅游创业者通过知识转移逐渐掌握了简单经营理念、经营形式等知识并投入到乡村旅游实践中，打破了原有以农业为主的生计模式，迈出了从传统农民向乡村旅游职业农民转变的第一步；在知识转移发展阶段，乡村旅游追随者通过知识转移逐渐掌握了基础旅游技能、先进旅游知识和新旅游发展思路等知识，旅游成为乡村旅游追随者与第一批乡村旅游创业者的重要生计来源，他们从传统农民转变为亦农亦旅的"两栖农民";在知识转移成熟阶段,当地农民普遍参与到了乡村旅游发展中并通过知识转移逐渐掌握了高水平的接待服务知识、乡村旅游经营经验技巧、景观保护观念、法律政策、互联网运营等知识,旅游成为他们的主要生计来源,参与农业活动更多是为了维护梯田景观发展乡村旅游,他们已经从亦农亦旅的"两栖农民"完全转变为了乡村旅游职业农民。

# 第3章 乡村旅游职业农民知识转移影响因素解释结构模型研究

## 3.1 引言

近年来,乡村旅游在促进乡村地区经济增长、实现减贫等方面的积极效应已经得到了普遍认可。乡村旅游在减缓农村地区人口流失、发展农村产业、提高农民收入、推动减贫和可持续发展等方面的作用更为重大。特别是对于旅游资源丰富的少数民族乡村,创立和经营乡村旅游小企业是当地农民参与乡村旅游的重要形式。这类企业提供住宿、餐饮、交通、旅游商品、演出、农事体验等旅游产品和服务,一般由创办者及其家人经营,雇员多为亲属、朋友与邻近村民,企业人数通常在20人以下,是乡村旅游发展中最活跃的企业类型。然而,乡村旅游小企业的员工主要是从传统农业生产转化而来、知识文化层次较低、旅游服务技能有限的农民,他们既无法满足乡村旅游产业规模迅速扩张、产业结构优化和多领域融合发展的需求,也缺少获取旅游服务技能知识、实现自身发展的有效渠道,这导致乡村旅游小企业在成长中面临诸多困境。缺乏旅游知识和技能是限制乡村居民积极参与旅游规划和开放的主要因素,居民低水平的乡村旅游参与度阻碍了乡村旅游产业发展。

对于如何有效提高乡村居民生活水平,学者从资源获取转为对知识的重视,认为知识已成为比土地、工具和劳动力更重要的影响因素。而知识转移可解决从传统农民到旅游职业农民的职业转换过程中面临的旅游服务知识和技能不足、知识学习渠道有限、新知识应用效果差等问题，对提高旅游职业农民的旅游服务能力、管理能力、技术应用能力和市场判断能力发挥着重要作用。

现有研究从不同视角探索特定情境下旅游职业农民的知识转移，普遍认可旅游职业农民的知识接收能力、先前知识经验、受教育水平对知识转移的正向促进作用，然而知识转移同时受知识转移过程中转移情境、转移主体、转移内容的影响，这些影响因素相互作用、互相影响，目前尚未有研究全面系统地分析旅游职业农民知识转移影响因素及影响路径。

实践中，经过30多年的旅游开发，桂林龙脊梯田景区、柳州程阳八寨景区和黔东南肇兴侗寨景区已从传统乡村社区转变为成熟的旅游目的地，探索出了成功的乡村旅游开发模式，当地以农耕为生计的农民成功转变为旅游职业农民。当地农民从事旅游接待服务，从根本上说是一种职业的转换，需要学习新的职业技能。在乡村旅游发展的过程中，政府组织、公益性扶贫组织、旅游企业、大学和科研机构的专家和学生、新闻工作者、游客等相关利益群体进入乡村，这使得外部知识源向农民转移知识成为可能，同时，成功者的知识经验也成为农民间知识转移的内容。知识转移对农民的人力资本水平提升、内生发展动力增强起到了重要的促进作用，为本部分的理论研究提供了典型样本。因此，本部分以这3个景区为研究对象，针对上述问题进行多案例研究，深入分析旅游职业农民知识转移影响因素，探索影响因素的作用及相关关系，提出知识转移效果提升策略以促进乡村旅游发展。

## 3.2 文献综述

本节的文献综述分为三个部分：知识转移概念与影响因素、旅游职业农民知识转移影响因素和研究评述。

## 3.2.1 知识转移概念与影响因素

知识转移的概念最早由 Teece（1977）提出，指企业通过跨国界应用技术转移来积累知识。诸多学者从不同的角度对知识转移的概念进行了界定：从转移过程视角，知识转移是知识从发送方流动到接收方的过程（Linda and Paul，2000；Szulanski，1996）；从转移效果视角，转移的知识必须得到接收方的反馈才意味着知识转移的完成（Cummings and Teng，2003）；从转移动力视角，知识转移是一方出于对知识的渴求而从另一方获取知识的过程（Gilbert and Cordey-Hayes，1996；Kang and Sauk Hau，2014）。虽然不同的学者对知识转移的理解不同，但普遍认为知识转移的概念包含以下几点：知识转移是知识从知识源传递到知识接收方的过程；知识转移存在于特定情境或环境；知识转移出于特定的目的，但最终目的是缩小知识源与知识接收方之间的知识差距；知识转移是一个具备完整阶段、基本要素和影响因素的过程（Battistella et al.，2016；Easterby Smith et al.，2008）。

学者主要从信息网络和社会网络两个视角对知识转移影响因素进行了探究。在信息网络视角下，学者认为知识源的知识转移意愿（Ren et al.，2018）、转移动机（Cruz et al.，2009；Szulanski，1996）、转移能力（Aladwani，2002）和信任度（Alexopoulos and Buckley，2013），知识接收方的接收动机（Minbaeva et al.，2002）、接收意愿（Pérez Nordtvedt et al.，2008）和接收能力（Pletsch and Zonatto，2018），所转移知识的特性如隐含性（Nakauchi et al.，2017）、模糊性和嵌入性（Najafi-Tavani et al.，2014），转移媒介的丰富度和渠道选择（Bekkers and Freitas，2008），转移情境的知识距离（Stephan et al.，2019）、关系（Zhao et al.，2015）、组织文化（Chang and Lin，2015）等因素会影响知识转移。在社会网络视角下，学者认为网络关系的强弱联结（Kauffeld-Monz and Fritsch，2001）、稳定性（Inkpen and Tsang，2005），网络结构的范围（Tortoriello et al.，2012）、密度（Wei et al.，2011）、结构洞和中心性

(Filieri et al.，2014)等因素同样会影响知识转移。

**1. 信息网络视角下的知识转移影响因素**

在信息网络视角下，学者主要从知识源、知识接收方、转移知识的特性、转移媒介、转移情境等维度对知识转移影响因素展开研究并取得了丰硕的研究成果。

(1) 知识源

知识源的转移意愿、转移能力、转移动机和信任等因素会影响知识转移。一方面，Szulanski（1996）的研究表明，知识源在担心失去对关键知识的所有权及得到回报有限的情况下，会缺乏将重要知识分享给他人的意愿和动力。另一方面，Hamel（1991）指出知识源即便有转移知识的意愿，但如果其知识积累水平、对知识的编码能力以及表达知识的能力不足也难以成功实现知识转移。因此，只有当知识源表达和沟通专业技术知识的能力足够强时才会有更强的知识转移意愿，这也会显著提高知识转移绩效（曾艳芳和许锐，2013；Raisi et al.，2020）。一般来说，知识源的转移意愿受到转移动机的驱使和影响。实证研究发现，知识转移的主要动机为利益互惠、名声、兴趣（Davenport，1998）；李涛和王兵（2003）通过对我国知识工作者的研究发现，成就感是个人转移知识的主要动机。知识源的可靠程度对知识转移有重要影响。Szulanski 等人（1996）的研究指出在知识转移初期，知识接收方信任知识源时会更愿意接受知识。Alexopoulos 和 Buckley（2013）则发现知识转移主体间的信任会随着时间的持续而增加，这同样有助于知识转移的进行。

(2) 知识接收方

知识接收方的接收意愿、吸收能力和接收动机等因素同样会影响知识转移。Cummings 和 Teng（2003）指出知识接收方在进行知识转移前需要投入大量时间、资源等成本寻找所需知识，同时还要对自身能否消化应用知识进行评估，因此只有知识接收方获得新知识的意愿强烈时才愿意克服各种知识转移困难，提高知识转移效果。黄微等人（2011）强调了吸收能力的重要性，认为知识接收方吸收能力的强弱会影响知识转移效率的高低。Liu 等人（2023）的研究发现，知识接收方的知识吸收能力越强，对所转移知识的理解、整合、创新能力就越强，所需时间和资源等成本越少，就越有利于知识转移的进行。林晶晶和周国华（2006）指出知识接收方如果缺乏吸收知识的动机，在引进和运用新知识时就可能被动应付、消极对待或直接拒绝，无法掌握所转移的知识。因此，Minbaeva 等学者（2002）更是主张吸收能力的概念应该包括知识接收方的能力和动机的结合，认为只有这样才能有效预测知识转移在接收端的发生。

（3）转移知识的特性

转移知识的特性，尤其是隐含性、模糊性、复杂性会影响知识转移。Tyre 等人（2011）研究了知识的模糊性对知识转移效果的影响，发现知识的模糊性会让人难以理解知识的内涵。Simonin（1999）的研究证实了知识的隐性程度与模糊程度之间的关系，发现二者间呈明显的正相关，知识越显性越容易成功转移。Kogut 和 Zander（2003）进一步发现隐含性会增加知识转移的成本，降低转移速度，这导致隐性知识很难高效转移。王清晓（2008）则通过实证研究发现知识的模糊性与知识转移有效性呈负相关，知识的模糊程度越强，知识转移的效果越差。Connelly 等学者（2012）分析了知识的复杂性与知识转移的关系，发现知识的复杂性越高意味着涉及的知识领域越多、专业性越强，这会提高知识转移的成本，进而降低知识转移的效果。

（4）转移媒介

转移媒介即转移渠道，是用于数据和信息传输的所有手段（Joong Kim and Hancer，2010），一般来说知识转移会受到转移媒介丰富度和渠道选择的影响。Albino 等人（1998）认为知识转移的媒介包括编码和渠道两个特征因素，而媒介的特征取决于编码和渠道的结合，转移媒介越丰富，越能减少知识的歧义性、提高知识转移效率。转移媒介的丰富度又取决于转移渠道的选择，Holtham 和 Courtney（2001）将知识转移的渠道分为正式的与非正式的、个人的与非个人的。在此基础上，翟运开（2008）发现转移渠道对知识受损的影响是决定性的，非正式的、个人的渠道作为高丰富度的媒介有利于减少知识的模糊性，正式的、非个人的渠道作为低丰富度的渠道更有利于处理容易理解的信息和标准化数据。

（5）转移情境

转移情境即转移主体间的距离、组织文化、关系等因素同样会影响知识转移。一般来说，知识转移双方间的空间距离、文化距离和制度距离越大，知识转移所耗费的时间和费用就越多，转移效果就越差。而知识距离对知识转移的影响则较为复杂，Swap 等学者（2001）研究发现，知识转移双方间的知识距离过小时知识接收方对转移内容的满意度会下降，知识距离过大时知识转移很难达到预期效果，只有当知识转移双方间的知识基础有重叠又有适当距离时，知识转移效果最好。阮平南等学者（2019）则通过元分析证实了知识距离对知识转移的调节作用，解释了知识距离的双重作用。此外，知识转移双方的关系对知识转移的影响不容忽视，知识转移双方的关系越亲近，越有利于知识转移的进行，关系越疏远则对知识转移的影响越消极（翟运开，2008）。

**2. 社会网络视角下的知识转移影响因素**

社会网络理论将社会网络系统作为一个整体来解释社会行为，该理论认为社会行动者之间的关系纽带导致思维方式与行为存在相似性。知识转移行为的发生并不是孤立存在的，因此许多学者基于社会网络理论探索知识转移，从网络关系、网络结构等方面对知识转移影响因素展开研究。

（1）网络关系

网络关系的强度和稳定性都会影响知识转移。Uzzi（1999）最早将社会网络理论用于知识转移研究，他认为企业网络可以分为强关系和弱关系，并通过研究发现前者对企业获取隐性知识更有益，后者对企业获取显性知识更有益。研究表明，强关系能够增强知识转移意愿，实现知识传递渠道的畅通，并提高接收者吸收和转化新知识的可能性；而弱关系的交流频率、交流集中度、关键人物、网络动态性、传递效率和效果的变化同样会影响知识转移。此外，还有学者进一步延伸了相关研究，指出中关系的重要性。Retzer 等人（2012）认为中关系的跨界属性有助于将原本联系较弱的组织联系起来，帮助它们进行组织间的知识转移。网络关系的稳定性对知识转移的影响同样重要，Helmsing（2001）认为网络关系的稳定性有助于转移双方间保持信任，实现转移双方间的长期相互合作和知识转移，进而促进知识转移绩效的整体上升。

（2）网络结构

网络结构指社会网络的基本形态，包括社会网络的架构和网络成员企业之间的链接形式，其范围、密度、中心性和结构洞等因素同样会影响知识转移。顾志刚（2007）指出网络规模扩大带来的新进成员能带来新技术和新资源，网络内有着知识转移意愿与能力的组织往往会主动寻求合作，进而促进组织间知识转移；而网络成员间的联系密度越大越有助于其接近和获取有用的知识和物质资源，提高知识转移的数量和成功率。社会网络理论中的一个核心概念是"中心度"，即位于社会网络最中心的点是最有利可图的。Tsang 和 Inkpen（2005）的研究就指出企业距离网络中心位置越近，越有可能获得更多的知识。但徐建中和朱晓亚（2018）通过实证研究发现，网络中心性过低说明成员间的知识资源不够集中，不利于团队知识转移；网络中心性过高说明团队内部的所有知识资源集中在少数人身上，知识异质性较低，也不利于知识转移。不过处于社会网络中心位置意味着可以产生"结构洞"效应，这使得社会网络成员可以接近彼此间不相连的合作伙伴，获得更多的异质性知识，促进知识转移。

### 3.2.2 旅游职业农民知识转移影响因素

旅游职业农民知识转移是一个较为复杂的过程，涉及不同的知识源，受到诸多因素的影响。乡村旅游小企业员工可以通过知识转移接触到营销、金融等专业知识，大学和行业协会等机构是经济欠发达国家（LEDCs）乡村旅游小企业员工知识转移的主要知识源，知识转移过程包含开始、执行、跃迁3个阶段。

在实践中，乡村旅游小企业通常会由于空间邻近性和产品相似性而组成网络集群（Clusters），集群成员往往会通过面对面交流、参观学习等方式分享成功案例、共同问题或经验教训，这种紧密的、非正式的沟通对旅游职业农民知识转移有着积极的促进作用。乡村旅游社会网络由本地弱密集网络和非本地强稀疏网络组合而成，网络关系的强度是决定乡村旅游企业知识转移的重要因素；而这种网络结构能够提供不同网络的信息优势，知识来源的多样性同样有力地促进了知识转移。在这个过程中，企业间信任关系的建立以及对网络整体和能力的信任起到非常重要的中介作用。同时，这种非正式的网络关系也使得社会资本而不是正式制度更能降低知识交易成本，其中人际信任、互惠合作与共同愿景等社会资本可以克服个体理性与集体理性的冲突，是知识转移重要的影响因素。

作为乡村旅游小企业社会网络的重要组成部分，转移渠道对知识转移的影响十分重要。旅游业中劳动力的高流动性以及隐性知识的重要性，使得员工的流动成为知识转移重要的非正式渠道。在社会网络中，有着广泛联系以及能力出众的员工扮演了不同企业间知识领域的"边界跨越者"，他们的流动促进了知识转移行为的发生。政府、大学等机构出于对乡村旅游小企业员工知识技能欠缺的担忧而开展的推广、宣传、培训等正式活动，对知识转移的进行同样起到了积极作用。

### 3.2.3 研究评述

学者对知识转移的内涵、影响因素等方面进行了大量研究，为本部分研究提供了坚实的理论基础，但对旅游职业农民知识转移的关注相对不足，具体为：针对旅游职业农民知识转移的研究以社会网络视角为主，从社会网络关系、网络结构、社会资本、转移渠道等方面分析知识转移影响因素，缺少基于知识转移过程视角的研究；研究发现了影响旅游职业农民知识转移的诸多因素，但对这些影响因素的相互关系及影响路径尚不明确，对旅游职业农民知识转移影响因素的研究缺乏全面系统的总结分析。

因此，本部分通过多案例研究，基于过程视角从知识源、知识接收方、转移内容和转移情境 4 个维度探索旅游职业农民知识转移影响因素，分析影响因素的重要程度、层次结构关系和影响路径，拓展完善知识转移相关理论。

## 3.3 研究设计

本节从分析框架、研究方法和数据收集 3 个方面阐述乡村旅游职业农民知识转移影响因素解释结构模型研究设计。

### 3.3.1 分析框架

案例研究是一种常用的质性研究方法，这种方法适合对现实中某一复杂和具体的问题进行深入和全面的考察，主要回答"How"和"Why"的问题。根据 Eisenhardt（1989）总结的案例研究基本步骤，本部分研究通过构建分析框架、案例地选择、数据收集、数据分析等多个步骤来确定影响旅游职业农民知识转移的具体因素。知识转移模型是知识转移理论研究的分析框架，借鉴 Albino 等人（1998）的知识转移过程模型构建理论分析框架，从知识源、知识接收方、转移内容和转移情境视角分析旅游职业农民知识转移影响因素,如图3-1所示。

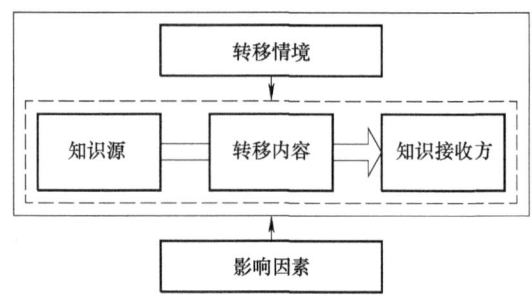

图3-1 分析框架

## 3.3.2 研究方法

**1. 多案例研究法**

归纳性的理论化是质性研究的基石,具有代表性的多案例研究可以相互印证、相互补充,以更好地分析问题并形成具有共性的结论,适用于构建更有普适性的理论。因此,本部分采用多案例研究方法探寻具有普适性的旅游职业农民知识转移影响因素。在案例地选择上,本部分研究兼顾案例的典型性、数据的可获得性和理论抽样3个方面,选取桂林龙脊梯田景区、柳州程阳八寨景区和黔东南苗族侗族自治州肇兴侗寨景区作为案例研究对象,原因如下:

第一,案例地均为民族地区乡村旅游开发的成功典型。龙脊梯田景区、程阳八寨景区和肇兴侗寨景区位于西南少数民族地区,居住壮族、瑶族、侗族等少数民族,拥有有独特魅力的自然生态景观与民族文化旅游资源。这些村庄地理位置偏僻,农民思想传统且保守、受教育程度普遍较低,大部分农民不识字。在20世纪90年代的旅游开发前,这些村庄不通公路与铁路,大山隔断了他们与外界的联系。那时,农耕是他们的主要生计来源,生活极为贫困,人均年收入不足700元。20世纪90年代,快速兴起的旅游业,将先锋旅游者带到这些美丽的村庄。接待先锋旅游者获得的可观收入、外部专家带来的新思想和新技能,以及政府对旅游开发的支持，深刻激发了当地贫困农民寻求生计模式转变的强烈愿望。乡村旅游使农民看到了改变命运的希望并纷纷进入乡村旅游服务行业。

经过30多年的发展，这3个村庄从传统农耕村庄转变为成熟的乡村旅游地。龙脊梯田景区位于广西，包括11个壮族、瑶族等少数民族村寨，景区以梯田稻作农耕文化为特色。景区自1993年开始进行旅游开发，2006年被评为"国家级农业旅游示范点"，2010年被评为国家4A级景区，2018年被联合国粮食及农业组织认定为全球重要农业文化遗产。2019年景区接待游客995.4万人次，旅游综合收入20.9亿美元。程阳八寨景区是广西侗族风情旅游的代表景区，也是广西知名的乡村旅游目的地和民族村寨，自1988年开始正式旅游开发，先后获得"首批中国景观村落""全国旅游名村名镇""国家4A级旅游景区"等称号，2019年景区接待游客超过100万人次。肇兴侗寨位于贵州省，是中国最大的侗族村寨群落之一，素有"侗乡第一寨"的美誉。其旅游开发始于20世纪90年代，极具特色的侗族文化和自然资源使得肇兴侗寨先后获得"全球最有诱惑力的33个旅游目的地之一""全球'返璞归真、回归自然'十大旅游首选地""国家AAAA级旅游景区"等称号，2019年景区接待游客124万人次，旅游综合收入1.6亿美元。

随着乡村旅游的发展，在尊重知识与崇尚学习的传统文化影响下，这3个景区的农民为了更好从事乡村旅游服务，通过知识转移逐步掌握旅游服务的知识技能，使乡村旅游小企业的经营获得成功，实现了脱贫致富。因此，符合案例对象选取的典型性。

第二，研究数据具有可获得性。乡村旅游的成功，吸引众多农民参与其中，积累了大量鲜活的知识转移实践素材。同时，项目团队长期帮助案例地发展，在景区规划、创新创业、企业经营和旅游从业技能培训等方面为这些社区提供指导和支持，与当地政府、公益性旅游扶贫组织、社区居民等利益相关群体保持良好合作关系，沟通密切。因此，无论是一手资料还是二手资料都较容易获取。

第三，研究案例符合理论抽样原则。依据理论抽样的方法对案例进行选择有助于理论发展。采取理论取样的方法选择案例，适用于阐明和分析各构成要素之间的关系和逻辑。本部分研究所选的 3 个案例地，在旅游职业农民知识转移过程中能较为清晰地识别转移情境、知识源、知识接收方、转移内容等转移要素，有助于分析相应的知识转移影响因素，符合理论抽样原则。

## 2. DEMATEL-MMDE-ISM 研究法

本部分采用 DEMATEL-MMDE-ISM 方法分析旅游职业农民知识转移影响因素的作用和层次结构关系。选择该方法的原因在于，DEMATEL（决策实验室法）能够对复杂系统进行有效分析，通过量化各因素间的关系与影响强度，确定因素间的因果关系和每个因素在系统中的地位；在 DEMATEL 分析结果的基础上，ISM（解释结构模型）能够构建出具有层级特性的递阶解释结构模型，进而分析各因素间的相互关联关系。将 DEMATEL 获得的结果与 ISM 相结合需要设置一个合理的阈值，目前许多学者根据专家意见、统计学等方法来确定阈值，但这种设置阈值的方法主观随意性较强且普适性较差，会导致分析结果出现误差。而 MMDE（最大平均逆熵法）作为一种利用熵函数计算合适阈值的科学算法有效解决了这一问题，并在相关研究中证明了其有效性（Chen，2021；Singh and Bhanot，2020）。

（1）DEMATEL

Decision-Making Trial and Evaluation Laboratory（DEMATEL）是美国学者 Gabus 和 Fontela（1972）为了解现实世界中复杂、困难的问题而提出的方法论，是一种运用图论和矩阵工具的系统分析方法。DEMATEL 的具体计算步骤如下。

第一步：确定系统因素及因素间的影响关系。

明确分析系统因素，可将其编号为 $S_1, S_2, \cdots, S_n$，然后对因素两两间的影响程度进行分析，若因素 $S_i$ 对 $S_j$ 有直接影响，则影响程度记为 $a_{ij}$。

随着影响程度的加深，$a_{ij}$ 的值从 1 到 4 逐渐递增；若因素 S$i$ 对 S$j$ 无直接影响，则 $a_{ij}$=0。然后邀请专家对各个因素间的影响程度进行打分，以 0~4 分表示因素间的相关程度，0 分为无影响，1 分为低影响，2 分为中等影响，3 分为高影响，4 分为极高影响。

第二步：建立直接影响矩阵 **Z**。

将所有专家对因素间影响程度的打分取均值，建立一个 $n×n$ 的直接影响矩阵，用 **Z** 表示。其中 $a_{ij}$ 表示因素 S$i$ 对因素 S$j$ 的影响程度，当 $i=j$ 时，$a_{ij}$=0。

$$\boldsymbol{Z} = \begin{bmatrix} 0 & a_{12} & \cdots & a_{1n} \\ a_{21} & 0 & \cdots & a_{2n} \\ \vdots & \vdots & & \vdots \\ a_{n1} & a_{n2} & \cdots & 0 \end{bmatrix} \quad (3\text{-}1)$$

第三步：建立规范化直接影响矩阵 **X**。

对矩阵 **Z** 进行归一化处理，得到规范化直接影响矩阵 **X**。

$$\boldsymbol{X} = (x_{ij})_{n \times n} = \frac{\boldsymbol{X}}{\max\limits_{1 \leq i \leq n} \sum\limits_{j=1}^{n} a_{ij}} \quad (3\text{-}2)$$

式中，$\max\limits_{1 \leq i \leq n} \sum\limits_{j=1}^{n} a_{ij}$ 为矩阵 **Z** 中行和的最大值。

第四步：建立综合影响矩阵 **T**。

在规范化直接影响矩阵的基础上计算综合影响矩阵 **T**。

$$\boldsymbol{T} = (t_{ij})_{n \times n} = \boldsymbol{Z}(\boldsymbol{I} - \boldsymbol{Z})^{-1} \quad (3\text{-}3)$$

式中，**I** 为一个 $n×n$ 的单位矩阵。

第五步：计算各因素的中心度和原因度并绘制因果关系图。

通过综合影响矩阵 **T** 得到各因素的影响度 **R** 与被影响度 **C**。**R** 和 **C** 分别为 $n×1$ 和 $1×n$ 的向量，其中 **R** 为综合影响矩阵 **T** 中各因素按行相加，**C** 为综合影响矩阵 **T** 中各因素按列相加。

$$\boldsymbol{R} = \left[\sum_{j=1}^{n} t_{ij}\right]_{n \times 1} \quad (3\text{-}4)$$

$$C = \left[\sum_{j=1}^{n} t_{ij}\right]_{1 \times n} \tag{3-5}$$

$R+C$ 被称为中心度，表示该因素的重要程度，中心度越高，影响因素越重要。$R-C$ 被称为原因度，原因度为正的因素属于原因因素，表示该因素容易影响其他因素；原因度为负的因素属于结果因素，表示该因素容易受其他因素影响。

根据计算结果，以中心度为横坐标、原因度为纵坐标绘出因果关系图。因果关系图将复杂的因果关系简化为易懂的结构，能帮助研究者更深入地了解问题，提出合理的解决方案。

（2）MMDE

DEMATEL 的优点在于通过量化因素间的影响程度，能够有效确定因素的重要程度和因果属性，利用 DEMATEL 得到的综合影响矩阵，ISM 方法能够进一步划分因素间的层级结构。在应用 ISM 之前需要设置一个合理的阈值，Maximum Mean De-Entropy（MMDE）基于熵值的概念，能够通过科学的方式得到这一阈值。MMDE 的定义如下。

定义 1：假设有 $n$ 个元素的随机变量被表示为 $X = \{x_1, x_2, \cdots, x_n\}$，其对应的概率 $P = \{p_1, p_2, \cdots, p_n\}$，那么定义 $X$ 对应的熵值 $H(X)$ 如下：

$$H(p_1, p_2, \cdots, p_n) = -\sum p_i \ln p_i$$

式中，当 $p_i = 0$ 时，$\sum_{i=1}^{n} p_i = 1$，$p_i \ln p_i = 0$。 (3-6)

根据定义 1，当 $p_1 = p_2 = \cdots = p_n$ 时，$H(p_1, p_2, \cdots, p_n)$ 的值最大，我们用 $H\left(\dfrac{1}{n}, \dfrac{1}{n}, \cdots, \dfrac{1}{n}\right)$ 来表示。

定义 2：对特定的有限离散集合 $X$ 的熵差用 $H_n^D$ 表示，其定义如下：

$$H_n^D = H\left(\frac{1}{n}, \frac{1}{n}, \cdots, \frac{1}{n}\right) - H(p_1, p_2, \cdots, p_n) \tag{3-7}$$

定义 3：综合影响矩阵 $T$ 的 $i$、$j$ 元素以 $t(i, j)$ 表示，代表因素 $X_i$ 对因

素 $X_j$ 直接和间接影响的总和。将因素 $x_i$ 定义为支配点（Dispatch-Node），而因素 $x_j$ 定义为接收点（Receive-Node），影响值为 $t_{ij}$。

根据定义 3，一个 $n×n$ 的综合影响矩阵 $T$ 可以视为一个有 $n^2$ 的有序集合 $T$，每个 $T$ 的子集可以分为有序支配点集合与有序接收点集合两部分。因此，用 $C(X)$ 表示有序集合 $X$ 的元素数，$N(X)$ 表示有序集合 $X$ 中不同元素的个数。例如，若 $X=\{1,1,2,3,3\}$，则 $C(X)=5$，$N(X)=3$。

基于 DEMATEL 得到的综合影响矩阵 $T$，用 MMDE 确定阈值的计算步骤如下。

第一步：将 $n×n$ 的综合影响矩阵 $T$ 转化为一个有序集合 $T=\{t_{11}, t_{12},\cdots, t_{21}, t_{22},\cdots, t_{nn}\}$，将集合 $T$ 中的元素按照从大到小的顺序重新排列，然后将其转化为对应综合影响矩阵 $T$ 中行、列的一个三元有序集合 $(t_{ij}, x_i, x_j)=$（影响值，支配点，接收点），用 $T^*$ 表示。

第二步：从 $T^*$ 中取出第二个元素组成支配点的集合 $T^{Di}$，$T^{Di}=\{x_i\}=\{x_1, x_2,\cdots, x_n\}$。

第三步：取 $T^{Di}$ 的前 $t$ 个元素组成新的集合 $T_t^{Di}$，找出不同元素的分配概率 $H^D$，然后找出集合 $T_t^{Di}$ 所对应于 $H^D$ 的 $H_t^{Di}$。根据公式计算出平均熵差（$\text{MDE}_t^{Di}$）：

$$\text{MDE}_t^{Di} = \frac{H_t^{Di}}{N(T_t^{Di})} \tag{3-8}$$

第四步：找出平均熵差 $\text{MDE}_t^{Di}$ 的最大值和它对应的支配点的集合 $T_t^{Di}$，将其命名为 $T_{\max}^{Di}$。

第五步：重复第二步到第四步，计算出接收点的有序集合 $T^{Re}$，平均熵差的最大值及对应最大平均熵差的接收点的集合 $T_{\max}^{Re}$。

第六步：将所有支配点 $T_{\max}^{Di}$ 在 $T^*$ 中的前 $u$ 个元素与所有接收点 $T_{\max}^{Re}$ 在 $T^*$ 中的前 $u$ 个元素取出组成集合 $T^{Th}$，$T^{Th}$ 的最小值就是阈值，并且以下公式成立：

$$1 < C(T^{Th}) < C(T^*) \tag{3-9}$$

### （3）ISM

在确定阈值后，借助 Interpretative Structural Modeling（ISM）确定因素之间的关系。ISM 的具体计算步骤如下。

第一步：利用 MMDE 计算得到的阈值，将通过由 DEMATEL 得到的综合影响矩阵 ***T*** 转化为由 0 和 1 构成的初始可达矩阵 ***I***$_{RM}$。

第二步：修改或保持初始可达矩阵从左上到右下的所有元素都为 1，然后进行传递性检验得到最终可达矩阵 ***K***。

第三步：对可达矩阵 ***K*** 进行层级划分。找出可达集 *R*（Reachability Set）和先行集 *A*（Antecedent Set），可达集 *R* 为每一行中 1 所对应的列，先行集 *A* 为每一列中 1 所对应的行。

第四步：验证 $Q(Si) = R(Si) \cap A(Si)$ $(i = 1, 2, \cdots, n)$ 是否成立，即交集 *Q* 是否等于可达集 *R*。若成立，说明该因素属于此层级，在可达矩阵 ***K*** 中去掉 *i* 行和 *i* 列，先识别出的层级为最高级，以此类推。

第五步：重复第三步到第四步，直至所有因素被去掉。

第六步：根据因素被去掉的顺序，建立因素的层次结构。

### 3.3.3 数据收集

#### 1. 多案例研究的数据收集

为保证研究信度与效度，本部分的多案例研究采用半结构化访谈、现场走访、二手资料整理等多种方法进行数据收集。研究者在 2018 年 4 月—2021 年 10 月持续性对案例地进行田野调查，形成了大量田野笔记，并通过半结构化访谈获得大量一手资料。

以目的性抽样原则确定访谈对象，根据理论饱和原则确定访谈者数量。访谈对象选取的原因和数量如下：8 位村干部，他们既是政府与农民间沟通的纽带，又全都作为旅游小企业领导者直接参与到了乡村旅游经营活动中；6 位民族舞蹈表演者；40 位从事住宿、餐饮等行业的农民。为了全面了解乡村旅游发展历程中知识转移各要素的作用，受访者中有

12 位旅游职业农民的旅游经营活动完整地贯穿了旅游地发展历程。研究者通过访谈深入了解了案例地乡村旅游发展状况、知识转移过程和影响因素的细节后，在 2021 年 1 月和 5 月深度访谈长期跟踪研究乡村旅游发展的 2 位专家，以补充理论编码资料和验证理论模型。

此外，为了充分保证数据的可信度和准确性，避免或弥补单一资料带来的主观性，本部分研究还收集了有关案例地的媒体报道、宣传手册、视频、统计年鉴以及公开发表的相关期刊文献等二手数据，形成"三角验证"，数据收集的描述性统计及编号见表 3-1。

表 3-1 数据收集的描述性统计及编号

| 数据来源 | 数据和统计信息 | | |
|---|---|---|---|
| | 受访者 | 访谈时间/h | 字数/万字 |
| 半结构化访谈（A1） | 8 位村干部，6 位民族舞蹈表演者，40 位从事住宿、餐饮等行业的农民 | 120 | 26.3 |
| 深度访谈（A2） | 就职于大学的吴教授和梁教授 | 8 | 3.5 |
| 田野调查（A3） | 现场观察 | | |
| 二手资料（B） | 媒体报道、宣传手册和视频（B1） | | |
| | 统计数据和地方政府统计年鉴（B2） | | |
| | 公开发表的期刊论文、学术著作（B3） | | |

### 2. DEMATEL-MMDE-ISM 研究法的数据收集

在进行解释结构模型构建时，首先要对影响因素之间的相互关系进行判断。在解释结构模型中通常借助专家在该领域的知识和经验来分析系统中各要素的直接相关关系，确保研究数据的可靠性。

基于前文构建的民族地区旅游职业农民知识转移演进过程模型，并结合在多个成熟的民族地区乡村旅游目的地收集到的资料，本部分研究将民族地区旅游职业农民知识转移影响因素总结为 13 个因素，用 $S_i$ 表示，分别编号为 $S1, S2, \cdots, S13$。在此基础上，本部分研究设计了专家问卷进行数据的收集与分析，专家问卷主要分为两个部分：第一部分为问卷描述，介绍了 13 个成熟阶段民族地区旅游职业农民知识转移影响因素的具体内容及释义；第二部分为专家打分表，需要专家就 13 个成熟阶段民族地区旅游职业农民知识转移影响因素间的逻辑关系及相互影响程度进行判断打分，分值区间由低到高为 0~4 分，其中 0 分为无影响，1 分为低影响，2 分为中等影响，3 分为高影响，4 分为极高影响。专家调查问卷见附录 A。研究团队于 2021 年 10 月进行了专家问卷的发放与收集，专家的基本情况见表 3-2。

表 3-2 专家基本情况一览表

| 特　征 | 选　项 | 人　数 | 百　分　比 |
| --- | --- | --- | --- |
| 文化程度 | 本科 | 3 | 33.3% |
| | 硕士 | 5 | 55.6% |
| | 博士 | 1 | 11.1% |
| 工作单位 | 高校院校 | 4 | 44.5% |
| | 政府部门 | 1 | 11.1% |
| | 规划设计院 | 2 | 22.2% |
| | 乡村旅游企业 | 2 | 22.2% |
| 职称 | 正高 | 2 | 22.2% |
| | 副高 | 5 | 55.6% |
| | 无 | 2 | 22.2% |

参与问卷填写的专家的特点主要表现为：

1）专家权威性较高。填写问卷的专家主要为高等院校教师、旅游主管部门人员、旅游规划设计单位和优秀的旅游职业农民，他们或长期致力于民族地区乡村旅游业的理论研究和教学工作，对民族地区旅游职业农民知识转移有着更全面、更科学的认识；或长期在政府层面协调各项旅游相关政策措施的落实，指导民族地区乡村旅游业的发展，对民族地区旅游职业农民知识转移有着充分的认识与理解；或长期从事民族地区乡村旅游的规划与开发实践工作，对民族地区旅游职业农民知识转移有着丰富的理论和实践经验；或作为民族地区乡村旅游的从业人员，对民族地区旅游职业农民知识转移有着深刻的切身体会。

2)专家积极性比较高。问卷主要由专家现场填写,再由研究团队现场收回,针对专家在填写过程中产生的疑惑进行现场解答,每份专家问卷的填写时间约1h。调查共发放专家问卷11份,共回收有效问卷9份,回收率达81.82%,专家填写问卷的积极性比较高。

## 3.4 研究内容

本节从转移情境、知识源、知识接收方和转移内容视角分析旅游职业农民知识转移影响因素,构建知识转移影响因素解释结构模型。

### 3.4.1 旅游职业农民知识转移影响因素界定

**1. 转移情境**

近年来,移动互联网、5G(第五代移动通信技术)、大数据等技术进步使整个旅游产业呈现出新业态,促使旅游职业农民主动学习互联网知识以适应市场新变化,满足游客新需求。而国家实施的脱贫攻坚、乡村振兴等国家战略也要求地方政府重视农民的知识学习与能力提升。此外,乡村旅游的持续发展吸引了具有先进知识的外来经营者大量进入及具有开阔视野的农民工、大学生返乡创业。这在加剧市场竞争的同时,也促使当地逐渐形成了向成功者学习旅游知识、提升自身旅游服务质量的社会文化,营造了促进知识转移的氛围。因此,国家战略、社会文化和技术进步分别从宏观和微观层面营造了促进知识转移的氛围。

"现在越来越多的人在网上订房,你在哪里能看到什么东西、能获得什么服务在网上基本上都有(A1)。""自脱贫攻坚工作开展以来,龙胜各族自治县政府注重将'扶志、扶智、扶能'工作结合起来,有效激发了贫困群众的内生动力(B2)。""近年来,黔东南苗族侗族自治州立足于得天独厚的旅游资源,把旅游扶贫作为产业扶贫的重要抓手,把乡村旅游作为精准扶贫的重要途径,把解决更多贫困人口就业作为旅游发展的重点方向（B1）。""外来经营户则瞄准级差租价、免税政策、景区商机等而纷纷进驻肇兴，给原来二元结构的空间增添了更多群体，加速了旅游地的商业化（B3）。""自从与旅游公司签订共同开发梯田的协议后，之前在外打工的村民也陆续回到村里（B1）。""2015 年，杨某倩回归肇兴村寨，6 年来深耕故乡……在村寨建立非遗扶贫工坊和文化公共空间，发起火塘民艺教室、萤火之裳民族校服、侗族青年成长支持计划、本土化社区教育经验探索、非遗扶贫公益计划等公益项目（B1）。""随着旅游的发展，少数民族村寨居民的观念和意识有所提升。为了搞好旅游接待，村民的卫生习惯得到了极大的改变，家家户户将庭院打扫得干干净净，很多村民还主动学起了普通话，甚至为了能与外国游客交流，一些经营户还主动学起了英语。居民的行为规范和经济意识方面也发生了明显的变化，参与旅游的人员基本上都能讲一口流利的普通话，内敛害羞的性格也改变了，能主动与客人攀谈（B3）。"

### 2. 知识源

旅游职业农民知识转移过程中主要有 6 个知识源，其中政府、OTA 平台和高校专家为主要显性知识源，外来经营者、游客和有成功经验的农民为主要隐性知识源。

政府在旅游职业农民知识转移过程中主要扮演知识转移组织者和资助者的角色，将培训等具体工作委托给高校专家实施，这种知识转移形式有效整合了行政、教育资源，既增强了政府、高校专家的知识转移能力，也提升了知识转移的针对性与转移效率。而携程、Airbnb（爱彼迎）等 OTA 平台为了推广平台和竞争房源市场，有着强烈的知识转移意愿，它们会定期对农民举办平台运营和网络营销相关培训，在移动互联网迅速普及的背景下，这种针对性更强的知识转移得到了农民的信任与青睐。因此，农民与知识源间的信任关系和知识势差、知识源强烈的转移意愿推动了更多样化的旅游经营知识的转移。

"为进一步增强程阳八寨景区员工理论素养、业务素质和工作能力……开展了文明礼仪、旅游安全、计算机基础等方面的培训……本次培训为期15天,邀请了桂林旅游学院鲍教授、三江侗族自治县博物馆吴馆长、全国优秀导游程文凯及三江职业技术学校的老师们为员工授课(B1)。""负责人表示,爱彼迎会把此前在印度等国家开展的扶贫项目中积累的经验分享给金江村,'我们会培训这些村民,甚至周边村民,告诉他们如何做一个合格的房东,了解国家相关准则、法规、消防知识和安全防护等'(B3)。"

由于旅游业的发展,外来经营者大量参与到乡村酒店与旅游餐饮经营中,先进的经营理念、专业的管理知识和规范的服务标准与当地旅游职业农民的知识体系形成了巨大的知识势差,这促使了知识转移的发生。游客作为旅游职业农民的主要服务对象,他们根据自身体验提出的旅游经营服务建议与反馈通常会被旅游职业农民接受和信任,提升了知识转移效果。而有成功经验的农民既是旅游精英又是当地社区的一员,能够得到其他农民的信任,这促使他们就旅游经营中的经验与技巧等知识进行相互交流、共享和转移。知识源与农民之间的信任关系和潜在的知识势差,以及知识源转移知识的强烈意愿,促进了更加多样化的旅游商业知识的转移。

"目前,肇兴景区绝大多数的住宿和餐饮都由外地人经营,这些外来者多来自西江千户苗寨、凯里市、贵阳市和临近的广西三江侗族自治县等地区,多具有一定的旅游从业经验……很多外来经营者直言不讳地表示,他们在资金和经验方面要优于本地居民(B3)。""如果客人觉得原来的房子矮了、光线和通风不好,就会主动建议我们,所以我们现在新的房子就比原来高。旧楼……装修好了以后客人说房间的隔音效果不好就返修了一次,把房间之间的隔断拆了重装了隔音板(A1)。""客人提出来的建议基本上都是实用的……客人提出来的建议也必须要听取,反正客人进你店里面来,客人就是上帝(A1)。""之前我做好之后,很多乡村乡镇的村民都会来我这边参观……都会问,我都会告诉他们,去房间看，随便拍，按照我的去做也没关系，这些反正都是共赢的嘛（A1）。"

### 3. 知识接收方

旅游职业农民作为知识接收方可以大致分为 3 类：早期参与乡村旅游的农民、返乡从事乡村旅游的农民工与大学生、新进入乡村旅游服务领域的农民。

经过了 30 多年的发展，早期参与乡村旅游的农民经过多年实践积累与知识转移已获得较为丰富的旅游知识与较高的经济收益。但随着旅游产业的升级，他们一方面遇到了旅游经营的知识瓶颈，另一方面又受到外来经营者的巨大冲击，迫切地想学习先进的行业知识，这促使他们通过知识转移开展新一轮的经营突破和创新。此外，返乡从事乡村旅游的农民工和大学生所具有的先前经验使得他们拥有一定的知识基础，他们的眼界更开阔，有效提高了知识转移效率。而新参与乡村旅游的农民更多的是受到经济收入刺激，出于提高自身竞争力以获得高收入的目的参与到知识转移过程中。因此，旅游职业农民在遭遇知识瓶颈、面对外来经营者的冲击以及经济收入的刺激等情况的影响下更积极地寻求学习旅游经营知识。

"村民潘某德开办农家乐 4 年多了，生意还算不错，但总觉得找不到新突破，潘某德说'大家都在想法变点花样，可变来变去还是村里各家互相模仿的那几招。要是遇到外国游客想吃三明治、水果沙拉、牛排什么的，大家只能摇头'（B1）。""在我们这一片基本上没几家能接待外国人的，都不会英语（A1）。""但是这些知识一来的时候对他（当地农民）产生一种压力，让他感受到危机，他得反抗。反抗到后面的话……他就接受了这种知识，我发现他们就是这样一种状态（A2）。""本来我们家世世代代都是做文艺的，你做旅游肯定少不了文艺，所有的接待也少不了文艺（A1）。"

**4. 转移内容**

旅游职业农民知识转移的主要内容包括高水平的接待服务知识、政策法规、保护景观环境的观念、网络营销和 OTA 平台运营等，所转移知识的特性也显著影响了旅游职业农民的知识转移。

知识的特点不同其转移的难易程度也不同，高水平的接待服务知识呈现出明显的层次性，既有餐饮制作、客房保洁等较为基础的知识，也包括文创设计、服务规范标准化等较为专业的知识，这直接导致不同旅游职业农民的知识转移在转移速度、转移成本、转移效率等方面存在差异。为了更好地顺应旅游产业升级发展，提高市场竞争力，政策法规、保护景观环境的观念、网络营销和 OTA 平台运营等高度专业化的知识成为当前旅游职业农民的重要学习内容；但所转移知识的专业性程度越高，涉及的知识领域越多，越不容易被理解和接受，知识转移的难度和成本也就越大。因此，所转移知识的层次性和专业性显著影响了不同知识存量的旅游职业农民对知识的选择与接收。

"他们（当地农民）接受了不同的层面，有的接受了餐饮，有的接受了旅馆，有的接受了购物，有的接受了服务和接待，有的接受了上班打工，有的直接保持传统，使种田变成种风景（A2）。""（有些专业知识）我就学不了，我弟不用教就会，他文化水平在我们这边算比较高的了，是广西科技大学毕业的（A1）。""（网站）有卖广告位的，适当的时候会买一点。因为像我们这边的话有淡旺季，淡季的时候买按我个人来理解是没有必要的……到旺季的时候可能适当地买一些广告位。这算是一种策略吧，有的人可能会在淡季的时候买，但我不这样（A1）。""（在民宿设计上）我肯定还要问一些专业人士的意见……一些整体的设计肯定没有专业人士想得那么丰富，安排得那么合理……但是细节上面很多我们这些少数民族的一些文化理念肯定由我们自己去增加（A1）。"

综上，有 13 个因素影响旅游职业农民知识转移，如图 3-2 所示。

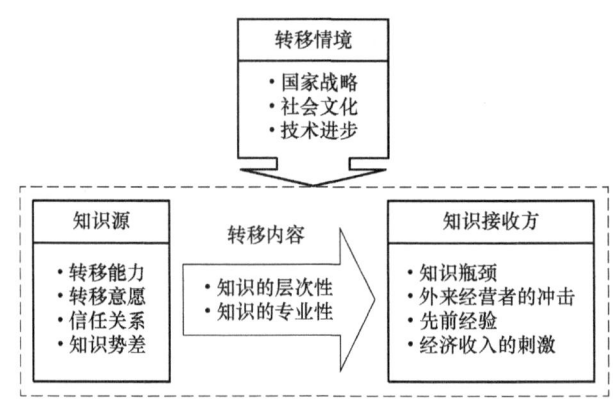

图 3-2 民族地区旅游职业农民知识转移影响因素

## 3.4.2 知识转移影响因素解释结构模型构建

通过将 9 位专家的打分求和取均值，经过初步计算后得到直接影响矩阵 $Z$，见表 3-3。

表 3-3 直接影响矩阵 $Z$

| 因素 | S1 | S2 | S3 | S4 | S5 | S6 | S7 | S8 | S9 | S10 | S11 | S12 | S13 |
| --- | --- | --- | --- | --- | --- | --- | --- | --- | --- | --- | --- | --- | --- |
| S1 | 0.000 | 2.333 | 2.778 | 2.667 | 1.778 | 1.222 | 2.667 | 2.222 | 1.333 | 1.444 | 2.222 | 2.333 | 3.000 |
| S2 | 2.222 | 0.000 | 2.889 | 2.444 | 3.000 | 1.778 | 1.333 | 1.000 | 2.000 | 1.333 | 2.444 | 1.778 | 1.778 |
| S3 | 2.000 | 1.222 | 0.000 | 1.556 | 2.222 | 2.000 | 2.778 | 2.222 | 2.333 | 1.667 | 2.111 | 1.778 | 1.778 |
| S4 | 1.778 | 1.778 | 1.556 | 0.000 | 2.778 | 2.111 | 2.333 | 1.556 | 1.111 | 1.333 | 1.556 | 2.111 | 2.556 |
| S5 | 1.667 | 1.889 | 1.667 | 2.778 | 0.000 | 2.667 | 1.778 | 1.667 | 0.778 | 0.889 | 1.222 | 1.778 | 2.000 |
| S6 | 1.222 | 1.889 | 1.556 | 2.000 | 3.444 | 0.000 | 1.556 | 1.333 | 1.222 | 1.000 | 1.556 | 1.667 | 1.778 |
| S7 | 1.889 | 1.778 | 1.778 | 2.333 | 2.111 | 1.667 | 0.000 | 1.889 | 1.889 | 1.889 | 1.889 | 2.111 | 2.222 |
| S8 | 1.444 | 1.778 | 2.222 | 2.000 | 2.556 | 1.667 | 2.444 | 0.000 | 2.778 | 1.667 | 2.000 | 1.778 | 3.000 |
| S9 | 1.222 | 1.889 | 1.889 | 1.000 | 1.667 | 2.111 | 2.000 | 2.111 | 0.000 | 1.222 | 2.778 | 1.444 | 2.333 |
| S10 | 1.667 | 1.667 | 2.000 | 1.889 | 1.667 | 1.556 | 2.333 | 2.667 | 2.000 | 0.000 | 2.333 | 2.111 | 2.556 |
| S11 | 2.111 | 2.222 | 2.667 | 1.889 | 2.000 | 2.111 | 2.222 | 1.556 | 2.556 | 1.444 | 0.000 | 2.111 | 2.111 |
| S12 | 2.111 | 1.889 | 2.444 | 2.556 | 2.000 | 1.556 | 2.111 | 2.333 | 1.444 | 1.333 | 1.889 | 0.000 | 2.222 |
| S13 | 2.556 | 2.333 | 2.111 | 2.667 | 2.000 | 1.444 | 2.333 | 2.222 | 1.444 | 1.667 | 1.778 | 2.222 | 0.000 |

在直接影响矩阵 $Z$ 的基础上，借助 Matlab 软件通过式（3-2）、

## 第3章 乡村旅游职业农民知识转移影响因素解释结构模型研究

式（3-3）计算得出综合影响矩阵 $T$，见表3-4。

表3-4 综合影响矩阵 $T$

| 因素 | S1 | S2 | S3 | S4 | S5 | S6 | S7 | S8 | S9 | S10 | S11 | S12 | S13 |
|---|---|---|---|---|---|---|---|---|---|---|---|---|---|
| S1 | 0.488 | 0.580 | 0.651 | 0.660 | 0.655 | 0.529 | 0.657 | 0.575 | 0.506 | 0.432 | 0.591 | 0.593 | 0.693 |
| S2 | 0.524 | 0.456 | 0.607 | 0.604 | 0.646 | 0.510 | 0.565 | 0.491 | 0.487 | 0.394 | 0.555 | 0.530 | 0.602 |
| S3 | 0.511 | 0.497 | 0.501 | 0.569 | 0.615 | 0.511 | 0.608 | 0.529 | 0.497 | 0.403 | 0.540 | 0.526 | 0.598 |
| S4 | 0.485 | 0.495 | 0.534 | 0.492 | 0.610 | 0.494 | 0.569 | 0.485 | 0.433 | 0.375 | 0.498 | 0.516 | 0.598 |
| S5 | 0.448 | 0.466 | 0.501 | 0.552 | 0.477 | 0.481 | 0.513 | 0.455 | 0.392 | 0.335 | 0.453 | 0.471 | 0.541 |
| S6 | 0.422 | 0.454 | 0.484 | 0.512 | 0.580 | 0.378 | 0.491 | 0.432 | 0.395 | 0.329 | 0.452 | 0.455 | 0.519 |
| S7 | 0.506 | 0.513 | 0.563 | 0.593 | 0.608 | 0.497 | 0.508 | 0.515 | 0.478 | 0.408 | 0.530 | 0.535 | 0.610 |
| S8 | 0.522 | 0.545 | 0.612 | 0.617 | 0.660 | 0.529 | 0.629 | 0.479 | 0.537 | 0.425 | 0.567 | 0.555 | 0.672 |
| S9 | 0.452 | 0.485 | 0.532 | 0.511 | 0.556 | 0.481 | 0.542 | 0.489 | 0.384 | 0.362 | 0.527 | 0.479 | 0.574 |
| S10 | 0.518 | 0.529 | 0.593 | 0.600 | 0.617 | 0.512 | 0.613 | 0.562 | 0.503 | 0.357 | 0.566 | 0.555 | 0.645 |
| S11 | 0.538 | 0.553 | 0.622 | 0.607 | 0.636 | 0.538 | 0.616 | 0.530 | 0.525 | 0.413 | 0.490 | 0.561 | 0.636 |
| S12 | 0.522 | 0.525 | 0.595 | 0.611 | 0.616 | 0.502 | 0.594 | 0.538 | 0.472 | 0.397 | 0.539 | 0.469 | 0.621 |
| S13 | 0.554 | 0.557 | 0.603 | 0.634 | 0.636 | 0.514 | 0.620 | 0.551 | 0.487 | 0.421 | 0.553 | 0.565 | 0.562 |

根据式（3-4）、式（3-5）计算各影响因素的影响度 $R$、被影响度 $C$、中心度$(R+C)$和原因度$(R-C)$，见表3-5。

表3-5 计算结果

| 因素 | 影响度 | 被影响度 | 中心度 | 原因度 | 因素属性 | 中心度排序 |
|---|---|---|---|---|---|---|
| S1 | 7.608 | 6.489 | 14.097 | 1.119 | 原因因素 | 6 |
| S2 | 6.971 | 6.653 | 13.624 | 0.318 | 原因因素 | 10 |
| S3 | 6.905 | 7.398 | 14.303 | −0.493 | 结果因素 | 3 |
| S4 | 6.586 | 7.564 | 14.149 | −0.978 | 结果因素 | 4 |
| S5 | 6.085 | 7.912 | 13.997 | −1.827 | 结果因素 | 7 |
| S6 | 5.902 | 6.474 | 12.377 | −0.572 | 结果因素 | 12 |
| S7 | 6.861 | 7.525 | 14.387 | −0.664 | 结果因素 | 2 |
| S8 | 7.349 | 6.632 | 13.981 | 0.717 | 原因因素 | 8 |
| S9 | 6.375 | 6.095 | 12.470 | 0.280 | 原因因素 | 11 |
| S10 | 7.168 | 5.049 | 12.217 | 2.118 | 原因因素 | 13 |

（续）

| 因素 | 影响度 | 被影响度 | 中心度 | 原因度 | 因素属性 | 中心度排序 |
|---|---|---|---|---|---|---|
| S11 | 7.263 | 6.860 | 14.123 | 0.403 | 原因因素 | 5 |
| S12 | 7.001 | 6.810 | 13.811 | 0.191 | 原因因素 | 9 |
| S13 | 7.256 | 7.870 | 15.126 | -0.614 | 结果因素 | 1 |

根据表 3-5 中计算出的中心度($R+C$)和原因度($R-C$)绘制知识转移影响因素的因果关系图，如图 3-3 所示。

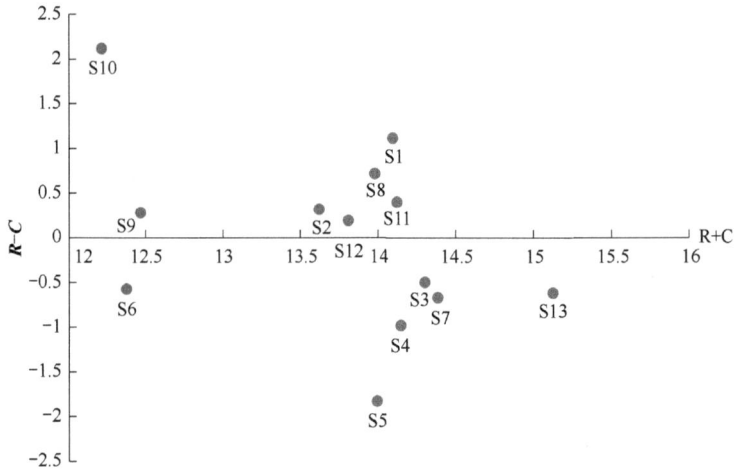

图 3-3　旅游职业农民知识转移影响因素因果关系图

在用 DEMATEL 计算出综合影响矩阵 $T$ 之后，借助 Python 利用 MMDE 计算得出相应的阈值。利用由 MMDE 计算得到的阈值 0.6357，将用 DEMATEL 运算得到的综合影响矩阵 $T$ 转化为由 0 和 1 构成的初始可达矩阵 $I_{RM}$，$I_{RM}$ 见表 3-6。

表 3-6　初始可达矩阵 $I_{RM}$

| 因素 | S1 | S2 | S3 | S4 | S5 | S6 | S7 | S8 | S9 | S10 | S11 | S12 | S13 |
|---|---|---|---|---|---|---|---|---|---|---|---|---|---|
| S1 | 0 | 0 | 1 | 1 | 1 | 0 | 1 | 0 | 0 | 0 | 0 | 0 | 1 |
| S2 | 0 | 0 | 0 | 0 | 1 | 0 | 0 | 0 | 0 | 0 | 0 | 0 | 0 |
| S3 | 0 | 0 | 0 | 0 | 0 | 0 | 0 | 0 | 0 | 0 | 0 | 0 | 0 |
| S4 | 0 | 0 | 0 | 0 | 0 | 0 | 0 | 0 | 0 | 0 | 0 | 0 | 0 |

（续）

| 因素 | S1 | S2 | S3 | S4 | S5 | S6 | S7 | S8 | S9 | S10 | S11 | S12 | S13 |
|---|---|---|---|---|---|---|---|---|---|---|---|---|---|
| S5 | 0 | 0 | 0 | 0 | 0 | 0 | 0 | 0 | 0 | 0 | 0 | 0 | 0 |
| S6 | 0 | 0 | 0 | 0 | 0 | 0 | 0 | 0 | 0 | 0 | 0 | 0 | 0 |
| S7 | 0 | 0 | 0 | 0 | 0 | 0 | 0 | 0 | 0 | 0 | 0 | 0 | 0 |
| S8 | 0 | 0 | 0 | 0 | 1 | 0 | 0 | 0 | 0 | 0 | 0 | 0 | 1 |
| S9 | 0 | 0 | 0 | 0 | 0 | 0 | 0 | 0 | 0 | 0 | 0 | 0 | 0 |
| S10 | 0 | 0 | 0 | 0 | 0 | 0 | 0 | 0 | 0 | 0 | 0 | 0 | 1 |
| S11 | 0 | 0 | 0 | 0 | 1 | 0 | 0 | 0 | 0 | 0 | 0 | 0 | 1 |
| S12 | 0 | 0 | 0 | 0 | 0 | 0 | 0 | 0 | 0 | 0 | 0 | 0 | 0 |
| S13 | 0 | 0 | 0 | 0 | 1 | 0 | 0 | 0 | 0 | 0 | 0 | 0 | 0 |

对初始可达矩阵 $I_{RM}$ 进行可传递性检验，得到最终可达矩阵 $K$，见表 3-7。

**表 3-7　可达矩阵 $K$**

| 因素 | S1 | S2 | S3 | S4 | S5 | S6 | S7 | S8 | S9 | S10 | S11 | S12 | S13 |
|---|---|---|---|---|---|---|---|---|---|---|---|---|---|
| S1 | 1 | 0 | 1 | 1 | 1 | 0 | 1 | 0 | 0 | 0 | 0 | 0 | 1 |
| S2 | 0 | 1 | 0 | 0 | 1 | 0 | 0 | 0 | 0 | 0 | 0 | 0 | 0 |
| S3 | 0 | 0 | 1 | 0 | 0 | 0 | 0 | 0 | 0 | 0 | 0 | 0 | 0 |
| S4 | 0 | 0 | 0 | 1 | 0 | 0 | 0 | 0 | 0 | 0 | 0 | 0 | 0 |
| S5 | 0 | 0 | 0 | 0 | 1 | 0 | 0 | 0 | 0 | 0 | 0 | 0 | 0 |
| S6 | 0 | 0 | 0 | 0 | 0 | 1 | 0 | 0 | 0 | 0 | 0 | 0 | 0 |
| S7 | 0 | 0 | 0 | 0 | 0 | 0 | 1 | 0 | 0 | 0 | 0 | 0 | 0 |
| S8 | 0 | 0 | 0 | 0 | 1 | 0 | 0 | 1 | 0 | 0 | 0 | 0 | 1 |
| S9 | 0 | 0 | 0 | 0 | 0 | 0 | 0 | 0 | 1 | 0 | 0 | 0 | 0 |
| S10 | 0 | 0 | 0 | 0 | 1 | 0 | 0 | 0 | 0 | 1 | 0 | 0 | 1 |
| S11 | 0 | 0 | 0 | 0 | 1 | 0 | 0 | 0 | 0 | 0 | 1 | 0 | 1 |
| S12 | 0 | 0 | 0 | 0 | 0 | 0 | 0 | 0 | 0 | 0 | 0 | 1 | 0 |
| S13 | 0 | 0 | 0 | 0 | 1 | 0 | 0 | 0 | 0 | 0 | 0 | 0 | 1 |

根据可达矩阵 $K$ 可求出知识转移影响因素的可达集 $R$ 与先行集 $A$，然后通过检验 $Q(Si) = R(Si) \bigcap A(Si)$ 是否成立来逐级确定影响因素的层级结构，见表 3-8。

表 3-8　旅游职业农民知识转移影响因素层级结构

| 因素 | 可达集合 R(Si) | 先行集合 Q(Si) | 交集 A=R∩Q | 层级 |
| --- | --- | --- | --- | --- |
| S1 | 1,3,4,5,7,13 | 1 | 1 | Ⅲ |
| S2 | 2,5 | 2 | 2 | Ⅱ |
| S3 | 3 | 1,3 | 3 | Ⅰ |
| S4 | 4 | 1,4 | 4 | Ⅰ |
| S5 | 5 | 1,2,5,8,10,11,13 | 5 | Ⅰ |
| S6 | 6 | 6 | 6 | Ⅰ |
| S7 | 7 | 1,7 | 7 | Ⅰ |
| S8 | 5,8,13 | 8 | 8 | Ⅲ |
| S9 | 9 | 9 | 9 | Ⅰ |
| S10 | 5,10,13 | 10 | 10 | Ⅲ |
| S11 | 5,11,13 | 11 | 11 | Ⅲ |
| S12 | 12 | 12 | 12 | Ⅰ |
| S13 | 5,13 | 1,8,10,11,13 | 13 | Ⅱ |

进行 MICMAC（交叉影响矩阵相乘）分析的目的是分析因子的驱动性和依赖性。因素被分为四类，即自主因素、关联因素、依赖因素和独立因素。根据可达性矩阵 *K*，知识转移影响因素 MICMAC 分析如图 3-4 所示。

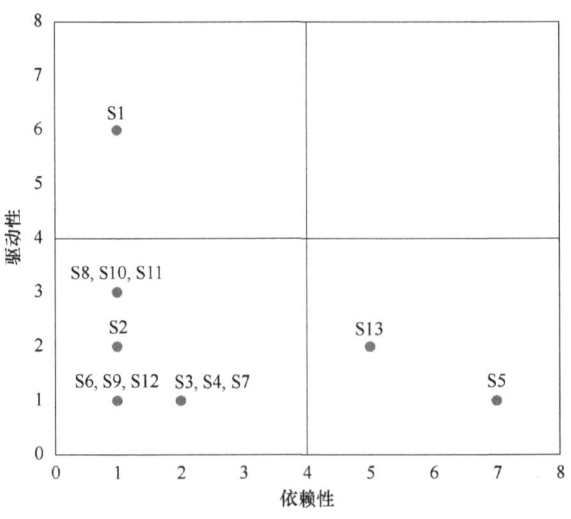

图 3-4　知识转移影响因素 MICMAC 分析

综上，旅游职业农民知识转移影响因素的影响路径及解释结构模型如图 3-5 所示。

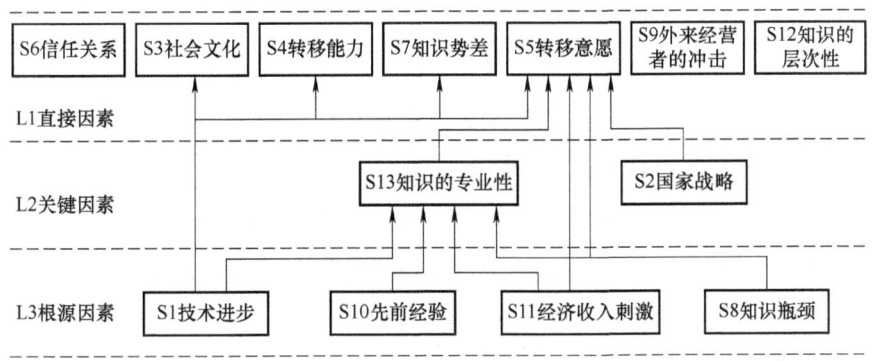

图 3-5 旅游职业农民知识转移影响因素的影响路径及解释结构模型

## 3.5 研究结论

基于知识转移过程视角识别出旅游职业农民知识转移的 13 个影响因素，根据影响因素间的层次关系和相互影响关系，构建旅游职业农民知识转移影响因素解释结构模型。研究发现如下：

1）根据 MICMAC 分析结果，技术进步（S1）是系统中唯一的独立因素，驱动力强且依附力弱，对各影响因素的驱动力很强，在系统里承担着驱动的角色。技术进步通过改变生产要素收益结构推动人力资本积累。研究发现，我国的技术进步呈现技能偏向性，即技术进步增加了对高技能劳动力的需求，这与 Shen 和 Zheng（2020）以及 Wang 等人（2021）的观点相一致。移动互联网、5G、大数据等技术进步带来的旅游产业发展和业态转变使得旅游职业农民需要学习更多专业的知识技能，这是知识转移发生的前提条件和根本原因。

技术进步推动乡村旅游服务方式和管理模式创新，促进乡村旅游高质量发展。科学发展乡村旅游，应该让农民成为乡村旅游经济的主体，充分尊重农民的利益和权益。但在市场利益的驱动下，乡村经济发展往往并不必然导致弱势群体的最终受益。乡村旅游的快速发展，吸引了大中型旅游企业的进入，这些企业具有专业化、规模化优势。总体而言，农民在乡村旅游产业中的参与度不高，部分农民承担了保安、保洁、服务员等岗位工作，但是工资性收入不高，囿于农民的学识、经验、资金与资本的不足，农民难以承担工资性收入较高的岗位，农民从乡村旅游产业中获得的收益较低。因此，技术进步和其他诸多因素带来的环境变化，使旅游职业农民的知识转移和职业发展面临着巨大的挑战。

综上，技术进步是旅游职业农民知识转移系统的重要驱动力，同时，旅游职业农民知识转移受诸多因素影响。

2）根据中心度数值，知识的专业性（S13）对知识转移效果的影响程度最为显著。知识的专业性（S13）通过转移意愿（S5）间接影响知识转移效果。同时，知识的专业性（S13）和转移意愿（S5）为依赖因素，驱动力弱且依赖性强。因此，这两个因素受根源因素影响程度较大，需要依赖根源因素的解决而被解决。农民与政府雇员、高校专家、外来经营者等知识源在旅游经营技能方面的知识势差导致知识转移发生，虽然这些专业的旅游经营知识和技能可显著提升企业经营绩效，但却难以掌握。

知识转移过程中最重要的环节就是知识接收者对知识的"内化"，即对知识的吸收、理解、应用和创新。移动互联网等新技术的普及与乡村旅游经济的发展使整个旅游产业呈现出新业态，吸引了有一定经验的农民参与旅游经营，但他们尚不足以掌握网络营销、OTA平台运营、法律法规等方面的专业知识以应对新变化。这些待转移知识的专业性程度越高，越不容易被理解和接受，对知识接收者知识背景和理解水平的要求就越高，知识转移的难度也越大。专业性的知识一方面由于多种原因难以被所有旅游职业农民掌握，另一方面只要能成功被旅游职业农民吸收应用就能显著提升知识转移效果。技术进步提高了知识的专业性，使其更具价值，但增加了知识转移的难度。因此，在旅游职业农民知识转移过程中，专业知识应以易于理解、便于学习的方式呈现，使其易于转移，以提高知识转移效果。

3）根据原因度数值，先前经验（S10）的原因度水平最为显著。原因因素的主动性较强，在系统中，较少受到其他因素影响，但极易对其他因素产生影响且影响程度较大。在旅游职业农民知识转移系统中，先前经验直接影响专业性知识的转移，且影响程度较大。先前经验是农民在从事旅游经营前的职业经历、知识技能，是农民现有的知识结构、知识存量、经验积累等要素的集合。当前旅游职业农民中的很大比例是返乡创业的农民工和大学生，他们在从事旅游经营前的职业经历、知识技能，已经作为个人能力的一部分固化在了他们的思维习惯、行为方式中，不会因知识转移的进行而改变，反而会通过影响旅游职业农民的转移能力、转移意愿等其他因素进而影响整体的知识转移效果。知识转移的目的是使知识接收方掌握知识源的知识，这种掌握既包括对知识表达的掌握，更包括对知识指导实践能力的掌握。当知识转移主体间存在一定程度上的"知识重叠"时，这部分重叠的知识就为知识接收方吸收知识源的新知识奠定了良好的基础。实践学习可以累积和储备知识存量，农民从事乡村旅游前的知识经验促使其获得先验知识。先验知识与行为主体对外界知识、技术、信息的认知、吸收和应用密切相关，是决定知识接收方知识吸收能力的重要因素之一。知识转移的本质目的是促进知识接收方的知识水平和能力提升。因此，提升先前经验有助于专业知识的转移效果。

4）国家战略（S2）位于 ISM 图 L2 层，是知识转移的关键因素，在系统中具有承上启下的作用，受根源因素影响并通过对 L1 层因素的直接影响进而影响知识转移效果。政府在乡村发展和乡村旅游系统中是一个重要且复杂的组织，特别是乡村旅游，不是由自由竞争的市场主导，政府在指导和推动乡村旅游发展方面发挥了重要作用。早在 1994 年，我国政府就出台了《国家八七扶贫攻坚计划》，这是我国解决农村地区贫困问题的国家战略的开端。此后，在我国政府的纲领性文件《中国农村扶贫开发纲要（2011—2020 年）》中，明确提出"大力推进旅游扶贫"，正式将旅游扶贫纳入国家扶贫战略中；并在 2016 年颁布《乡村旅游扶贫工程行动方案》，这是发展乡村旅游提升农民知识技能、提高农民经济收入、解决农村贫困问题的具体实施方案。而在我国宣布脱贫攻坚战取得了全面胜利后，旨在实现农村地区产业兴旺、生态宜居、乡风文明、治理有效、生活富裕的乡村振兴战略成为新时期国家战略。于 2021 年颁布的《中华人民共和国乡村振兴促进法》支持农民全面发展，并将乡村旅游确定为需要重点支持的乡村产业。我国政府通常以宏观政策为导向，通过国家战略的制定为下级政府提供政策和实施上的引导，以推动乡村旅游向目标方向发展；地方政府更多的是发挥服务作用，配合国家战略出台相应配套政策，监督和直接参与乡村旅游发展过程。这种自上而下的政策驱动使得地方政府相关部门、外来企业、NGO（非政府组织）、专家学者等有强烈的意愿帮助旅游职业农民解决旅游发展中的问题，特别是通过培训、技术援助、咨询等方式进行的知识转移。综上，国家战略直接影响知识转移意愿进而影响知识转移效果。

5）社会文化（S3）、转移能力（S4）、转移意愿（S5）、信任关系（S6）、知识势差（S7）、外来经营者的冲击（S9）和知识的层次性（S12）位于 ISM 图 L1 层，是知识转移的直接因素。处于模型最顶层的因素是表层影响因素，是系统目标的直接诱因，在分析问题时最容易被人们感知，是改善系统的终极目标。信任关系、外来经营者的冲击和知识的层次性是独立因素，不受其他因素影响，对这些因素的改善可以直接提升知识转移效果。转移能力、社会文化、转移意愿和知识势差是依赖因素，受系统中其他因素的影响较大。

知识转移意愿（S5）是知识转移系统中被影响程度最大的因素，知识源的知识转移意愿受诸多因素影响。已有研究证明，当知识拥有者感知到知识转移活动能够为其带来声望、尊重和认可时，更可能愿意提供知识给他人。由于知识欠缺，农民在小企业经营过程中会持续搜寻知识源以寻求指导帮助。实践表明，知识转移给小企业发展带来了切实的好处，其价值被农民认可。知识的专业性使知识拥有者成为农民眼中的专家，农民对知识拥有者的尊重、认可以及主动搜寻知识转移的行为，提高了知识源的知识转移意愿。这呼应了 Bock 等人（2005）以及 Kankanhalli 等人（2005）的研究成果，即互惠、声誉和兴趣是知识转移的主要动机，它们满足了知识源的各种需要，同时拓展了在中国文化情境下对知识转移意愿的研究（Buckley et al.，2006；Low and Robins，2014；Ren et al.，2019）。

知识转移能力（S4）是指知识提供方将被转移知识以易理解、易学习、易使用的方式传达给知识接收方的能力。信息技术和移动互联网的普及，改善了乡村的生产生活方式。知识源可以借助互联网和社交 APP（应用）等新工具高效灵活地向乡村旅游小企业转移知识，这极大提高了知识转移效果。

同时，移动通信等技术的进步也打破了农村地区相对保守的社会风气，形成了向成功者学习旅游知识技能、提升自身旅游服务质量的社会文化，为知识转移营造了有利的氛围。值得注意的是，多年的旅游发展经验，使农民认识到知识的重要性。向成功者学习旅游知识技能、提升自身旅游服务质量的社会文化已经深入人心，这种积极的社会文化也直接影响了旅游职业农民知识转移行为的发生。

知识势差（S7）指因知识主体拥有的知识存量不同而存在知识位势的差距。主体的知识位势越高，向外传播知识的可能性就越大；知识位势越低，向内吸收知识的可能性就越大。从技术演化过程看，一项技术经过产业化，与其他技术匹配、契合，在产业层面实现技术目的，改变自身形态成为产业中的技术，这是一个复杂的过程。知识源对旅游行业独特、复杂的新技术和知识的领会程度远高于当地农民，这扩大了知识源与农民的知识势差，促进知识转移的发生。

综上，知识源的知识转移能力提升，鼓励学习的乡村社区文化氛围营造，以及知识转移主体间的知识势差从根本上受到技术进步的影响。

# 第4章 乡村旅游职业农民知识转移效果研究

## 4.1 引言

旅游业被认为是世界上最大的产业,越来越多的发展中国家将其纳入国家经济议程。小型非农业活动成为乡村居民创收和就业的重要来源,从而为当地的经济增长创造新的途径。在旅游资源丰富且经济相对发展缓慢的地区,乡村旅游对经济发展起到重要作用。民族地区乡村普遍具有较高水平的旅游资源禀赋,发展乡村旅游产业对促进乡村经济发展具有重要意义。然而现实中,民族地区大多乡村未能快速发展乡村旅游产业。

近年来,乡村旅游作为乡村经济发展的有效途径,得到了资金、项目、政策措施等方面的物质支持。但学者和产业实践对如何提高乡村人力资本水平的关注不足。现在,知识和资源之间的平衡已转向前者,知识已超过土地、工具和劳动力,成为决定乡村经济发展的最重要因素。根据饶勇等人(2018)的观点,阻碍乡村旅游发展的最大障碍是农民知识和技能的匮乏,这已成为限制农民积极参与旅游规划和旅游开发的重要因素。人才振兴是乡村振兴的关键。提升农民的知识和能力被认为是乡村旅游产业振兴的关键。

农民在从传统农民身份转变为旅游服务提供者的过程中,需要学习旅游服务相关知识。知识转移可以提高旅游职业农民的乡村旅游服务能力、管理能力、技术应用能力和对乡村旅游发展的判断能力,有效解决了民族地区农民旅游服务知识和技能不足、知识学习渠道有限、新知识应用效果差等问题，对增强旅游职业农民内生发展动力发挥着重要作用。因此，提升旅游职业农民知识转移效果越来越受到政府和学者的关注。

旅游职业农民知识转移已成为旅游领域的研究热点。学者们从企业内部、组织间和乡村旅游3个层面对知识转移进行了研究。在旅游企业内部的知识转移研究方面，Tsai（2022）发现个人层面的知识吸收能力与心理所有权呈正相关；Türkmendağ和Tuna（2022）指出，在酒店管理系统中，授权型领导对追随者的知识创造、共享和应用有显著影响。在组织间知识转移的研究中，Weidenfeld等人（2010）证明了空间接近性、产品相似性和市场相似性通常会促进地方和区域范围内景点间的知识转移和创新溢出；Chen和Lee（2017）发现了旅游行业的四种市场知识类别，即客户知识、员工知识、竞争对手知识和合作伙伴知识；Larkin（2020）指出知识创造和同化发生在酒店业跨国企业的集群内部；Raisi等人（2020）利用网络分析法研究了西澳大利亚州旅游业的组织间知识转移，发现旅游业的知识网络与目的地的超链接网络表现出非常相似的拓扑特性。研究乡村旅游农民知识转移的学者指出了农民从知识转移中获得的能力类型，如旅游服务与管理能力、技术应用能力、市场判断能力等，并探讨了知识转移能促进农民对乡村旅游的积极态度和提高经营效益。Wiltshier等人（2014）探究了大学对旅游职业农民的知识转移过程，发现旅游职业农民可以通过知识转移接触营销、金融等专业知识；而Longart等人（2017）认为大学与旅游职业农民的知识转移过程包含开始、执行、跃迁三个阶段，共涉及高等教育机构、旅游管理部门、教师、学生与农民多个利益相关者；饶勇等人（2018）分析了外来人员与旅游职业农民之间的知识转移，发现了二者间知识转移的微观过程及社会关系对该过程的影响。周波（2019）则着重分析了旅游职业农民之间的知识转移机制，发现人际信任、互惠合作与共同愿景等社会资本是知识转移重要的影响因素。张睿等人（2022）提出第一批乡村旅游创业者在知识转移发展阶段起着重要的引领和示范作用，技术进步是知识转移系统的驱动因素。现有研究已将知识转移纳入旅游业创新的研究框架中，并分析了知识转移的影响因素以及在促进旅游业竞争力方面的作用。大多研究聚焦于大型和中型旅游企业，对旅游职业农民知识转移的关注相对不足。学者分析了外来劳动者、大学和旅游职业农民间的知识转移内容、转移过程和影响因素，缺乏探索旅游职业农民知识转移效果的研究。

人们普遍认为，提升农民知识能力的途径是投资于正规教育，如培训和职业教育。然而，参与旅游的大多数农民的年龄超过了接受正规职业教育的年龄。另外，显性知识很容易记录和交流，而隐性知识很难表达。由于旅游从业人员所需的知识和技能是隐性知识，通过课堂教学难以有效获得，因此，基于工作情境的知识转移是旅游职业农民学习知识的一种有效方式。

在乡村旅游发展过程中，利益相关者进入了少数民族村庄，如政府组织、公益组织、旅游企业、专家、大学生、记者、游客。政府建立地方人才培养机制，支持学者、科技人员从事乡村旅游研究工作，鼓励专家指导农民开展乡村旅游实践。政府和公益组织为农民提供免费的设计、创意策划、营销等方面的培训项目。随着乡村旅游的发展，大学生、记者、游客、外来旅游企业等利益相关者进入该地区，与当地民众进行交流。利益相关者在与农民的接触中，出现了向农民传授知识的机会，包括培训和边做边学。因此，利益相关者成为外部知识来源，向农民转移知识。主客知识转移是从外部知识源到农民的知识转移。成功的主客知识转移，有效解决了农村群众旅游服务知识技能匮乏、知识学习渠道有限、新知识运用不畅等问题。知识转移促进当地小微乡村旅游企业的成功和旅游目的地的发展。旅游职业农民向外部知识源学习知识，包括：对外部游客需求的认识、对当地旅游资源优势的认识、对旅游接待基础设施的认识、对服务接待技能的认识、对个人工作条件和能力的认识、对政府和企业专家作用的认识、对组织管理和运作模式的认识、对投入产出利益分配模式的认识、对资源和环境保护与创新发展的认识。这些都是基于工作情境的隐性知识，难以直接用现有的知识转移理论阐释。因此，本部分从旅游职业农民的视角出发，基于 MOA 模型分析和实证检验动机、机会、能力和信任对民族地区乡村旅游主客知识转移效果的影响。研究结果对丰富知识转移理论、提升民族地区旅游职业农民知识转移效果、推动乡村旅游人才振兴具有积极的借鉴意义。

## 4.2 理论基础与研究假设

本节基于 MOA 模型分析知识转移动机、机会和能力对旅游职业农民知识转移效果的影响，探讨信任的调节作用，构建乡村旅游职业农民知识转移效果的概念模型。

### 4.2.1 MOA 框架

本部分基于"动机-机会-能力"（Motivation-Opportunity-Ability，MOA）模型开展知识转移效果提升路径研究。鉴于绩效具有训练和选择的功能，以及有效提高个体能力的作用，MOA 框架最早被应用于工业心理学理论研究，成为解释工作绩效的重要理论。从经济角度来看，个人行为主要出于自身利益，因此人们往往尽最大努力使个人效用最大化。因此，社会心理学家研究强调动机是绩效的构成因素。Blumberg 和 Pringle（1982）在之后的研究中将机会因素纳入框架以排除阻碍个体表现良好的外源性因素。机会也经常被认为是情境或实践的约束标签。近年来，MOA 框架模型已被应用于知识管理实践。总的来说，动机代表个人的内在行动意愿，机会代表促成行动的环境或环境机制，能力代表个人实践相关的技能或知识。MOA 的 3 个因素影响知识转移活动已被充分证明，为了实现利益最大化，知识管理系统的设计和实施必须考虑到这些因素。

Siemsen 等人（2008）认为 MOA 框架模型强调了动机作为行动驱动

力的重要作用，动机是农民在旅游服务中学习新知识和技能的需求。历史上，民族地区一直是少数民族和其他民族移居和交流的地域，成为东西方文明和民族文化的融合点。在人口分布方面，不同地域的少数民族具有差异性，同一地域的少数民族具有同质性。这些民族相互依赖，共生共融，并发展出独特而多样化的少数民族生产生活方式，具有高度封闭的环境和游牧草原经济、小农场和自然经济特征。

多元化及多层次的民族社会环境使民族地区的少数民族在价值观、生存与竞争精神以及对现代社会的适应能力等方面存在差异。由于民族文化在民族社会的各个方面均有体现，如传统习俗、生活习惯和农业生计模式，因此这种独特且沿袭至今的少数民族传统文化，使少数民族农民难以适应、交流和接受更先进的技术和生计模式，从而抵制它们进入乡村的生产生活。

自 2006 年以来，我国已经逐步建设农村道路和设施，如广播、电视等向农村传播信息的新型方式。对于少数民族村庄来说，这些与外界的联系并没有给当地经济发展带来根本性的变化，这些农民似乎与外部不断变化的世界没有关系。社区参与度低会抑制旅游业振兴经济的效果。Kunasekaran 等人（2022）提出政府、公益组织和向游客提供付费服务的第一批旅游职业农民推动乡村旅游发展，并使农民意识到提供乡村旅游服务是增加收入的有效途径。这深刻激发了当地少数民族农民寻求生计模式改变的强烈愿望。知识转移动机和奖励之间存在正相关关系，内在激励的个体行为出于个人的选择和兴趣。根据 Aalbers 等人（2013）的观点，内在动机型个体的行为出于个人的选择和兴趣。国家政策积极引导乡村旅游向预期方向发展，而民族地区的地方政府则发挥具体的扶持作用，为乡村旅游发展提供一系列的支持性服务。例如，提供金融支持、进行基础设施建设等，并协调旅游投资企业和社区居民的关系。一些公益组织致力于帮助贫困农民。自 20 世纪 90 年代开始，乡村旅游逐步兴起，一些摄影师和探险家徒步前往位置偏远的少数民族村庄。他们成为这些村庄的第一批游客。自此，一些农民开始从事旅游接待工作，并获得了不菲的收入。政府和公益组织对乡村旅游的开发和支持，让一些农民意识到乡村旅游是收入提升的有效措施。看到第一批乡村旅游创业者为游客提供有偿服务，农民们也深受鼓舞。这有效激发了当地少数民族农民改变生计模式的强烈愿望。农民对致富的强烈愿望和改变职业的动机促使农民们开始进行外部知识搜索、知识转移机会识别。基于此，提出以下假设。

假设1：知识转移动机对知识转移机会有显著的积极影响。

工作绩效理论表明，动机、机会和能力在影响行为方面起着互补的作用。如果没有机会，只有动机和能力，就不会产生知识共享行为。在乡村旅游发展过程中，政府组织、公益组织、旅游企业、专家、大学和研究机构的学者、记者、游客和其他相关利益团体进入民族村寨，从而使得将相关知识通过这些外部知识源转移给旅游职业农民成为可能。知识转移的机会包括：来自旅游企业正式的在职培训，来自政府组织和公益组织的培训，以及来自旅游企业员工、专家、志愿者、游客等群体和旅游职业农民之间的非正式交流。在主客知识转移过程中，客人作为知识的所有者，而东道主为旅游职业农民。乡村旅游通过创造商业机会为当地社区带来经济效益。主客交流聚焦于如何通过旅游服务增加旅游职业农民的收入，由此引发了外部知识源与旅游职业农民之间传递和接收旅游服务知识的双向互动。基于此，提出以下假设。

假设2：知识转移机会对旅游知识转移效果有显著的积极影响。

本部分通过田野调查发现，地处偏远封闭、长期经济发展落后、传统固化和新知匮乏地区的少数民族农民，其原有的知识体系框架与旅游知识体系框架是相互隔离的两个系统。这种身份职业的转换，对于世代以土地、森林、体力劳动、畜牧等知识技能为根本的民族村寨旅游职业农民来说，是一种从知识、经验、能力，到道德、伦理、精神的全面挑战。因此，如何将从外部世界传入的先进旅游服务知识体系架构成功嵌入当地农民现有的知识体系框架之中，并获得观念、情感、价值、伦理、精神等方面的全面认同和接受，对农民非常困难。总体而言，旅游者的食、宿、行、游、购、娱需求，与当地少数民族农民世代相传的衣、食、住、行和好客接待传统是最为直接的知识契合点，不同之处是原有的知识经验是符合义务性、互惠性"好客伦理"的知识经验体系，旅游服务是商业性、营利性的"好客伦理"新观念。

个体曾经和当下的生活经历会不断影响他们自身知识和技能的发展和模式，这也是他们行为和偏好的基本驱动力。旅游职业农民知识接收能力体现为将外部先进的旅游知识整合到自身已有的知识理论框架中并应用到实践工作中。实现较难的隐性知识转移要求旅游职业农民具有一定的先验知识、专业感知能力和知识吸收能力。基于此，提出以下假设。

假设3：知识转移能力对知识转移机会有显著的积极影响。

## 4.2.2 信任的调节作用

Zand（1972）将信任的建立描述为个体采取的行动会增加对他人行为的脆弱性，而这些行为超出了个人的控制，如果他人滥用这种脆弱性，可能会导致个人遭受痛苦。信任包括风险、脆弱性和不确定性等因素。信任是形成和维持社会关系的关键因素，也是合作关系的关键。

农民决心参与旅游服务工作，本质上是一种职业和身份的尝试性转换，即：从以农业为主业，向以旅游业为主业转换；从进行土地耕作的农民身份，向作为旅游东道主的服务商身份转换。这种转换，既要投入时间、精力、物资、资金等成本，还要承担巨大的投资风险、机会成本、学习成本、管理成本和维护成本。信任是农民和利益相关者之间合作的关键因素和基础（Gao and Wu，2017）。信任是形成乡村旅游合作网络的关键要素（Quaranta et al.，2016），网络中的信任建设通过信息和知识共享以及承诺实现（Presenza and Cipollina，2010）。对于是否放弃农民的原有既得利益和预期收入，最终成为一个比原来的身份更具利益收入潜力的旅游服务商，其中具有诸多不确定因素，这些因素困扰农民对职业和身份转换的抉择。通过感知有用性，对政府的信任、良好的人际关系和相互信任对农民参与乡村旅游的意愿产生积极影响（Hwang and Stewart，2017）。对外来知识源的信任是农民向旅游服务商身份转换的决定性因素。信任是农民决定是否利用知识转移机会实施知识转移活动的重要决定因素。基于此，本部分研究认为信任是知识转移机会促进知识转移效果的调节变量，并提出以下假设。

假设4：信任显著正向调节知识转移机会与知识转移效果间的关系。

### 4.2.3 概念模型

基于以上分析，本部分提出民族地区旅游职业农民"主客"知识转移影响因素概念模型，如图4-1所示。

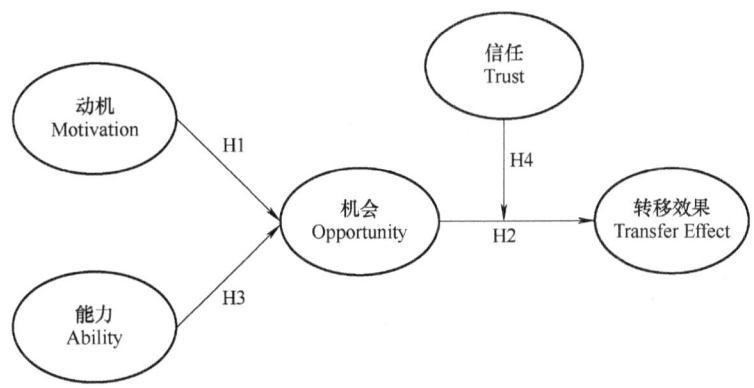

图4-1 民族地区旅游职业农民"主客"知识转移影响因素概念模型

## 4.3 研究设计

本节从研究方法、问卷设计和数据收集3个方面阐述乡村旅游职业农民知识转移效果研究设计。

### 4.3.1 研究方法

以往研究MOA的方法包括探究MOA 3个变量之间互补关系的乘法模型、针对3个变量之间复杂因果关系和具体结果的fsQCA方法、变量间交互关系的回归分析、结构方程模型（SEM）等。根据研究目标，结构方程模型用于检验各因素之间的相关性。这种全面的多元统计分析方法可以同时检验概念模型中所有变量之间的关系。因此，本部分采用结构方程模型分析法。

### 4.3.2 问卷设计

问卷内容主要包括两个部分，第一个部分是被调查者的人口统计学特征以及旅游经营信息，包括性别、年龄、受教育程度、民族、职业、当前从事的旅游经营活动、从事旅游经营的时间、对旅游知识需求的种类和学习旅游知识的方式等 9 项内容。第二个部分是借鉴前人已有研究对知识转移动机、知识转移机会、知识转移能力、旅游知识转移效果与信任进行测量，共设计了 19 个题目，见表 4-1。每个题目采用 Likert（李克特）5 级量表形式，将"非常不同意、不同意、一般、同意、非常同意"由低到高分别赋 1~5 分。

表 4-1 变量设计表

| 潜变量 | 编号 | 观测变量与对应题目 | 参 考 文 献 |
|---|---|---|---|
| 动机 | M1 | 我告诉别人旅游经营和销售的方法，他们尊重我，我非常有面子 | Wasko 和 Faraj（2005）；Davenport（1998） |
|  | M2 | 从事旅游经营可以赚更多的钱，改善我的生活条件 |  |
|  | M3 | 跟旅游公司合作，我获得的报酬很公平 |  |
| 机会 | O1 | 我可以从很多渠道、以不同方式学到旅游经营知识 | Venkatesh 和 Davis（2000）；向阳和曹勇（2012） |
|  | O2 | 政府经常邀请专家培训、指导我们的旅游经营 |  |
|  | O3 | 专家、学生、记者、游客、旅游局领导等人会建议我如何提高旅游经营、服务 |  |
| 能力 | A1 | 我会将学到的旅游经营知识、经验、技巧，应用到自己的经营中 | Szulanski（1996）；Siemsen 等人（2008）；Chang 等人（2012） |
|  | A2 | 我能帮助别人解决旅游经营中遇到的问题 |  |
|  | A3 | 遇到经营困难时，我知道通过什么方式联系专家，寻求解决问题的方法 |  |

（续）

| 潜变量 | 编号 | 观测变量与对应题目 | 参 考 文 献 |
|---|---|---|---|
| 知识转移效果 | TE1 | 通过各种方式的学习，我学到了很多对旅游经营有用的知识 | Kostova（1999）；周玲强和周波（2018） |
| | TE2 | 通过各种方式的学习，我从事旅游经营的水平提高了 | |
| | TE3 | 通过各种方式的学习，我对旅游经营知识的学习效果感到满意 | |
| | TE4 | 通过各种方式的学习，我能在学到知识的基础上创新 | |
| 信任 | T1 | 我非常相信外来游客，他们会给我一些旅游经营的建议 | Hsu 等人（2007）；Dallago（2000） |
| | T2 | 我非常相信培训机构，他们有意愿帮助我经营旅游 | |
| | T3 | 我非常相信专家学者，他们有意愿帮助我经营旅游 | |

### 4.3.3 数据收集

在实践中，经过 30 多年的旅游发展，民族地区的部分壮族、侗族、苗族、瑶族乡村已成为成熟的乡村旅游目的地，探索出民族地区乡村旅游发展的成功模式。当地大多农民参与乡村旅游服务，并取得了成功。因此，本部分研究对这些乡村开展调查。民族地区少数民族农民普遍受教育程度较低，其第一语言是当地少数民族语言，本部分的研究对象为民族村落的旅游职业农民，数据收集较为困难。为确保数据收集的可靠性，研究人员于 2020 年 5 月—2021 年 11 月期间，先后 10 余次走访了十几个瑶族、壮族、侗族、苗族等乡村旅游发展较好的民族村寨开展问卷调查。研究人员通过问卷获取数据，每份问卷调查时间超过 30min，全部现场收集。

SEM 样本数量应达到或超过 100 个才具有可靠性。本部分研究共发放了 248 份问卷，在剔除无效问卷后，共获得 201 份有效问卷，有效率为 81.05%。

通过对有效问卷的描述性统计分析，发现被调查者的年龄结构以

30～49 岁为主，占比 64.68%；文化程度以高中以下为主，占比 78.12%；在旅游服务内容上，以民宿、餐饮、旅游工艺品销售为主；在旅游知识学习方面，旅游职业农民倾向于学习如何吸引客户、促销和销售、在线销售和客户服务知识；学习方式主要采用参观学习、线上搜索、与专家沟通、同行交流和培训。总体而言，本次调查涵盖了不同性别、年龄、受教育程度、民族和职业的旅游职业农民，具有高度随机性和代表性，保证了研究的可靠性。

## 4.4 实证分析

本节运用探索性因子分析和验证性因子分析检验测量模型的适配度，开展结构方程模型分析和调节效应检验。

### 4.4.1 探索性因子分析

运用 SPSS 26.0 对问卷数据的信度与效度进行分析，分析结果见表 4-2。

表 4-2 信度与效度检验结果

| 基本维度 | Cronbachs α | KMO 值 | Bartlett's 球形检验 | | |
| --- | --- | --- | --- | --- | --- |
| | | | 卡方检验 | 自由度 | 显著性 |
| 动机 | 0.615 | 0.632 | 71.558 | 3 | 0.000 |
| 机会 | 0.712 | 0.641 | 127.967 | 3 | 0.000 |
| 能力 | 0.625 | 0.647 | 71.797 | 3 | 0.000 |
| 转移效果 | 0.821 | 0.803 | 275.878 | 6 | 0.000 |
| 信任 | 0.791 | 0.642 | 215.551 | 3 | 0.000 |
| 总量表 | 0.890 | 0.851 | 1299.865 | 120 | 0.000 |

其中，总量表的 Cronbachs α 系数（克隆巴赫系数）达到 0.890，各量表的 Cronbachs α 系数在 0.615～0.821 之间，均大于 0.6，表明量表的信度较高。效度检验总量表结果显示，KMO 值达到 0.851，各量表的

KMO 值在 0.632～0.803 之间，且 Bartlett's 球形检验值均在 1%显著性水平下显著相关，表明该量表的效度较高。

### 4.4.2 验证性因子分析

在检验模型假设之前，本部分研究首先通过最大似然估计方法探讨了动机、机会和能力 3 个因素对旅游知识转移效果的影响，并对假设模型进行了拟合优度检验。检验样本数据拟合优度的拟合指标和概念模型中，绝对适配指标 $X^2/df$（卡方与自由度比）、GFI（拟合优度指数）、RMSEA（近似的均方根误差值）、增值适配指标 CFI（比较拟合指数）、IFI（增量拟合指数），以及简约适配指标 PNFI（节俭规范拟合指数）、PGFI（节俭拟合指数）的拟合较好；虽然 AGFI（调整后拟合度指数）、NFI（规范拟合指数）、TLI（标准化拟合指数）未达到 0.9 标准，但均在 0.8 以上。该模型的拟合是可接受的。大部分指标均符合拟合标准，说明结构方程模型普遍有效，见表 4-3。

表 4-3 概念模型拟合分析结果

| 拟合指标 | 绝对适配指标 | | | | 增值适配指标 | | | | 简约适配指标 | |
|---|---|---|---|---|---|---|---|---|---|---|
| | $X^2/df$ | GFI | AGFI | RMSEA | NFI | TLI | CFI | IFI | PNFI | PGFI |
| 适配标准 | (1, 3) | >0.90 | >0.90 | <0.08 | >0.90 | >0.90 | >0.90 | >0.90 | >0.50 | >0.50 |
| 初始模型 | 2.089 | 0.913 | 0.872 | 0.074 | 0.853 | 0.875 | 0.915 | 0.918 | 0.581 | 0.622 |

### 4.4.3 结构方程模型分析

虽然概念模型拟合较好，但还需要在此基础上通过参数估计和路径分析研究模型内生变量和外生变量之间的关系，验证研究假设，验证结果见表 4-4。

表 4-4 结构模型路径系数表

| 假设 | 路径 | 未标准化 | | | | 标准化 |
|---|---|---|---|---|---|---|
| | | 估计系数 | 标准差 | C.R. | P | 估计系数 |
| H1 | 机会←动机 | 0.643 | 0.115 | 5.576 | *** | 0.644 |

(续)

| 假设 | 路径 | 未标准化 | | | | 标准化 |
|---|---|---|---|---|---|---|
| | | 估计系数 | 标准差 | C.R. | P | 估计系数 |
| H2 | 知识转移效果←机会 | 0.718 | 0.104 | 6.871 | *** | 0.720 |
| H3 | 机会←能力 | 0.562 | 0.095 | 5.935 | *** | 0.702 |
| — | M1←动机 | 0.782 | 0.144 | 5.423 | *** | 0.516 |
| | M2←动机 | 0.722 | 0.122 | 5.924 | *** | 0.593 |
| | M3←动机 | 1 | — | — | — | 0.691 |
| — | O1←机会 | 0.943 | 0.134 | 7.027 | *** | 0.586 |
| | O2←机会 | 1.160 | 0.153 | 7.584 | *** | 0.641 |
| | O3←机会 | 1 | — | — | — | 0.688 |
| — | TE1←知识转移效果 | 1 | — | — | — | 0.738 |
| | TE2←知识转移效果 | 0.898 | 0.096 | 9.384 | *** | 0.743 |
| | TE3←知识转移效果 | 1.003 | 0.108 | 9.275 | *** | 0.733 |
| | TE4←知识转移效果 | 0.887 | 0.104 | 8.538 | *** | 0.667 |
| — | A1←能力 | 0.511 | 0.088 | 5.812 | *** | 0.531 |
| | A2←能力 | 0.623 | 0.108 | 5.795 | *** | 0.529 |
| | A3←能力 | 1 | — | — | — | 0.737 |

注：***表示 $P<0.001$。

知识转移动机、知识转移能力与知识转移机会的标准化路径估计系数为 0.644 和 0.702，且均在 0.001 的水平显著，说明 H1、H3 成立；同时，知识转移机会与知识转移效果的标准化路径估计系数为 0.720 且在 0.001 的水平上显著，即知识机会每增加 1 个单位，知识转移效果显著增加 0.720 个单位，因此 H2 成立，表明知识转移机会能够直接显著影响知识转移效果。综上可知，知识转移动机与知识转移能力直接显著影响知识转移机会，且通过知识转移机会间接影响知识转移效果，其中知识转移能力对知识转移机会的影响更大。

### 4.4.4 调节效应检验

调节效应检验旨在探究某变量（$M$）如何改变自变量（$X$）与因变量（$Y$）之间关系的强度或方向。本研究采用乘积指标法，在控制变量中心化后构建交互项（知识转移机会×信任），检验信任对知识转移机会与知识转移效果关系的调节作用。检验发现，交互项的标准化路径系数为0.114（$P=0.145$），未达到统计显著水平。因此，假设 H4 未获得支持，表明民族地区主客知识转移过程中，未发现信任对知识转移机会与知识转移效果间关系的显著调节作用。

## 4.5 研究结论

本部分基于 MOA 模型探究民族地区旅游职业农民知识转移效果提升路径。本部分采用结构方程研究法，实证验证了动机、机会、能力和信任对知识转移效果的影响，并得出以下结论。

### 1. 研究证实了机会在特殊情境下可以作为 MOA 模型中的主要驱动力

在已有的 MOA 模型研究中，动机通常被认为是行动的直接驱动力，机会是影响动机与行为活动的限制性环境因素，能力则主要是指驱动行为产生所需要具备的技能水平，三者共同交互产生作用进而诱发个体行为发生。但也有研究者通过实证研究对动机的突出作用提出了质疑，Siemsen 等人（2008）通过在 MOA 框架的基础上构造一个约束变量模型，证实了 MOA 变量间的约束因素最终决定着行为的发生，动机是 MOA 模型主要约束因素的结论并不绝对正确。这支持了本研究结论，即：在民族地区少数民族农民旅游知识转移的情境下，机会成为 MOA 模型中的约束因素。究其原因在于，农民为了摆脱贫困而由传统的农耕生计模式转化为旅游服务工作，但这种职业转换意味着农民既要投入时间、精力、物资、资金等成本，又要承担巨大的投资风险。在农民做出愿意承担巨大的风险来进行职业转换的决定后，他们迫切需要学习旅游从业知识以适应新的生活方式。虽然少数民族村寨的农民有强烈的知识转移动机，但是相比于城市居民，民族地区乡村大多地理位置偏僻、海拔较高、交通不便，其当地居民大多受教育程度较低、学习机会和接触外界的机会较少，这使得农民与知识源直接接触的机会变得弥足珍贵，因此，知识转移机会成为知识转移效果的主要驱动力。在知识转移机会因素中，影响最大的是专家、学生、记者、游客、政府工作人员等外部力量，影响最小的是知识转移渠道的丰富度，说明大部分农民获取旅游知识技能主要依靠与外部知识源的直接接触，他们获取知识转移的渠道还相对单一。中国国家政策在乡村旅游向理想方向发展方面发挥着引导作用，地方政府通过直接管理旅游实践并与企业和居民协调提供服务和解决问题而发挥服务作用。地方政府应在乡村旅游管理实践中重视创造主客知识转移机会。

**2. 知识转移动机对知识转移机会有正向显著作用**

乡村旅游面临着东道主缺乏获取旅游知识的兴趣或意识的问题。自决理论（SDT）提出，人类的行为可能受到外部诱导激励和内部诱发激励的鼓励，自主激励更有可能产生更积极的结果。民族地区农民的知识转移动机既包括强烈渴望改善自身生计模式的自主动机，又包括当地农民被知识传授者以互动的方式深刻触动而渴望进行职业转换的外部动机。在现代文明的冲击下，贫穷给农民带来了意想不到的困难，富裕不仅意味着生活质量的提高，还意味着尊严的提升。Luo 等人（2022）认为认知直接影响农民参与乡村旅游服务的意愿。当地社区文化引导农民的思想和行为，对乡村旅游目的地的竞争力至关重要。因此，注重转行的农民的内在动力和构建学习型社区文化更有利于农民对旅游知识的外向搜索和学习。

**3. 知识吸收能力对知识转移机会有正向显著作用**

农民知识吸收能力的增强，极大地提高了他们理解环境变化，处理信息，识别、获取和应用知识的能力，提高了他们专业的旅游服务技能和知识。知识吸收能力对知识转移机会的影响大于动机，它使农民能够抓住机会。知识吸收能力是识别和获取外部知识的能力。值得注意的是，在知识吸收能力评价因素中，影响最大的是专业知识源感知能力，即能够快速、满意地找到解决问题的专业能力。实践中，农民们认为，一旦能接触可提供必要知识和解决方案的专家，旅游运营中遇到的挑战就会变得不那么令人畏惧。此外，知识吸收能力和先验知识同样具有影响作用，先验知识以各种形式对知识吸收能力产生积极影响，鼓励个体内化外部知识。

**4. 信任的增加对提升我国少数民族农民旅游知识转移效果的影响较小**

学术界普遍认为信任在知识转移中起重要作用，信任能够提高知识转移参与双方的转移意愿和降低知识转移难度。高水平的信任有利于促进知识转移双方增加沟通的渠道和频率，拓展知识交流的广度和深度，从而为提高可转移的知识量、降低知识转移难度提供良好的客观条件。而本部分研究结论表明：信任并不能正向调节知识转移机会与知识转移效果间的关系。我国民族地区世代生活在相对封闭的传统村落中，重视道德教育是少数民族村落长期以来形成的优良传统，村规民俗要求农民遵守民族传统习惯、尊老爱幼、平等互助、路不拾遗、诚信有礼等社会公德，少数民族民风淳朴，待人接物真诚、直爽、亲切。尽管少数民族农民与外部知识源之间有巨大的文化差异，但是少数民族农民受传统文化影响尊重知识，尤其信任科学家、大学教授等，他们对外部知识源的信任水平普遍较高，因此，信任没有成为知识转移机会正向影响知识转移效果的调节变量。据此，持续增加知识转移双方的信任难以获得更多的正向反馈。

第三部分

民族地区乡村旅游产业升级研究

# 第5章 乡村旅游产业进化模式与路径研究

## 5.1 引言

乡村旅游产业有利于农民就地就近就业及创业、推动乡村经济发展。发展乡村旅游产业高度契合了国家乡村振兴战略的要求，是具有旅游资源禀赋优势而经济欠发达的民族地区全面推进乡村振兴的重要渠道。现阶段，我国许多民族地区并没有挖掘出乡村旅游产业的最大价值，存在产业规模不足、粗放增长及同质化严重等一系列问题。因此，如何摆脱民族地区乡村旅游产业"小、散、乱"的发展窠臼已成为亟待解决的现实问题。

现有文献从问题-对策型和典型-经验型两种思路入手，探索回答"什么"和"怎样"促进民族地区乡村旅游产业发展。在问题-对策型的研究中，学者从民族地区乡村旅游产业发展的制约因素、问题原因、提升策略等方面展开研究，提出因地制宜开发和智慧化转型等策略。在典型-经验型的研究中，学者致力于分析民族地区乡村旅游产业的促进因素、过程梳理、经验总结等，提出以乡贤领导力促进乡村旅游产业发展、构建社区参与的可持续发展模式等。现有研究大多聚焦于如何提升产业经济效益，较少关注更深层次的产业素质。

现代产业经济学认为，高产业素质主导的路径才是产业发展的有效路径，具有内生性、持续性和颠覆式的特征。经济进化论研究发现，产业从低级阶段向高级阶段演化的进化过程实现了产业素质质变和收益提升。因此，对民族地区乡村旅游产业进化的研究有助于探寻高产业素质主导的产业发展路径。此外，事物演化受要素及要素间联系的共同影响。乡村旅游产业发展普遍存在原因条件的协同作用和互相依赖，其产业进化过程呈现出复杂因果关系形成的组态效应。那么，民族地区乡村旅游产业进化过程是怎样的？受哪些因素交互影响？这些因素如何联动匹配实现"殊途同归"的效果？为回答这些问题，本部分试图洞悉民族地区乡村旅游产业进化的"殊途"。

广西龙脊梯田景区是民族地区成功发展乡村旅游产业的典范，其乡村旅游产业已经由产业发展初期的"小、乱、散"状态成长为地方经济支柱产业，实现了产业素质质变和产业进化，其成功经验对民族地区乡村实现旅游产业进化具有重要借鉴价值。基于此，本部分以龙脊梯田景区乡村旅游产业为研究对象，尝试阐释民族地区乡村旅游产业进化过程、组态路径及多重条件联动匹配的本质，以期深化现有文献对民族地区乡村旅游产业进化的认知，为民族地区实现乡村振兴提供新证据和新思路。

## 5.2 理论基础与模型构建

本节介绍乡村旅游产业进化模式与路径研究的相关理论，包括产业进化论和现代资源观理论，并构建乡村旅游产业的"自由演化—市场选择—实现进化"进化过程模式。

### 5.2.1 产业进化的起源与过程

达尔文指出，生物种群存在灭亡、变异、进化等多种方向的自由演化，只有部分具有竞争优势的种群在自然选择机制中得以保留，并把这些保留的、具有可遗传的生物种群连续渐进的变异过程称作进化。简言之，自由演化是进化的起点，选择机制是进化的动力，实现进化是进化的最终目标。随着自然科学的兴起，达尔文的进化概念在更多学科领域引起关注。在经济学领域，19世纪70年代，亚当·斯密指出经济发展受"看不见的手"影响，与达尔文所阐述的生物进化过程中种群变异的"自然选择"存在异曲同工之处。Veblen（1898）最早提出经济学应摒弃古典力学的理论框架，转向援引生物进化论进行研究。基于此，Moore（1993）、Baker和Nelson（2005）以及Winter（2003）等经济学者突破古典经济学传统研究框架的局限，深入分析了产业环境、市场环境和企业环境与生态环境的相似性，阐释了经济进化现象，进而提出了经济进化论，为进一步探索经济系统以及产业主体的成长、变迁与演变过程等问题提供了新思路。

产业进化是经济进化论的核心内容，经济进化论认为产业进化是产业素质质变的过程，也遵循"物竞天择，适者生存"的产业进化规则，优胜劣汰的市场选择机制是产业进化的关键。产业经济学把产业定义为同类属性企业经济活动的集合。产业进化过程可用Tichy等人（1994）首次提出的企业基因理论来阐释。企业基因如同生物基因，决定企业的"性状"表现。拥有优良基因的企业更具竞争力。在动态变化的市场环境下，企业基因持续进行自由演变，促进企业效益提升和素质改善的基因突变，在市场选择机制中得以保留并促进企业快速成长；反之，企业逐渐衰落甚至退出。横向上看，产业主体经历多次循环往复的基因突变与市场选择，市场进入时间差异和自由演化内容不同使产业主体成长路径不一致。纵向上看，产业主体的进化方向存在一致性，通过优胜劣汰的选择机制得以保留、遗传的企业基因在产业体系内传递，推动产业素质优化，并实现质的转变，呈现出螺旋式上升的进化过程。

与"生物进化由适应环境的变异得以保留"不同，产业发展不仅受市场选择机制影响，还会受生产要素投入、技术进步、地理位置等因素影响，不同产业的进化路径以及影响因素复杂多样。因此，对特定产业的进化路径进行探索和检验具有重要的理论和实践价值。

## 5.2.2 现代资源观理论下的乡村旅游产业进化

现代资源观理论认为，组织绩效提升和组织成长取决于组织对内外部现有资源和潜在资源的持续搜寻、获取、协调与整合。具体来说，该理论从组织资源基础、资源环境适配、资源行动上分析竞争优势来源。其中，资源基础聚焦于组织利用内部异质性资源构建资源壁垒；资源环境适配强调组织应在动态变化的环境中获取、整合、协调内外部资源与能力以形成竞争优势；资源行动重视组织资源拼凑和资源编排行为，资源拼凑是指开发利用和拼凑重构现有资源，资源编排是指对组织资源进行结构化、捆绑和利用以创造价值，即通过获取、积累和剥离优化组织资源结构，拓展组织资源运用能力，实现对现有资源的有效配置及对潜在资源的协同利用过程。

竞争优势是企业在市场选择中取胜的关键，资源是组织保持竞争优势的核心要素。乡村旅游产业作为资源密集型产业，其在发展的各个阶段均存在资源配置行为。在乡村旅游产业发展过程中，政策、资本、信息、技术、人力、知识等多类资源要素促进产业素质提升，推动产业演化。资源要素整合是乡村旅游产业迈向提质增效更高阶段的主要动力，盘活各类资源要素有利于推动乡村旅游产业实现高质量发展，即诸多资源要素驱动乡村旅游产业提升产业素质和产业收益。现代资源观理论融合了横向和纵向、静态与动态、局部与整体的资源分析理论的优势。为科学完整地阐释影响乡村旅游产业进化的资源要素，本部分采用现代资源观理论对乡村旅游产业进化过程进行分析。

在乡村旅游产业发展过程中，旅游企业与乡村旅游地共同发展，具有多方向演化趋势。具有资源拼凑和资源编排能力的乡村旅游企业，其企业基因易于通过"自由演变—市场选择"过程，得以保留、遗传并促进产业进化。值得注意的是，乡村旅游产业是一个复杂系统，具有在地性、关联性及动态性特征。因此，乡村旅游产业进化是具体乡村情境下多个相互关联的资源要素共同作用的动态过程，具有复杂因果本质。

### 5.2.3 乡村旅游产业进化过程模式

乡村旅游产业遵循一般产业的发展规律，横向上呈类似往复循环的"自由演化—市场选择—实现进化"的进阶态势，在纵向上呈螺旋状的进化趋势。综上，本研究认为，乡村旅游产业进化是在乡村旅游产业发展过程中，在多种组织资源持续交互作用下，处于自由演化状态的乡村旅游企业通过市场选择机制胜出，并推动产业体系经历"自由演化—市场选择—实现进化"的螺旋式上升过程，实现产业素质质变，如图 5-1 所示。

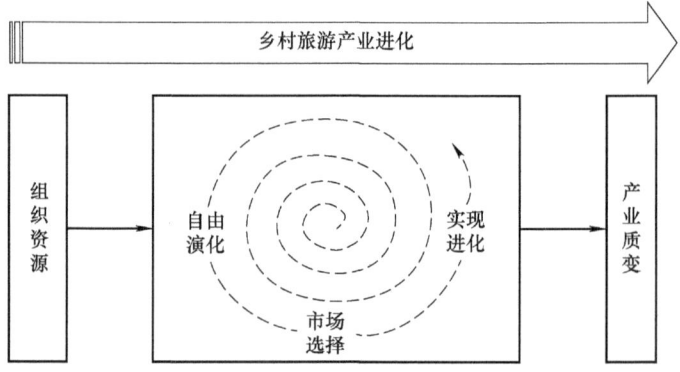

图 5-1 乡村旅游产业进化过程模式

## 5.3 研究设计

本节从案例地选取、定性比较分析法和数据收集 3 个方面阐述乡村旅游产业进化的研究设计。

### 5.3.1 案例地选取

本部分选取广西龙脊梯田景区（下文简称龙脊景区）为案例地。龙脊景区是我国最早一批发展乡村旅游产业的民族村寨型乡村旅游地之一，目前，景区内发展旅游产业的村寨包括平安寨、大寨、古壮寨、黄洛瑶寨等。旅游开发前，这些村庄物质资源匮乏、地理位置偏僻、可进入性较差，农耕是农民的主要生计来源。1993年开始旅游开发，在乡村旅游产业发展初期，旅游企业规模小、数量少且布局分散，产业规模尚未形成。经过30多年的发展，龙脊景区形成了以旅游小企业为经营主体、多类型企业集聚的乡村旅游产业。产业主体包括乡村酒店、演出企业、旅游公司、运输公司以及索道公司等多类型企业，涵盖供应商、企业、销售商等产业链主体，具有健全的产业体系和完整的产业链，旅游产业成为乡村经济支柱产业。

### 5.3.2　定性比较分析法

定性比较分析（Qualitative Comparative Analysis，QCA）法是一种基于布尔集合对中小数量案例进行组态分析的方法，适用于解释结果等效性、因果不对称性的多重并发因果现象。本部分选取这一方法探究民族地区乡村旅游产业进化路径，主要基于如下理由：第一，乡村旅游产业系统涉及多资源要素及其交互作用，定性比较分析法可衡量其进化过程多条件变量的组态效应、探究其复杂因果的本质；第二，鉴于案例地产业发展实践，样本量难以满足大样本要求，而定性比较分析法可弥补该不足。

### 5.3.3　数据收集

本部分主要从以下两个方面开展数据收集工作。

第一，演绎法和归纳法是确定前因条件的有效方式。本部分结合自上而下的理论演绎法与自下而上的文本数据归纳法，构建乡村旅游产业进化过程模式，采取背对背文本编码提炼民族地区乡村旅游产业进化的前因条件。此部分文本数据包括公开发表的二手资料以及通过田野调查获得的13.42万字一手文本资料。

第二，为了满足定性比较分析法对研究样本的整体同质、最大异质化以及数据可得性要求，本部分再次对案例地旅游企业进行整体性筛选。基于理论抽样原则选取了 65 家旅游企业进行半结构化访谈和问卷调查，最终获得有效问卷 61 份，可进行 QCA 运算。此外，本部分还抓取了研究对象的网络评论文本和评分进行编码，以丰富本部分部分变量内涵及补充验证。数据来源和编码说明见表 5-1。

表 5-1 数据来源及编码说明表

| 数据来源 | 访谈对象 | 说 明 |
| --- | --- | --- |
| 一手访谈资料 | 村干部（C$i$） | 遵循 $i=n$（$n$=1,2,3……）的规则进行编码序号的设置 |
| | 旅游小企业（E$ji$） | 当地（E1$i$）、外来（E2$i$）、合资型（E3$i$） |
| | 旅游公司（T$i$） | 遵循 $i=n$($n$=1,2,3……)的规则进行编码序号的设置 |
| | 景区管理处（V$i$） | 遵循 $i=n$($n$=1,2,3……)的规则进行编码序号的设置 |
| | 龙脊景区长期跟踪学者（S$i$） | 每位访谈者具有 10 年以上的追踪经历 |
| | 调研笔记（D$i$） | 遵循 $i=n$($n$=1,2,3……)的规则进行编码序号的设置 |
| 二手数据 | 媒体报道（M$i$）<br>网络评论文本（I$ji$）<br>团队之前的访谈汇总资料（F$i$）<br>公开发表的文献和书籍（P$i$）<br>政府统计数据和年度总结报告（G$i$） | 遵循 $i=n$($n$=1,2,3……)的规则进行编码序号的设置<br>携程（I1$i$）、去哪儿（I2$i$）、美团（I3$i$） |

## 5.4 研究内容

本节构建乡村旅游产业进化的影响因素模型，探究乡村旅游产业进化组态路径。

### 5.4.1 乡村旅游产业进化影响因素模型

为了充分挖掘民族地区乡村旅游产业进化的影响因素和可能路径，

## 第5章 乡村旅游产业进化模式与路径研究

本部分根据现代资源观理论，遵循"资源渠道—资源行动—结果"的分析逻辑对案例地文本资料进行编码，提取影响民族地区乡村旅游产业进化的内外部资源要素。

### 1. 内部资源视角的影响因素

现代资源观理论在资源基础上强调资产、信息、知识等内部异质性的资源是企业绩效增长、保持持续竞争优势的基础；聚焦内部资源行为的内生增长理论认为，技术进步、资本积累、人力资本等多因素对产业经济增长均具有正向促进作用。结合龙脊实践，本部分编码提炼出"经验–服务品质""学历–组织学习能力""经验–商业模式创新""网络–商业模式创新""智能化设备–服务品质""分销平台–经营费用""组织学习能力–技术创新应用""组织学习能力–经营品质"等二阶构念，最终将人力资本、技术创新以及组织学习能力归纳为内部资源维度的主要影响因素。

人力资本通过促进旅游企业改善经营模式、降低运营成本、提升旅游产品质量和销售能力提升产业素质。在龙脊乡村旅游产业发展初期，村支书、廖寨老以及小学教师等部分拥有人力资源优势的农民迅速发现创业机会，通过拼凑有限资源实现产业发展初期的创业成功。随着产业吸引力的增加，更多当地居民和外来投资者逐渐开始参与旅游经营。产业主体的持续增加形成了市场竞争，经营成功的旅游企业认识到人力资本的价值，正如受访者指出："管网站的工作就需要学历呀，客人对服务和餐饮的要求都需要沟通的，有经验的（经营人员）当有客人来时不会慌，（他们）知道怎么接待……（E102）"

同时，随着旅游市场规模的扩大，产业主体的供给能力不断增强，龙脊本地旅游小企业、外来企业、旅游公司、消费者等产业利益相关者间的竞合关系日趋复杂，行业进入壁垒和退出壁垒不断提高。为在激烈的竞争中实现利润最大化，旅游企业普遍开始采用线上销售以及实行智能化管理降低销售和管理成本，如："现在这个竞争也大，我们这儿的酒店也都在网上搞。(E38)"这些企业通过学习应用新技术,并与既有人力资本、知识经验等资源协调整合,打破组织信息壁垒、拓展市场和提升顾客关系管理水平,实现素质和收益持续增长。例如:"我们家都挺智能的,如窗帘、马桶、电视、智能门卡。有了网络以后,这里的变化很大,跟外界沟通变多了,房间也好卖,老客户也用网络……(E158)"

与城市旅游企业不同的是,民族地区乡村旅游企业的发展普遍受地理位置和管理水平的限制,面临规模小、竞争能力弱的发展困境,仅有部分初始资源不足的旅游小企业凭借较强的组织学习能力形成竞争优势,如:"……有一家做得很高档,就像你说的有浴缸,有这有那的,其他的(民宿)没有就会去模仿……(E029)"实践表明,具有组织学习能力的旅游小企业通过获取、转移以及运用知识提高竞争力,探寻顾客需求、改进经营模式、应用技术创新和降低运营成本。例如:"像……他们自己主动去学习接受好的、先进的经营知识与理念,并且……创新运用到……经营……装修设计、营销宣传……结果……上了一个档次,能吸引留住顾客,房价提高了,收入自然更多了……(S45)""民宿是自己盖的,我们边学边改造创新,像客人觉得哪里需要提高,就主动建议我们去改,现在……房子……(E19)。"

此外,人力资本素质、技术创新应用、组织学习能力之间存在交互作用,例如:"我之前就是学酒店管理的,线上线下基本上都是我来做,但实际上在学校学的很多也都是基本知识、理论知识,实际上出来也是自学吧……(E29)"人力资本促进组织学习和应用新技术,例如:"现在不一样了……旅游这一整套东西都学会了……而且网络……也懂了,可以到网络上去查……(C30)"综上,民族地区乡村旅游企业通过人力资源、技术创新、组织学习能力 3 个内部资源要素进行资源拼凑与编排,不断改善服务、装修、设施等经营内容以满足游客日益增长的多样化需求,并在竞争中获胜。

## 2. 外部资源视角的影响因素

现代资源观理论在资源环境适配上指出，整合与组织资源基础匹配的环境要素和其他联结组织的异质性资源要素，有利于促进组织成长。基于此，结合文本编码，本部分提炼出知识联盟、正式制度以及创业环境3个关键要素。

知识联盟是指旅游企业为促进资源要素流动，与其他外部组织建立的结盟关系，龙脊旅游产业发展中存在"企业-高校联盟""企业-企业联盟"和"企业-政府联盟"3种知识联盟形式。这3类知识联盟通过旅游规划指导、技能培训、信息沟通与咨询活动向龙脊产业体系转移新知识，例如："我们的专家团队一直在跟踪……看到问题出现或者预测到一些问题的出现，不断地在扩展……影响力……（S221），保护梯田……虽然……最先进的知识输入都是我们这个专家团队来做的，还有政府培训、公司项目进驻输入。他们（当地企业）接受了不同层面的知识，有的接受了餐饮，有的……旅馆，有的……购物，有的……服务……（S223）"一方面，知识联盟提供知识、资源及信息，帮助旅游企业降低了认知偏差、资金约束、信息劣势、危机事件因素对产业进化的不利影响，"村民……出事了……他能赔得起嘛……担不起那个责任……出事……还是景区（公司）负责的……（T21）""与公司合作后……推出黄洛红瑶……使……收入……快速增长……（P6）"；另一方面，部分产业组织通过联盟建立良好的外部关系网络，拓展了组织资源获取渠道，提升了组织学习能力和创新创业意愿，形成竞争优势，例如："……参加了女村干部培训学习，学习期间……种子计划……她受到启发，有了构思……她想……如果……得到了种子项目的启动资金，充分利用……传统服饰……民俗活动，建造……带来福音……通过演讲和评比，全体学员认为……可行，获得了……试点项目……（G43）"

正式制度包括政府法规和景区及公司管理规章制度两类。龙脊旅游产业发展过程中，正式制度在规范和监督龙脊景区旅游市场交易、保护梯田景观、防止旅游产业污染、合理布局产业以及预防机会主义行为方面做出了重要贡献，例如："不允许公司……等服务业务……公司必须……乙方（村寨小企业）必须爱护……乙方不得……否则……警告……罚款……（V55）"促进产业主体有序竞争、有效合作以及优化资源配置，这成为产业组织通过资源行动保持竞争优势、实现乡村旅游产业进化的基础。

创业环境是指金融机构融资政策、政府政策、经济发展水平以及竞合关系。龙脊产业发展过程中，新创企业能够较易获取贷款支持、政府补助以及政策扶持。由于政府和龙脊旅游公司对乡村旅游开发的宣传推广、资金补贴、公共设施建设以及产业收益的吸引，产业主体数量逐年增加、竞合关系较为紧密，"有更好的房子游客就去住更好的了，所以激发老百姓都……改造房子了……（S12）"促使企业不得不主动搜寻、整合资源以实现升级。而随着旅游产业链和价值链在市场选择中逐渐完善，市场竞争中胜出的优质企业实现了知识、资本、信息与资源的积累，并在经营活动中主动拼凑和整合资源、取得持续竞争优势。

### 3. 民族地区乡村旅游产业进化影响因素模型

综上，正式制度、创业环境、知识联盟、人力资本、技术创新及组织学习能力6个资源要素构成了民族地区乡村旅游产业进化的关键前因条件。各要素通过相互影响、交互作用形成复杂因果关系，优化产业结构、完善产业链及改善产业发展模式，促进民族地区乡村旅游产业在生产、消费与分配环节的资源配置效率，促进产业素质从量变到质变。旅游企业对资源要素进行拼凑和编排，优化后的产品、服务、经营模式等企业基因在市场选择中得以保留，并使企业在产业系统中占据较高位置，"选择后的优良性状"在整个产业体系中传递，最终推动民族地区乡村旅游产业完成"自由演化—市场选择—实现进化"的转变，如图5-2所示。

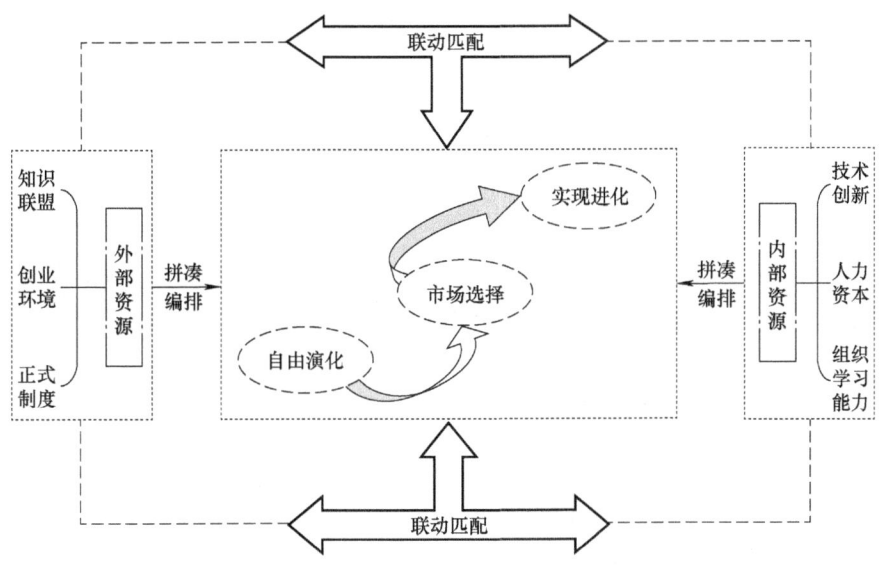

图 5-2 龙脊乡村旅游产业进化影响因素模型

## 5.4.2 乡村旅游产业进化组态路径

### 1. 条件测量

为确保因素测量的准确性,本部分通过参考成熟量表与龙脊旅游产业进化实践相结合的方式设置前因条件变量衡量指标。

在前因条件的测量中,有以下几个方面的指标。①组织学习能力(Stu)。基于龙脊旅游企业实践,参照 Huber(1991)的研究,从组织获取、吸收和应用知识 3 个维度衡量组织学习能力。②人力资本(Hum)。遵循 Davidsson 和 Honig(2003)的研究,从显性和隐性两个维度进行题项设置,即以受教育程度和经历经验衡量人力资本。③正式制度(Goc)。遵循理论与实践结合原则,从公司、景区制度和政府制度两个维度设置题项。④技术创新(Itn)。结合龙脊实践,从智能硬件和智慧服务两个维度设计题项。⑤知识联盟(Kno)。依据知识联盟的定义及龙脊旅游产业主体知识联盟实际情况,从"企业-高校联盟""企业-企业联盟""企业-政府联盟"3 个维度设计题项。⑥创业环境(Ine)。借鉴王转弟和马红玉（2020）的研究，从融资环境、政府扶持、经济发展水平、创业氛围 4 个维度设置题项。

在结果变量的测量中，遵循既往研究和新经济观内涵，从收益和素质两个维度衡量产业进化（Iev）。旅游企业的接待人数和收入增长能够反映其经济增长情况，游客对企业的网络评分能够综合反映影响消费者体验和感知的企业素质（Fiss，2011）。因此，本部分选取接待人数及收入增长两个经济指标衡量产业收益，用 OTA 平台游客评分均值衡量素质。

### 2. 单个条件的必要性分析

在组态分析前，应检验问卷的可靠性和准确性并进行数据校准。本部分首先使用 SPSS 计算问卷量表的信度与效度，计算结果符合 QCA 运算的基础。其次，遵循 Fiss（2011）的建议，本部分采用 95%、50%、5%分位数作为完全隶属、交叉点以及完全不隶属 3 个锚点对 7 个变量进行校准，并利用校准后的数据进行必要性分析。Ragin 和 Strand（2008）提出，当单一条件一致性值大于 0.9，且覆盖度较高时才能基本判定可构成结果变量的必要条件。表 5-2 中各因素一致性值均低于 0.9，所有因素均不构成民族地区乡村旅游产业进化的必要条件。

表 5-2 必要性结果分析

| 变量 | 一致性 | 覆盖率 |
| --- | --- | --- |
| Goc | 0.619525 | 0.710341 |
| ~Goc | 0.601470 | 0.684414 |
| Ine | 0.682387 | 0.769652 |
| ~Ine | 0.538320 | 0.622808 |
| Hum | 0.733251 | 0.772219 |
| ~Hum | 0.458494 | 0.572099 |
| Kno | 0.758224 | 0.747728 |
| ~Kno | 0.471640 | 0.640011 |
| Stu | 0.719473 | 0.816662 |
| ~Stu | 0.450399 | 0.517718 |

(续)

| 变量 | 一致性 | 覆盖率 |
|---|---|---|
| Itn | 0.802428 | 0.756399 |
| ~Itn | 0.370917 | 0.537476 |

注："~"表示逻辑运算的"非",例如,"~Goc"表示非正式制度。

### 3. 条件组态的充分性分析

条件组态充分性分析旨在揭示多个前因条件构成的不同组态对结果的充分性。通过 fsQCA,一般可以得到复杂解（Complex Solution）、简单解（Parsimonious Solution）和中间解（Intermediate Solution）3 种方案,在组态路径的中间解和简单解中同时出现的因素是核心要素,仅在中间解中出现且可被替换的因素则是边缘要素。为有效揭示民族地区乡村旅游产业进化组态路径的核心要素和边缘要素,本文参照 Ragin 的建议,在将案例频数阈值和原始一致性阈值分别设定为 1 和 0.8 进行标准分析后,对比分析中间解和简单解,共得出五种组态路径以及各路径的核心条件和边缘条件,见表 5-3。

表 5-3 前因条件与组态路径分析

| 前因条件 | 组态路径 | | | | |
|---|---|---|---|---|---|
| | L1 | L2 | L3 | L4 | L5 |
| 正式制度 Goc | | ⊗ | ● | | |
| 创业环境 Ine | ⊗ | ● | | ● | |
| 知识联盟 Kno | ⊗ | ● | • | ● | • |
| 人力资本 Hum | ● | | | | |
| 组织学习能力 Stu | ● | ● | ● | ● | ● |
| 技术创新 Itn | ⊗ | ⊗ | • | • | |
| 一致性 | 0.896963 | 0.908436 | 0.878609 | 0.943248 | 0.967397 |
| 覆盖度 | 0.451031 | 0.466761 | 0.491762 | 0.162208 | 0.15331 |
| 解的一致性 | — | — | 0.883537 | — | — |
| 解的覆盖度 | — | — | 0.611258 | — | — |

注：上表中●表示核心条件存在,•表示边缘条件存在,⊗ 表示边缘条件缺席,空白代表可以出现或不出现的无关紧要条件。

总体来看，龙脊旅游产业进化 5 种组态的单个解以及总体解的一致性水平值均高于 Ragin 建议的 0.75，表明结果有效性较高。其中，总体解的一致性为 0.884，说明满足以下 5 个组态的旅游企业中，88%的企业实现了旅游产业进化；总体解的覆盖度为 0.611，表明这些路径对旅游产业进化的解释程度均较高。为进一步验证该结果的稳健性，首先，通过减少样本量以及增加一致性阈值对组态结果进行稳健性检验，得到的结果与现有结果基本一致；其次，将组态结果与案例地乡村产业发展情况进行对比分析，结果显示 5 条组态路径具有高信度、效度以及稳健性。基于此，本部分对这5种组态进行进一步分析。

（1）路径一（L1）：Hum×Stu×~Ine×~Kno

在正式制度的辅助下，以高水平人力资本和组织学习能力为核心要素的路径推动民族地区乡村旅游产业进化。该路径表征在旅游地参与阶段进入的定位高端市场的外来投资型旅游企业。这类企业创业门槛较高，在创业初期已具备雄厚资金实力、先进经营理念、高人力资本水平等异质性资源，具有竞争优势。因此，这类产业组织不依靠政府扶持及当地"熟人社会"支持获取基础资源。随着旅游地的发展，"愿意"且"能够"高消费的游客增多，该类企业凭借人力资本和组织学习能力不断创新产品和提供优质服务体验，构筑企业核心竞争力。

（2）路径二（L2）：~Goc×Ine×Kno×Stu×~Itn

以创业环境、知识联盟以及组织学习能力 3 个核心要素主导的路径推动民族地区乡村旅游产业进化。该路径表征在旅游地参与或发展阶段进入的民族地区乡村初始资源不足型本地旅游小企业的进化路径。这类企业以当地农民创办的家族式旅游小企业为代表，组织成长受创业者知识相对贫乏、先前经验不足及风险防控能力较弱的束缚，在资金、管理、技术应用等方面都无法与外来投资型企业相比（张敬伟和裴雪婷，2018）。为了生存，这类组织需要不断地搜寻和利用创业环境、知识联盟提供的资金、信息、人力和知识等资源要素（Getz and Petersen，2005）。

具有较强组织学习能力的旅游小企业更易识别和有效利用外部资源，通过干中学不断弥补资源缺口，形成竞争优势，并推动学习能力与资源配置效率共同提高，持续促进企业素质提升和绩效增长，最终在市场选择机制中得以保留和成长。

（3）路径三（L3）：Goc×Kno×Stu×Itn

以组织学习能力和正式制度为核心要素，辅以知识联盟与技术创新能力的路径推动民族地区乡村旅游产业进化。该路径表征在旅游地发展阶段及之后进入的资源相对富裕的外来旅游小企业的进化路径。这类企业凭借简约时尚的文化创意脱颖而出，与其他外来企业和本地旅游企业存在强竞争-弱合作的竞合关系。正式制度有利于约束产业主体的机会主义行为和"排外"行为，规范经营秩序以及提升旅游地管理水平。组织学习能力促进这类企业及时主动了解游客需求变化和学习竞争对手的知识技能，如民宿的创意命名技巧、图片拍摄、宣传文案等，推动组织不断提升经营管理水平和开展服务创新。因此，正式制度与组织学习能力成为这类产业组织保持竞争力并实现进化的核心要素。

（4）路径四（L4）：Ine×Kno×Stu×Itn

以知识联盟、组织学习能力和创业环境为核心要素，辅以技术创新能力的组态路径推动民族地区乡村旅游产业进化。值得注意的是，路径四表征在民族地区乡村旅游地发展阶段及之后进入的初始资源富足型本地旅游小企业的进化路径。这类企业是当地新型职业农民创办的家族企业，创业之初具有资金、知识和经验等资源基础和创业环境支持。这些具有较强组织学习能力的产业主体通过积极建立各类知识联盟，掌握政策导向、游客需求和技术创新知识，协调和匹配创业环境与知识联盟提供的外部资源和组织资源，融合精准服务、提供有温度的家和民族文化于产品和服务中，在市场选择机制中获胜并得以保留，实现素质和收益提升。

### （5）路径五（L5）：Kno×Hum×Stu×Itn

以组织学习能力和人力资本为核心要素，辅以技术创新和知识联盟的组态路径推动民族地区乡村旅游产业进化。该路径表征在旅游地巩固阶段进入的规模中等的外来投资型旅游企业和本地-外来合作型旅游企业的进化路径。这类产业组织通常聚焦品牌管理和企业文化塑造。企业有专业的管理团队和规范的管理制度，员工招聘、培训、晋升制度完善。该类企业在人力资本和资源获取方面具有优势。随着产业竞争加剧，这类产业组织一方面通过较高学习能力识别与剥离组织冗余资源，持续改进经营管理和市场营销水平，合理安排淡旺季游客接待服务；另一方面，组织通过规范化的学习和培训提升人力资源水平，并进一步推动提高资源配置和技术创新的能力。因此，组织学习能力和人力资本成为该类型旅游产业组织保持竞争优势、实现进化的核心要素。

## 5.4.3 乡村旅游产业进化路径综合分析

以上分析表明，民族地区乡村旅游产业以旅游小企业为主体。在产业发展过程中，企业决策与行为存在多种可能，其成长轨迹存在趋势的一致性和具体行为的差异性。部分产业组织凭借资源和行动获得持续竞争优势并在市场选择机制中胜出，这一过程的集合构成了产业进化并呈现"自由演化—市场选择—实现进化"的螺旋式上升趋势。在民族地区乡村语境下，组织学习能力、人力资本、技术创新、知识联盟、正式制度、创业环境是旅游产业进化的 6 个资源要素。

具体来看，民族地区乡村旅游开发初期，外部支持体系不完善、游客需求单一、机会主义行为普遍，农民对创业持保守态度（Slater and Narver，1995），产业主体竞争压力较小。在正式制度保障下，具有组织学习能力或资源富裕的产业组织可以简单有效地配置各类资源，形成竞争优势，在市场选择中保留（吴冰 等，2020）。随着民族地区乡村旅游产业的快速发展，制度环境趋于成熟稳定，游客需求的差异化和产业主体的持续增加使市场竞争加剧，仅依靠资源基础或模仿学习无法使企业保持竞争优势。产业组织需要通过发挥多主导要素联动匹配作用，有效开展资源拼凑和资源编排。在该阶段，初始资源富裕型产业组织凭借组织学习能力与知识联盟双主导要素联动，以及初始资源不足型产业组织借助创业环境、知识联盟与组织学习能力三主导要素联动在市场选择机制中获胜。值得注意的是，民族地区乡村旅游产业经过前期市场积累，市场规模显著增加，产业主体供给能力增强。人力资本在与各要素联动匹配中取代知识联盟占据核心要素地位，推动企业通过资源编排控制成本、持续进行产品和服务创新以获取竞争优势。

综上，由于初始资源和行业进入时间不同，为获取持续竞争优势，上述 6 个要素被各旅游产业主体择优组合，构成了 5 条有效组态路径，均能促进民族地区乡村旅游产业完成"自由演化—市场选择—实现进化"。

## 5.5 研究结论

本部分基于经济进化论和现代资源观理论，采用文本分析法和定性比较分析法，探究影响民族地区乡村旅游产业进化的前因条件和组态路径，得到如下结论。

第一，民族地区乡村旅游产业进化过程体现为，产业主体通过资源优化配置在市场选择机制中获胜，不同产业主体的进化轨迹存在差异，由点及面使产业进化呈现"自由演化—市场选择—实现进化"的螺旋式发展趋势。组织学习能力、人力资本、技术创新、知识联盟、正式制度、创业环境 6 个组织内外部资源要素的综合作用推动民族地区乡村旅游产业进化。

第二，推动民族地区乡村旅游产业进化的组态路径共有 5 条，分别是知识联盟-技术创新助力下正式制度和组织学习能力主导的组态型，知识联盟-技术创新助力下组织学习能力和人力资本主导的组态型，技术创新助力下知识联盟、组织学习能力和创业环境主导的组态型，正式制度辅助下人力资本和组织学习能力双强主导的组态型，以及非正式制度辅助下创业环境、知识联盟以及组织学习能力三要素主导的组态型。

第三，组织学习能力是民族地区乡村旅游产业进化所有组态进化路径的核心要素，分别与正式制度、知识联盟、人力资本与创业环境等要素联动发挥组态效应，推动产业素质持续提升。在产业进化过程中，资源优势不同的各类旅游企业通过对组织内外部资源持续拼凑与编排获取竞争优势，在市场选择机制中脱颖而出、实现产业进化。资源禀赋与民族地区乡村旅游产业进化并不直接构成因果关系，合理配置资源是通过市场选择机制实现进化的关键。

第四，技术创新在民族地区乡村旅游产业进化各组态路径中都是非核心要素，而知识联盟对于民族地区初始资源劣势型乡村旅游小企业不可或缺。随着产业的快速发展，在多要素的联动匹配路径中，人力资本取代知识联盟成为核心要素。民族地区乡村旅游创业企业往往面临经验不足、信息缺乏、知识基础薄弱等制约企业成长的桎梏，创业者难以掌握技术创新的实践应用，而是采用聘请专业人员、机构，或委托家族能人代为管理的方式。相较于服务技能培训和模仿学习，技术创新对企业素质质变的贡献程度较低，因此在所有组态路径中都是非核心要素。知识联盟对初始资源不足的旅游小企业的生产经营活动产生重要影响，一方面拓展资源渠道，降低信息搜寻成本、实现价值增值；另一方面促进企业摆脱初始资源约束、弥补组织资源缺口，增强资源整合和应用能力、进行知识创新，获得持续竞争优势。

# 第6章 乡村旅游产业跨越动力与机制仿真研究

## 6.1 引言

全面推进乡村振兴应扎实推动乡村产业振兴。民族地区乡村拥有独具魅力的生态环境与民族文化资源,发展乡村旅游是实现乡村产业振兴的有效途径(张睿和姬长旭,2022)。然而,民族地区乡村旅游产业发展面临着产业增长缓慢、产业结构不合理、竞争优势不明显和市场化基础薄弱等诸多困境(吴彬 等,2022),如何摆脱民族地区乡村旅游产业发展困境成为亟待解决的现实问题。产业生命周期理论指出,产业发展遵循初创、成长、成熟与衰落的"S"形曲线。处于快速成长期的乡村旅游产业对旅游地的市场规模、投资引进、游客流量、旅游收入等方面的影响更加显著,对乡村经济发展具有重要贡献。乡村旅游产业是一个复杂的系统,在内外驱动因素的作用下发生非线性动态演变,乡村旅游产业从初创期向成长期的跨越并非自然而然、一蹴而就的。因此,探究如何推动乡村旅游产业跨越对民族地区乡村产业振兴具有积极的理论借鉴和现实指导意义。

现有对乡村旅游产业系统演变规律展开的研究认为,多主体、多要素交互作用下的乡村旅游系统在不同发展阶段的基本特征与适应机制存在显著差异(颜苗苗 等,2021);受系统内外部因素影响,民族村寨旅游系统演化具有非线性动态复杂的特征(杨建春和吴建国,2012);通过对产业经济、资源环境等子系统仿真分析,发现五种乡村旅游驱动模式

（杨春宇 等，2009）；旅游吸引物、旅游区位和旅游支持等因素主导驱动力阶段性转换，市场需求、政府支持和创新以及乡村旅游产业系统与生态系统耦合、与农业系统耦合等，推动乡村旅游产业向高级阶段发展。这些研究分析了乡村旅游产业系统特征、驱动模式和动力因素，但对乡村旅游产业从初创期向成长期跨越并保持快速增长状态的动力机制关注不足。

乡村旅游产业系统与外部环境之间存在物质、能量和信息交换，系统由低级向高级阶段跨越并保持稳定增长状态需要经历能量动态累积的过程。同时，与中东部乡村相比，民族地区乡村相对封闭的自然经济环境、民族的多样性、人力资本水平的差异性和生活的贫困性使其社会文化及经济背景具有独特性，不同乡村情境下推动乡村旅游产业跨越的内外部因素不同。因此，关注民族地区乡村情境，从系统能量转化视角开展研究，有助于深入阐释"什么"及"怎样"推动民族地区乡村旅游产业跨越。此外，产业素质与产业收益是判断乡村旅游产业进入快速成长期的主要标准，聚焦于乡村旅游产业向成长期的质量转变才能真正推动乡村振兴。基于此，本部分根据系统非线性演变逻辑，探究民族地区情境下乡村旅游产业从初创期向成长期跨越的能量来源和动力机制，以实现产业素质质变和产业收益提升。

广西龙脊梯田景区是我国最早一批借助丰富自然资源禀赋和民俗风情成功发展旅游产业的民族村寨型景区。经过30多年的发展，在不同关键事件影响和内外部因素共同驱动下，其乡村旅游产业完成了从初创期到成长期的跨越，探索出了民族地区传统农耕村庄实现旅游产业振兴的"龙脊模式"，是具有重要借鉴价值的典型案例。系统动力学方法具有厘清复杂动态系统因果关系的优势，文本分析法既为系统建模提供依据和验证，又能深刻解析产业跨越过程，二者结合使用有利于完整阐释"什么"及"怎样"推动民族地区乡村旅游产业跨越。因此，本部分选取龙脊景区进行典型案例研究，采用文本分析法和系统动力学研究法，分析民族地区乡村旅游产业跨越过程模式，识别产业跨越动力因素，构建并仿真分析产业跨越动力机制，以期为民族地区乡村增强内生发展动力、实现乡村旅游产业振兴提供理论透镜和助力。

## 6.2 文献综述

本节从旅游产业发展、乡村旅游产业发展和乡村旅游产业发展的驱动因素3个方面展开文献综述。

### 6.2.1 旅游产业发展研究

按照旅游人数、旅游消费规模增长和旅游研究的关键性事件来看，我国旅游产业可划分为3个阶段，与国外研究阶段有所不同。

第一个阶段是2008年及以前，旅游产业的形成期。在这一阶段，我国多个省市展开旅游投资建设，旅游产业经济效益显现，初步形成规模。1993年，国家旅游局《关于积极发展国内旅游业的意见》提出"搞活市场、正确引导、加强管理、提高质量"的指导方针，我国旅游市场开始形成，"旅游业"向"旅游产业"转变，但尚未形成产业规模。随着我国加入世界贸易组织（WTO）、实施双休日制度和推出"黄金周"、增加旅游景点建设，以及旅游酒店和旅行社等一批旅游企业的兴起等，旅游产业的经济价值得以展现。这一阶段的研究聚焦在旅游产业的发展建设方面，学者围绕内涵辨析、产业地位评估、产业规划与开发、发展模式、发展问题总结、产业集聚等问题展开研究。李江帆和李美云（1999）从投入产出视角对旅游产业进行定义，认为旅游产业是旅游投入与旅游服务的产出。张凌云（2000）从旅游需求的角度，提出旅游产业是生产或提供满足旅游者在旅游过程中衣食住行游购娱方面需求的产业或者服务的企业或者部门的集合。叶红（2006）把旅游产业划分为城市型、景区型、社区型，认为市场需求和历史因素是城市型旅游产业的关键，外来资本是景区型旅游产业的关键，强调城市旅游集群战略。曹新向（2007）实证发现，西部大多省份旅游产业发展潜力较弱。王慧敏

（2007）提出旅游产业是动态无边界产业，与传统产业发展模式不同。

第二个阶段是2009—2015年，旅游产业的高速发展期。2009年，我国发布《关于加快发展旅游业的意见》，将旅游产业定位为"国民经济战略性支柱产业"，休闲旅游活动兴起。在这一阶段，旅游人次和旅游消费增长率增加迅猛，产业规模效应和集群效应初步形成，产生了多样化旅游产业业态。学者主要从"产业"层面展开"旅游产业"的研究，重点关注产业效率、与经济的耦合度、弹性、经济价值、产业链、产业关联、产业政策以及融合路径等主题。从研究主题的转变可以看出，旅游产业规模的扩大，使学者的研究更加深入，学者更加注重产业内涵的提升，关注产业成长路径和方向的问题。何建民（2011）提出旅游产业融合是旅游产业发展的必然现象。宋子千和韩元军（2013）实证分析发现，资本、技术进步、技术效率等要素对我国旅游产业的增长有显著影响，而劳动力、制度创新、市场规模和基础设施等要素的促进作用则不明显。郑世卿（2011）认为，现代旅游产业已经不局限于国民经济行业分类标准中的产业范围，既包括直接提供产品的旅游企业，又包括诸如信息咨询、旅游交通、食品和商品加工等间接为旅游者提供产品及服务的相关企业。王欣、邹统钎（2010）和于秋阳、杨斯涵（2014）均认为，高铁网络的建设会放大旅游市场空间，扩大旅游产业竞争范围，促进旅游产业供给。

2016年至今是我国旅游产业发展的第三个阶段。在供给侧结构性改革和新常态发展的背景下，旅游产业开始由经济高速增长引擎向幸福产业发展转变（程玉 等，2020），旅游产业消费水平稳健增长，产业定位提升，产业功能多元化，产业供给趋于成熟，部分区域产业结构呈现高级化状态。我国学者开始关注如何促进产业内涵增质提升和高质量发展的研究，主要聚焦于产业功能转变、新型产业业态发展、产业升级与深度融合、产业政策（黄锐 等，2021）以及产业振兴等主题的探索（孙婧雯 等，2020）。魏小安和金准（2012）认为我国旅游产业在经历40年的高速发展之后，市场机构、运行和需求是旅游产业发展的根本。

## 6.2.2 乡村旅游产业发展研究

乡村旅游发端于 19 世纪中后期的欧洲国家，早期主要为富人阶层游玩的小众活动。随着铁路发展、汽车普及，乡村旅游逐渐成为一种大众参与、蓬勃发展的旅游活动，凸显出巨大的产业价值，具有广阔的市场前景。此后，乡村旅游产业发展成为焦点。综合来看，发达国家或地区的乡村旅游产业是早期的主要研究对象，发展中国家和地区受到关注的时间相对滞后。

学术界关于乡村旅游产业价值与影响的问题一直存在争议：一方面，旅游产业在乡村就业促进以及地方经济增长等方面的边际贡献日益上升；另一方面，囿于乡村旅游产业具有敏感性、资源依赖、小企业较多等特殊的产业性质，产业发展可能会面临短期逐利、物理因素限制等的威胁而发生"产业流产"以及对农村发展产生诸多不利影响。这也解释了为什么现有文献从旅游产品、旅游地、旅游产业实践等为关注点切入，将乡村旅游产业发展与生物成长过程类比，提出乡村旅游产业发展会经历不同的成长阶段，并将产业生命周期理论模型应用于产业发展或依据产业生命周期的逻辑进行产业演进现实问题的探索。

具体来看，在乡村旅游产业发展前期，产业内涵、价值、发展模式、现象描述、影响因素分析等主题的研究饱受关注。邹统钎（2005）利用案例分析方法比较了成都农家乐和北京京郊民俗村的乡村旅游产业发展历程，发现产业水平低、缺乏特色等是当时乡村旅游发展的主要制约因素。Liu（2006）认为乡村旅游产业发展应同时囊括经济性和社会性，并容纳多元化的用途和价值。在诸多因素助力之下，葡萄酒旅游、遗产旅游、狩猎旅游等多样化乡村旅游产业新业态得以衍生。

与上一阶段相比，乡村旅游产业的特征、影响因素、功能和增长方式已经发生变化，不应再囿于低水平的"农家乐"阶段，应充分利用旅游实现农村产业升级问题。基于此，旅游与其他产业的产业关系、主体需求、经济贡献、细分产业活动、旅游要素、成长路径等主题的研究又被纳入产业发展的动态研究体系中。Snieš k 等人（2014）研究了乡村旅游产业的影响因素和综合作用，认为乡村旅游有助于提升当地居民生活质量、提升经济发展。张宏等人（2015）以处于快速发展、稳定发展、相对成熟三个阶段的古镇旅游地为研究对象，利用 KFC 曲线拟合方法分析发现，古镇旅游产业对环境质量的污染作用受到生命周期阶段差异影响。Ferreira 和 Hunter（2017）研究发现，葡萄酒旅游产业对南非农村在创造就业机会、乡村转型和文化保护方面具有重要推动作用。

历经多年的发展和资本的积累，乡村旅游产业已经完全摆脱初级阶段的诸多制约，在许多国家和地区具备一定的产业规模，与之而来的，有关乡村旅游产业的研究更加多元深入，可持续发展和高质量发展成为当下阶段最重要的两大研究主题。Kastenholz 等人（2013）认识到从主客交互的视角对乡村旅游进行市场细分有助于提升游客体验。魏超等人（2018）在比较武汉的 10 个典型案例后发现：武汉边缘区旅游引导的乡村转型发展模式由社区提升、景区依托、文化重构和近郊休闲模式构成，不同乡村发展模式的核心驱动力、发展思路以及路径均不相同，利用乡村旅游产业的推动作用时应当遵循因地制宜和因势利导的原则。刘相军和孙九霞（2019）基于生计模式视角，采用积贮网格方法分析发现：雨崩村村民文化不适与其族群文化恢复力的强弱和旅游发展阶段存在密切关系。贾榕榕和吴冰（2020）运用扎根理论方法，从乡村旅游精英权利属性视角，探究了袁家村乡村旅游产业发展过程中的动态变化特征，发现：袁家村旅游精英带动农村致富的内在机理由精英的六维权利差异化作用于旅游发展引入期、成长期、成熟期而构成。刘鲁和吴必虎（2021）认为乡村旅游产业存在非线性的演变趋势，具有多重演变路径，其产业结构随要素的差异而发生差异性变动。

### 6.2.3 乡村旅游产业发展的驱动因素

乡村旅游产业由于"起点"差异形成了多类型发展道路，维持乡村旅游产业发展走向可持续性道路则取决于多因素组合而成的特定"动力"。随着旅游产业的动态阶段演变特征被充分认识，有关如何推动乡村旅游产业迈向更高层次的可持续产业发展水平的相关研究也日益丰富。从20世纪90年代以来，国内外学者开始聚焦"动力"因素，从游客视角、旅游地视角、要素视角、产业视角等多视角探索产业驱动因素。基于研究逻辑视角，可将乡村旅游产业驱动因素的现有文献研究逻辑划分为链式思维和球式思维两种。

基于链式思维的研究认为，在乡村旅游产业发展的过程中，受到某一个或者几个要素的综合推动实现发展，以变量间的线性促进关系为基础展开研究。王素洁和李想（2011）利用案例研究方法进行分析，提出乡村旅游决策网络能够促进乡村旅游产业可持续发展。Park等人（2014）指出产品服务开发、业务规划和评估、促销、人力资源管理、网络和成本降低是韩国乡村旅游产业提升绩效和竞争力的关键，其中产品服务开发和促销对产业利润的影响最明显。Jaafar等人（2015）发现马来西亚基纳巴卢国家公园及其周边地区小企业受限于经营和营销技能知识缺乏，政府和非政府旅游组织合作能够打破约束，推动乡村旅游产业的发展。Kallmuenzer和Peters（2018）认为中小型家族企业是乡村旅游产业发展的关键要素。Martínez等人（2019）认为季节性旅游活动稳定性决定了旅游产业在就业和利润创造方面的水平。陈志军和徐飞雄（2019）利用结构方程模型对案例地乡村旅游产业发展的驱动因素和作用机制进行分析发现：乡村旅游地产业发展由各个动力因素交互影响及关键动力阶段性转换推动。吴茂英等人（2021）认为旅游小微企业是乡村产业发展过程中的重要推动力量，其作用为整合地方产业要素资源、减少旅游飞地现象以增加旅游产业收益的提升。Rosalina等人（2021）在对国外乡村旅游研究综述的基础上，提出位置、可持续发展、基于社区的特征和体验是乡村旅游产业四个关键因素。王秀伟和李晓军（2022）运用多元线性回归、矢量缓冲分析和地理探测器的混合方法对我国的乡村旅游重点村进行分析发现：自然生态、社会经济、交通配套、景区资源、政策环境五个因素交互驱动乡村旅游重点村旅游产业的空间分布。

基于球式思维的研究认为，乡村旅游产业是一个动态复杂的系统，在市场因素、创新发展、政府支持、技术应用等单个或多因素共同推动下实现产业系统的有效运转。杨建春和吴建国（2012）提出民族旅游村寨系统是由"生态环境–社会文化–产业经济"等构成的复合系统，系统演化受到系统内在因素和各种随机因素的影响。陆林等人（2015）依据安徽太平湖旅游地发展实践，将其划分为探索、参与、发展三个阶段，发现政府和外部资本是其发展阶段旅游产业系统的推动因素。卢小丽等人（2017）以大连市为例，应用系统动力学方法将其乡村旅游产业发展系统解构为产业经济、资源环境和社会文化三个子系统，进行情景模拟和预测后发现：产业经济–资源环境–社会文化协调发展模式是推动大连市乡村旅游产业发展系统的最佳模式。生延超和钟志平（2009）采用定性研究方法分析发现：长沙浔龙河村的乡村旅游产业发展驱动系统存在单一驱动到多元驱动的动力演变。颜苗苗等人（2021）以山东中郝峪村为典型案例，将乡村旅游产业系统划分为旅游吸引物、外部环境、多元主体以及旅游服务设施系统，其认为：能量、物质与信息交换驱动了山东郝峪村乡村旅游产业历经探索、起步、发展和稳固的产业发展过程。

### 6.2.4 研究评述

综上所述，国外旅游产业实践发展和研究均早于我国，国内外学者对旅游产业以及乡村旅游产业的研究着眼点存在阶段和主题的差异。其中，乡村旅游产业发展规律的探索一直受到各国学者的广泛关注，并且随着乡村旅游产业内涵的延伸，这一研究将持续开展。学者研究发现乡村旅游产业存在动态演变特征，旅游产业处于越高级的阶段对乡村经济发展的促进作用越强。因此，如何促进乡村旅游产业迈向高质量、可持续的产业发展路径成为国内外学者关注的前沿问题。

现有文献围绕这一问题从链式和球式两个研究逻辑聚焦于乡村旅游产业动力的探索，链式逻辑研究限制约束为：当控制变量不被充分关注和排除时，研究结果与实际产业状况的一致性尚存争议。球式研究逻辑将乡村旅游产业看作动态系统,能够科学反映系统真实特征,但仍存在不足。第一,"动力"认知误区。现有文献均在产业生命延续必然发生的前提下展开研究,但很多学者发现乡村旅游产业发展具有多路径演变趋势的特征,产业发展阶段的延续性走向具有不稳定性,因此,产业某个阶段的"延续性"驱动因素与促进实现不同阶段"跨越"的驱动因素并不能混为一谈。第二,"动力"诠释不足。产业物理学兴起使得自然科学的相关理论应用于产业经济研究,部分学者也注意到乡村旅游产业系统的物理属性,从"能量"切入阐释系统演进的驱动力量,这为解释"动力"提供了一个新视角;然而,此类研究未进一步深入展开对具体模型或动力机制的探索。

在乡村旅游产业的研究中,从产业初创期向快速成长期"跨越"的探索尚处于初级阶段,值得对跨越的"动力黑箱"进一步展开深入的探索。民族地区乡村旅游产业是我国乡村旅游经济的重要"短板",面临不充分、不平衡的实践困境;推动处于初创期的民族地区乡村跨越进入快速成长期,利用所产生的综合能量实现跨越过程,是解决当前困境的重要方法,但现有文献并没有清晰回答是什么因素和动力机制促进实现乡村旅游产业跨越。基于此,本文聚焦民族地区乡村旅游产业跨越过程的动力因素和动力机制,从能量与系统视角切入,探究"什么"和"怎样"推动民族地区乡村旅游产业跨越过程的实现,分析典型案例乡村旅游产业发展历史,厘清其乡村旅游产业发展阶段;识别并界定乡村旅游产业跨越过程模型,洞悉产业跨越过程中推动产业素质和产业收益增长量发生显著性变化的驱动因素,以此作为系统动力学建模的现实依据;结合相关理论研究,利用系统动力学模型仿真分析各驱动因素对跨越系统的作用机制,希冀为处于初创阶段的民族地区乡村旅游跨越提供理论依据和实践启示。

## 6.3 理论基础与模型构建

本节介绍乡村旅游产业跨越动力与机制仿真研究的相关理论,包括产业生命周期理论、竞争优势理论、复杂系统理论、能量守恒定律、ESCP 理论等，并构建乡村旅游产业跨越过程模型。

### 6.3.1 理论基础

#### 1. 产业生命周期理论

产业生命周期（Industry Life-Cycle，ILC）理论指出每个产业都要经历由产生到衰退的产业生命周期，产业发展遵循初创（Introduction）、成长（Growth）、成熟（Mature）与衰落（Decline）的"S"形曲线轨迹。产业在 ILC 不同阶段呈现不同特点，且各阶段紧密相关。在产业初创期，产业具有市场竞争程度较弱、产业素质较低、产业产值比重较低的特点；在产业成长期，产业结构不断完善，要素投入和产业产值比重迅速增长；在产业成熟期，技术趋于成熟，市场需求缓慢扩大，市场容量相对稳定。与此同时，特定产业特征（Specific Industrial Characteristics）决定了产业发展方向和产业发展阶段的稳定性。

乡村旅游产业发展也遵循产业生命周期理论的"S"形运动轨迹，处于快速成长期的乡村旅游产业对旅游地的市场规模、投资引进、游客流量、旅游收入等方面的影响更加显著，对乡村经济发展具有重要贡献，并受乡村背景和经济发展阶段等情境因素的影响。乡村旅游产业的"起点"、特定多因素的组合"动力"和要素差异等因素约束产业发展方向和演变速度，只有在特定动力因素的推动下，乡村旅游产业系统才能完成从初创期向快速成长期的跨越，实现产业素质质变和产业收益增长。

#### 2. 竞争优势理论

竞争优势（Competitive Advantage）的概念最早起源于英国学者 Chamberlin 的著作《垄断竞争理论》，Hofer 和 Schendel（1978）将其引入战略管理领域研究，后美国学者 Porter（1985）正式提出竞争优势的概念，进行竞争优势分析。波特（Porter）指出：企业竞争优势是指企业在有效的"可竞争市场"（Contestable Markets）上向消费者提供具有某种价值的产品或服务的过程中表现出来的超越或胜过其他竞争对手，并且能够在一定时期之内创造市场主导权和超额利润或高于所在产业平均水平盈利率的属性或能力。在此之后，国内外学者从价值视角、要素视角、能力视角等多个视角对竞争优势的内涵进行界定，推动了竞争优势理论的形成。

竞争优势理论（Competitive Advantage Theory）认为持续竞争优势是企业素质的核心以及获取超额利润的主要来源，与本书的乡村旅游产业跨越内涵一致。同时，该理论指出竞争优势源自战略资源、创新能力和产业环境 3 个方面。基于此，本部分后续章节在进行乡村旅游产业系统解构时遵循这一理论基础。

### 3. 复杂系统理论

复杂系统理论（Systems Complexity Theory）起源于物理学，是一种基于整体论和还原论结合的方法，揭示复杂系统中一些难以用现有科学方法解释的动力学行为的理论。该理论认为世界万物以复杂系统的形式存在，在多数情况下呈非均衡状态，受诸多复杂的非线性因素的相互作用（Anderson，1999），并隶属于更高层级的复杂系统。从宏观层面来看，这些个体在与系统环境的互动过程中不断得到发展，涌现出新结构、新现象和更高层次的复杂行为（刘鲁和吴必虎，2021）。从微观层面来看，复杂系统内多个自适应个体根据应激模式对外界刺激作出差异反应，以适应环境的变化。

### 4. 能量守恒定律

能量守恒定律（Law of Conservation of Energy，LCE）最初由物理学家迈尔提出，用来解释物理系统能量转换过程。该定律指出系统具有动能、势能等多种能量形式。其中，动能是指系统由于运动而具有的能量，势能是指系统内储存的能量，能量之间可以相互转换；能量既不会凭空消失，也不会突然产生（Mayer，1862）。后来 LCE 被产业物理学家引入，用以研究产业经济系统运行发展规律，常被用来阐释产业系统转化过程的驱动力量（申先甲，1999）。

从物理学视角来看，产业发展体现为从低级阶段向高级阶段演进的过程，产业系统需要持续从外部环境中获取物质和能量（张立超和刘怡君，2016）。初创期乡村旅游产业规模小、产业要素不完备，系统势能较低、动能较小。当动力因素持续作用于系统时，乡村旅游产业系统不断吸收外部环境的能量、物质及信息（颜苗苗 等，2021），表现为产业要素的逐步完善和产业素质增长，系统势能随产业要素"量"的积累而增加，并产生"势能-动能"的能量转换。随着产业的发展，要素的无序增加不能持续发挥积极作用，产业系统需要通过生产要素优化组合、产业结构调整、资源配置效率提升、产业关系完善等措施，将获取的物质和信息等资源高效转化为系统势能，促进"势能-动能"的能量快速转换并推动产业的发展。随着产业效率的提升，系统势能持续增加，当系统动力不断增强时，势能与动能的能量转换速率大幅提高，最终突破量变的"度"，系统跨越到稳定的高阶状态并实现产业素质质变（卢艳芹和彭福扬，2016）。

### 5. ESCP 理论

SCP（Structure-Conduct-Performance）理论起源于新古典主义经济学，指从结构、行为、绩效 3 个维度对市场和产业发展进行分析，常用于解释产业发展动力和竞争分析（Panagiotou，2006）。该理论模型认为任何产业的发展，其产业结构、企业行为和绩效之间互相影响，存在稳定的关系。

因此，SCP 理论模型可用作民族地区乡村旅游产业跨越动力因素提炼的分析框架。值得注意的是，由于乡村旅游产业系统具有开放性、乡村性、动态性等属性，政策环境、创业环境以及特殊的民族地域文化环境等环境因子对产业结构、要素组合、产业链供给等的作用也不能忽视，即系统环境是分析民族地区乡村产业跨越不可避免的重要因素。基于此，本文在传统 SCP 理论模型基础上纳入环境（Environment）维度，提出"环境-结构-行为-绩效"（ESCP）理论模型。

### 6.3.2 模型构建

**1. 乡村旅游产业系统**

乡村旅游产业是一个复杂经济社会系统，产业发展过程受多种相互依存、互相制约的动力因素影响（生延超和刘晴，2021；Rosalina et al.，2021），这些因素及其结构关系共同作用于乡村旅游产业系统并促使其成为具有特定功能的统一体（张树民 等，2012）。乡村旅游产业系统具有整体性、层次性、结构性、开放性与动态性特征（袁国宏，2008）。

乡村旅游产业系统的整体性、结构性和层次性体现为：系统要素以特定的秩序组合，要素之间相互影响、相互制约，要素及要素关系决定了系统的运作方式和功能；相互作用的要素可按一定关系形成较低一级的系统，即子系统。子系统与系统之间是局部与整体的关系。研究者根据不同的研究目的，按照旅游产业要素关系、功能等标准将乡村旅游产业系统划分为不同类型子系统（杨军，2006；张树民 等，2012；卢小丽 等，2017）。

乡村旅游产业系统的动态性是指系统内部要素之间及系统与外部环境之间的相互联系、相互作用，使系统保持动态变化的运动趋势（Mckercher，1999）；系统的开放性表现为系统持续与外部环境进行物质、能量和信息的交换（颜苗苗 等，2021）。乡村旅游产业发展遵循产业生命周期理论的"S"形运动轨迹，并受乡村背景和经济发展阶段等情境因素影响。乡村旅游产业的"起点"、特定多因素的组合"动力"（王淑佳和孙九霞，2022）和要素差异（刘鲁和吴必虎，2021）等因素约束产业的发展方向和演变速度，只有在特定动力因素推动下，乡村旅游产业系统才能完成从初创期向快速成长期的跨越,实现产业素质质变和产业收益增长。

综上,乡村旅游产业作为一个动态复杂系统,可以依据研究目的解构为若干子系统,存在产业跨越的客观趋势且受具体情境因素影响。

**2. 乡村旅游产业系统解构**

乡村旅游产业系统解构应遵循研究内容与研究目标相匹配的原则(卢小丽 等,2017)。竞争优势理论认为持续竞争优势源自战略资源、创新能力和产业环境 3 个方面(Sirmon et al.,2010),是企业素质的核心(Sirmon et al.,2010),以及获取超额利润的主要来源(Coyne,1986),与本书中的乡村旅游产业跨越内涵一致。其中,产业战略资源包括人力、财力、信息和自然资源等产业发展的关键资源,市场在资源配置和资源转化中起决定性作用;企业创新能力的集合构成产业创新能力;产业环境是产业发展的基础与保障。基于此,本部分将乡村旅游产业系统解构为市场、创新能力与环境3个子系统。

市场子系统涵盖了企业、企业间相互关系、资源配置行为和产业收益情况,是乡村旅游产业战略资源配置和转化的基础(屈学书和矫丽会,2020)。市场子系统受产业环境影响,并为产业创新增长提供动力。创新是破解乡村小企业发展局限性的关键因素(安传艳 等,2020),在旅游产业生命周期演进、旅游小企业的经营模式(吕宁 等,2021)、顾客关系管理(Özgener and iraz,2006)等方面具有重要作用。创新能力子系统反映创业警觉、创新意愿及知识吸收和转化能力的综合变化,体现产业素质和竞争优势(Dereli,2015)。创新能力增长有助于提高战略资源利用和配置效率,增强企业对产业环境变化的感知和应对能力。环境子系统包括资源环境和政策环境,是乡村旅游产业供给能力和吸引力的重要影响因素(Le et al.,2019),为市场和创新能力子系统提供环境及资源保障(孙静和陈紫娟,2023)。

综上,市场、创新能力和环境3个子系统互为支撑、相互作用,其动态交互过程反映了产业组织通过战略资源有效配置、创新能力增长和产业环境优化，获取持续性竞争优势，促进产业素质质变和收益提升的过程，是乡村旅游产业跨越的系统动力学理论分析基础。

**3. 乡村旅游产业跨越过程**

从物理属性看，产业发展体现为从低级阶段向高级阶段演进的过程，为实现这一过程，产业系统应持续从外部环境中获取物质和能量（张立超和刘怡君，2016），物理学能量守恒和转换定律可以作为阐释驱动产业系统这一过程的理论基础（申先甲，1999）。物理学家迈尔最早提出能量守恒和转换定律，该定律指出系统能量具有动能、势能存在形式；动能是系统由于运动而具有的能量，势能是系统内储存的能量，能量之间可以相互转换；能量既不会凭空消失，也不会突然产生（Mayer，1862）。

初创期乡村旅游产业规模小、产业要素不完备，系统势能较低、动能较小。当动力因素持续作用于系统时，乡村旅游产业系统不断吸收外部环境的能量、物质及信息（颜苗苗 等，2021），表现为产业要素的逐步完善和产业素质增长，系统势能随产业要素"量"的积累而增加，并产生"势能-动能"的能量转换，该阶段是产业要素积累阶段。随着产业的发展，要素的无序增加不能持续发挥积极作用，产业系统需要通过生产要素优化组合、产业结构调整、资源配置效率提升、产业关系完善等措施，将获取的物质和信息等资源高效转化为系统势能，促进"势能-动能"的能量快速转换并推动产业发展，该阶段是产业要素整合阶段。随着产业效率的提升，系统势能持续增加，当系统动力不断增强时，势能与动能的能量转换速率大幅提高，最终突破量变的"度"，系统跨越到稳定的高阶状态并实现产业素质质变（卢艳芹和彭福扬，2016），如图 6-1 所示。

综上，本文认为乡村旅游产业跨越是在动力因素持续推动以及能量积累转换过程中，处于初创期的乡村旅游产业系统经历积累、整合和实现跨越三阶段,实现产业素质质变和产业收益提升,并进入快速成长期的过程。

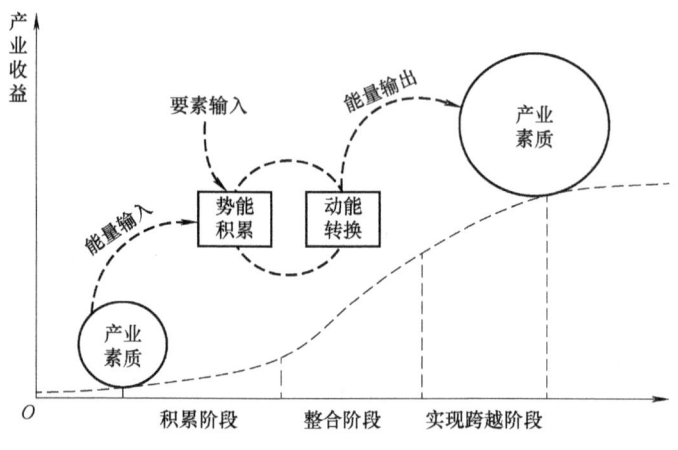

图 6-1 乡村旅游产业跨越过程模型

**4. 民族地区乡村旅游产业生命周期界定**

龙脊景区自 1990 年开始有少量游客进入金竹寨,之后游客数量开始陆续增加。随着龙胜各族自治县旅游开发有限公司、政府、中央电视台等主体进入,景区旅游产业的吸引力逐渐提高,景区内的其他村寨也开始发展旅游,产生了旅游产业化雏形。自 1995 年起,龙脊景区内的平安寨(初创期的核心景区)开始以票价 3 元/人售票开放,并且在龙胜各族自治县"旅游扶贫、旅游立县"战略投资计划、政府申请的国家生态保护项目、国家西部扶贫开发项目等建设资金支持之下,龙脊景区内建设了基础旅游交通和生活设施;直至 2000 年,"三棵树"酒店的建成标志着下一阶段的核心村寨——大寨村,也开始正式参与旅游开发建设和经营。随着前期的积累,处于旅游产业萌芽状态的龙脊景区开始吸引市场关注。2001 年,龙脊景区的经营权被桂林龙胜温泉旅游有限责任公司以 800 万元购走,在经历了与农民的冲突与磨合后,2004 年龙脊旅游公司与农民达成合作经营协议,企业化运营开始步入正轨。自此,在诸多利益相关群体的共同努力下,龙脊景区乡村旅游产业开始向好发展,产业收益不断增加。从 1990 年至 2010 年，景区的年均游客量达 14.884 万人次，年均增长达 2.71 万人次；年均旅游收入达 606.851 万元，年均增长达 126.1 万元。2010 年的游客数量是 1999 年的 30 余倍，为 41 万人次；2010 年的旅游收入是 1999 年的 82 倍，为 1895 万元；该年龙脊景区引入旅游运输公司、与村寨重新签订分成协议及门票价格上涨为 80 元/人，当年旅游人数达到 41 万人次，旅游收入达到 1895 万元。至此，龙脊景区的乡村旅游产业开始迈入新阶段，呈现出新的增长态势。

2010 年之后，随着龙脊景区乡村旅游产业经营范围及产业关系转变，龙脊景区的持续发展对旅游小企业创业者、外部投资者及游客的产业吸引力持续提升，游客数量和旅游收入呈现出增速波动增长态势，旅游产业供应链随着更多主体的加入不断完善，其景区内核心村寨逐渐扩充为"大寨-平安寨"，即双核心增长极驱动增长。龙脊景区的旅游产业收入开始迅速增长，并在 2015 年之后呈现稳态增长态势。2010—2019 年，龙脊景区平均年游客量达 98 万人次，年均增长达 12.6 万人次；年均旅游收入达 6540.27 万元，年均增长 956.1 万元。2019 年龙脊景区累计旅游人数为 1105.3 万人次，旅游收入过亿元。

综上，借鉴郑世卿（2013）旅游产业生命周期理论，结合龙脊景区乡村旅游产业发展过程中的旅游人数、旅游收入以及关键事件等[⊖]，可将龙脊乡村旅游产业生命周期划分为初创期（1990—2010 年）和快速成长期（2011 年至今）两个阶段。

## 6.4 研究设计

本节从数据收集、数据处理两个维度阐述乡村旅游产业跨越动力与机制仿真的研究设计。

---

⊖ 本部分所涉及的旅游人数、旅游收入、门票价格、旅游小企业数来自历年龙胜各族自治县档案局《龙胜年鉴》和龙脊旅游公司。

### 6.4.1 数据收集

本部分采用的质性数据主要来自一手访谈资料和项目团队储备的二手资料，数字数据来源于广西壮族自治区龙胜各族自治县统计局公布的历年统计年鉴、龙胜各族自治县旅游局以及和平乡政府的历年工作总结以及龙脊旅游公司提供的景区收入、旅游人次、门票价格等数据，通过多渠道搜集的数据进行"三角验证"，以避免回溯性数据可能存在的偏误问题。

在具体数据搜集上，研究者对 1993 年 1 月—2021 年 12 月与龙脊景区相关的新闻报道、政府门户网站资料、相关书籍和期刊文献等二手资料进行收集整理，共获得二手资料文本 70.9 万字；2018 年 4 月—2021 年 10 月，研究者持续性对案例地进行田野调查及与各参与主体进行深度访谈，共获得一手访谈文本资料 26.47 万字；此外，在 2020 年 12 月、2021 年 5 月、2022 年 4 月，研究者深度访谈长期研究龙脊景区旅游发展的专家，以补充验证理论编码和理论模型，获得文本 5.85 万字。研究者总计获得文本资料 103.22 万字。

考虑到编码操作的便捷性与旅游研究伦理，对访谈资料进行匿名编码，对应字母表示具体来源，字母后数字表示编码序号，如 F17 表示与政府工作人员的第七条访谈资料编码，具体见下表 6-1。

表 6-1 质性资料数据说明表

| 资料类型 | 资料来源 | 核心文稿字数 |
| --- | --- | --- |
| 一手访谈资料 | 政府工作人员（F1） | 20.47 万字 |
| | 旅游小企业经营者（F2） | |
| | 龙脊旅游公司（F3） | |
| | 随机游客（F4） | |
| | 景区管理处（F5） | 5.85 万字 |
| | 龙脊景区长期跟踪学者（P6） | |

（续）

| 资料类型 | 资料来源 | 核心文稿字数 |
| --- | --- | --- |
| 二手数据 | 新闻媒体报道（N） | 6.20万字 |
| | 团队访谈笔记汇总资料（S） | |
| | 公开发表的文献和书籍（T） | |
| | 政府工作报告、年终总结及官网公开资料（G） | |

### 6.4.2 数据处理

本部分采用文本分析法和系统动力学研究法展开研究，数据处理包括质性编码、系统仿真和交叉验证3个部分。

在质性编码部分，为确保数据收集和分析质量，两位作者采用"背对背"迭代式译码方法对数据同时进行收集、编码、分析、验证。编码部分包括3个工作阶段：阶段一，基于"能量-系统"的核心逻辑，厘清与界定民族地区乡村旅游产业跨越过程及过程模型；阶段二，基于该过程模型，从原始数据中提炼出二阶抽象概念及凝练一阶构念；阶段三，两位作者对编码构念与主题契合性进行讨论修正，并再次前往案例地进行田野调查、与跟踪案例地20余年的学者进行半结构化访谈，以补充验证修正后的模型与构念。

在系统仿真和交叉验证部分，首先，根据阶段性研究成果和产业发展实践，复现龙脊乡村旅游产业系统，并对系统中的关键变量——旅游收入、旅游人数、旅游小企业数量等进行有效性检验，对关键存量进行稳健性和可靠性检验，以确保系统的科学性；其次，将质性编码提炼出的产业跨越驱动因素设置为外生变量进行灵敏度分析；最后，将分析结果与龙脊乡村旅游产业发展实践进行对比验证，形成产业跨越驱动因素的完整证据链条。

## 6.5 研究内容

本节建立乡村旅游产业跨越过程模型，明确产业跨越的关键驱动因素，构建产业跨越动力机制并进行系统仿真分析。

### 6.5.1 乡村旅游产业跨越过程模型

根据龙脊乡村旅游产业生命周期，结合龙脊乡村旅游产业发展的阶段特征、旅游收入、旅游人数增长折线图，通过 Excel 对旅游人数和旅游收入进行线性趋势模拟，其折线图呈现为：2004 年以前，游客人数和旅游收入与模拟线接近；2004—2015 年阶段位于模拟线下方；2015 年以后，旅游人数和旅游收入的折线远高于模拟线。因此，基于关键事件和线性趋势模拟结果，龙脊乡村旅游产业跨越的过程年限为 2004—2015 年，如图 6-2 所示。

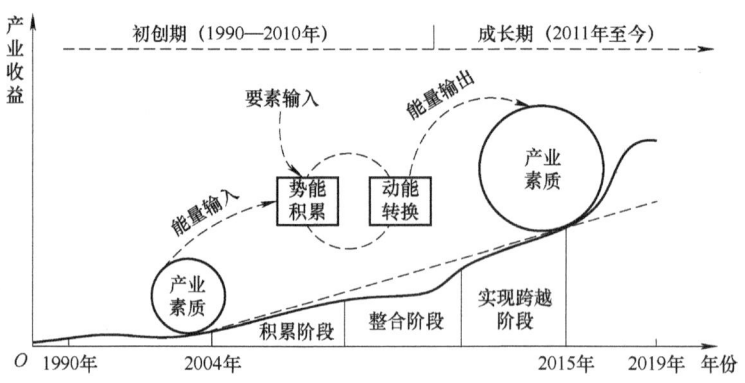

图 6-2　龙脊乡村旅游产业跨越过程模型

### 6.5.2 乡村旅游产业跨越驱动因素

基于竞争优势理论和 ESCP 理论框架，通过编码发现：领军企业、竞合关系、政策环境 3 个核心构念在 ESCP 理论框架的 4 个维度均有体现，是引起龙脊乡村旅游产业跨越过程中产业素质和产业收益发生质变的根本动力。在本部分研究中，政策环境是国家宏观政策、龙胜各族自治县以及龙脊镇政府的政策和项目支持等；竞合关系是由当地各类旅游企业、旅行社、领军企业以及与游客构成的竞争与合作关系；领军企业是案例地负责门票业务和招商业务的旅游公司以及其投资的运输公司、索道公司等三大企业。本部分研究对领军企业、竞合关系、政策环境 3 个动力因素在龙脊乡村旅游产业跨越的积累阶段、整合阶段及实现跨越阶段 3 个阶段的动态作用过程进行具体分析。

**1. 积累阶段**

在能力积累阶段之初，龙脊乡村旅游产业系统内已开始开展旅游基础设施建设、旅游资源开发、住宿和餐饮服务等工作，但企业知识储量初始值较低、产业创新能力不足，即乡村旅游产业所需的生产要素和要素关系势能低、能量转化速度缓慢。随后，政府和龙脊旅游公司积极申报项目、大力建设交通和水电等基础设施、组织企业学习旅游经营知识等，例如："指导创建农业旅游示范点……我们抽出了专人负责……龙脊景区……指导创建工作……申报了全国农业旅游示范点……顺利通过了国家旅游局的验收……（G95）"这增强了系统中资源的品质和旅游吸引力，同时也促进旅游小企业和旅游从业人员认识到提升旅游经营管理水平的作用，对如何满足游客需求和一些约定俗成的服务规范的重要性有了一定的认知和践行，例如："龙脊当地的'背包族'深得中外游客的赞许，只要把行李交给他们，你就可以放心，不用担心自己的行李会丢失。替客人背包，在当地人看来是山村里一份很好的工作，做不好就没有经济来源，更重要的是会对当地旅游业的发展带来不良的影响，……（N11）"同时，旅游公司和政府还积极对外开展景区的宣传推广工作，例如："公司派人去参加了海外旅行社组织的'泰国旅游交易会'，参加了……'旅游推介会'……通过下发……旅游宣传图片和光碟等……客源市场拓宽到东北、华东、四川等……（F364）"这使景区的游客市场规模不断增加，同时也吸引了大量外来酒店经营企业以及投资商等外部资本的进入。现有本地小企业经营者和潜在进入者产生创新创业意愿和创业警觉，意识到只有不断学习新知识、提升旅游服务和旅游产品品质，才能比外来旅游小企业更具竞争力、吸引更多游客。这些变化促进了本地小企业的知识搜寻和知识接收意愿（Woodside，2013），例如："他们努力提高自身素质，不仅把普通话讲得越来越标准，英语也越说越顺溜，跨越了语言的障碍……外界的交流更方便了……（N17）""潘某慧和大寨的姐妹参加了农家乐专题培训，学到了不少的旅游知识和服务技巧（N1）……2006年龙胜各族自治县已有60多家农家乐旅馆将信息发布在网站上，从电话订房发展到网上订房……（N12）"。综上，领军企业、政策环境、竞合关系共同推动积累阶段系统持续的能量输入，促进旅游生产要素、知识和资源的积累。

**2. 整合阶段**

随着积累阶段旅游产业支持体系逐步完善，产业要素无序积累已经不能帮助企业在市场竞争中胜出，经营主体在产业网络体系中的地位随创新能力提高而上升。在整合阶段，政府和领军企业加强了旅游开发的深度，例如："……新增冬季旅游景观项目，打造四季龙脊品牌，保持对游客的吸引力……精心策划旅游互动项目……景区异常火爆，一床难求……（G75）"注重提升资源品质内涵和人力资本素质，例如："广西在农村实施县级政府促进农村职业教育和成人教育……消除半文盲、电脑盲、技术盲……（G31）""龙胜各族自治县旅游局开展以乡村旅游从业人员为主要对象的全县旅游从业人员职业技能培训工作……完成了两期培训课时，培训人数达200多人次……（G327）"系统内各产业主体间竞合关系增强，随着景区的游客数量增加需求也显现多元化，例如："上山看梯田景观的路实在是太高太陡太长了，花费时间，又要耗费体力。要他们（游客）爬山、走路简直就是要他们的命……金坑没有缆车，就永远没有大的发展……（F31）"推动了各种类型的旅游企业进入市场，索道公司、茶文化公司、运输公司等一批企业进入龙脊景区旅游产业，系统中产业主体竞合关系逐渐增强。

基于前一阶段知识积累和创新能力的提升，景区内小企业认识到旅游产业的经济价值并能够识别游客需求的变化。为了提高游客满意度和接待率，本地小企业开始纷纷利用政府的支持性贷款追加投资，着重对装修风格、菜品品类、接待服务等进行完善和升级。系统内旅游产业供给能力和资源配置效率有效提升，龙脊景区也被评为国家级 4A 景区。综上，领军企业、政策环境、竞合关系共同推动提升乡村旅游产业系统内部能量转化速度，促进龙脊乡村旅游产业生产要素优化整合，资源品质和前期知识逐步累积使得系统势能显著增强，产业素质显著提升。

### 3. 实现跨越阶段

当系统势能累积达到产业素质质变的阈值时，势能与动能高速转化并推动龙脊景区进入产业跨越的实现阶段，具体表现为：整个产业系统创新能力显著提升，村民感受到："现在不一样了，旅游这一整套东西都学会了，也知道民宿是什么，而且网络的东西也懂了，可以到网络上去查各种各样的装饰……（P69）"领军企业和基层政府持续推动当地企业开展更高层次的知识学习，例如："景区内的龙脊风景名胜区管理局、桂林金坑客运索道有限公司、桂林龙胜骏龙旅游运输有限公司、桂林龙脊旅游有限责任公司等参加统计继续教育培训……（G24）"部分小企业通过前期知识积累和资源整合，继续根据游客需求对经营内容和服务进行改善，例如："游客在讲木楼太吵了，还有上面导水不好等。游客提出来了一些新需求。后来又改……房间区域、厨房的区域，底楼改造了……（F21）""酒店挣钱以后，发现游客不喜欢酒店，又把酒店改了，改成民宿，又搞民宿化了，搞文创化了……（P62）"该阶段企业间的竞合关系更加紧密，一方面，小企业依赖领军企业和政府政策扶持，提出："由于……有限……请示对受损的农户给予一定的补偿，公司和村委按受损金额各补偿 50%……（F167）"另一方面，小企业间在互相学习中提升了服务水平和创新能力，提高了竞争优势。政府政策支持的重点由原来的创业支持转向创业支持、环境和市场监管并重，例如："龙胜各族自治县政府成立自治县旅游市场联合执法大队……重点整治内容：一是清理景区内……二是清理、教育、疏导景区内抢客拉客的经营者；三是治理在景区内强买、强卖、强行兜售、欺客、宰客及其他扰乱市场秩序的行为；四是……五是整治非法营运和乱摆乱停的客运市场；六是整治……七是整治景区内环境污染……八是……（G33）"该阶段旅游产业供应链体系逐渐完善。综上，在领军企业、政策环境、竞合关系的共同驱动下，龙脊乡村旅游产业跨越所需资源要素积蓄的势能高效转化为系统动能，实现产业素质质变、系统跨越和产业收益快速增长。

### 4. 乡村旅游产业跨越的动力模型

从前文分析可以看出，领军企业、政府政策和竞合关系推动民族地区乡村旅游产业跨越发展。首先，民族地区乡村大多位于经济相对落后的边远地区，旅游产业主体是当地少数民族农民，他们普遍缺乏旅游行业的专业知识、技能和经验，难以胜任乡村旅游开发和管理工作，旅游产业发展存在基础设施不完善和农民知识技能不足的桎梏。政府对乡村旅游开发的规划设计、基础设施建设、公益性培训、财税支持及监督管理，对推动产业系统有序发展尤为重要。其次，领军企业作为民族地区乡村旅游产业发展的领导者和指引者，对推动产业系统向高级阶段发展具有重要作用，具体体现如下：领军企业对景区基础设施建设、生态环境保护和宣传推广的投资缓解了民族地区地方政府的资金压力；领军企业承担了民族村寨景区的企业化运营管理和市场开拓责任，提高了景区管理效率；领军企业根据市场需求变化调整经营策略的同时，会指导乡村旅游小企业改善旅游产品和服务、提升产品竞争力，有效弥补了少数民族农民知识经验不足的劣势。最后，民族村寨具有独特的传统文化体系，农民从传统农耕劳动者转换为乡村旅游从业者，需要培育竞争意识和合作精神。竞合关系强调企业在竞争与合作中共存和发展，乡村旅游小企业在竞争与合作中通过优势要素互补提升了服务水平和创新能力，增强了竞争优势。典型证据编码表见附录B。

在产业跨越的积累阶段，领军企业、政策环境和竞合关系三要素共同推动民族地区乡村旅游产业系统持续的能量输入和转化，促进旅游生产要素、知识和资源的积累；在产业跨越整合阶段，3个要素合力促进系统能量转化速度的提高，推动民族地区乡村旅游产业生产要素优化整合，资源品质和前期的知识累积促进系统势能显著增加，产业素质明显提升；在实现跨越阶段，3个要素共同促进资源要素积蓄的势能高效转化为系统动能，实现产业素质质变、系统跨越和产业收益快速增长。

综上，领军企业、政策环境和竞合关系是民族地区乡村旅游产业跨越过程中产业素质势能积累的能量来源；在3个要素的驱动下，产业素质势能与动能的转换速率持续增加；随着产业跨越的演进，3个要素对系统的边际贡献不断增强，最终驱动产业素质质变和产业收益增加，如图6-3所示。

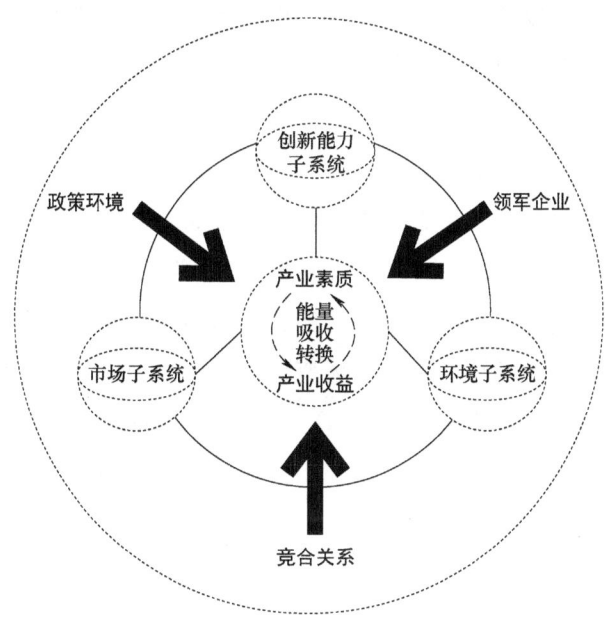

图6-3 民族地区乡村旅游产业跨越动力模型

## 6.5.3 乡村旅游产业跨越动力机制

### 1. 创新能力子系统

创新是指将新想法转化为新的市场或改进的产品和服务，是破解乡村小企业发展局限性的关键因素，在旅游产业的生命周期复兴、旅游小企业的经营模式、顾客关系管理等方面具有重要的推动作用，通过创新能够满足不断变化的市场需求并确保竞争优势。旅游产业在新阶段的价值体系内涵应该是以技术创新、服务创新、文化创新、管理创新和价值观创新为核心的产业创新发展价值。基于此，可见创新能力子系统是产业素质和产业收益的综合体现。

产业创新能力是指通过吸收企业内外部知识以进行整合和创造形成高级知识的能力。旅游业作为基础性服务产业，其管理实践活动和产业绩效增长依赖有效的知识流动。而知识并不能完全代表创新能力，由系统原有知识累积和新增知识源共同构成的知识基在创新意愿和创业警觉的综合作用下得以激活，从而使得知识基转化为创新能力。创新能力在创业警觉、创新意愿、知识基等综合作用下促进乡村旅游企业和市场发展，并进行新的知识创造，反哺系统，增加系统的知识积累。

在领军企业组织引进的各类培训活动等的作用下，以及随着高校专家学者、非政府组织、游客、外来投资小企业的不断进入，新知识源持续增加，各个旅游小企业经营者通过"干中学"使知识基总量不断提升，知识的吸收转化能力上升，其创新能力随之也逐渐提升。组织惰性是指组织在面对外部环境发生重大变化时没有能力进行内部变革，即会阻碍知识基向创新能力转化，换言之，组织惰性抑制创新能力增长。关于如何克服组织惰性，学者发现知识创造能够夯实和修复组织，环境动荡或竞争引起的创业警觉和创新意愿共同作用激励组织创新，从而使得组织克服组织惰性。综上，产业创新能力子系统反馈回路如图6-4所示。

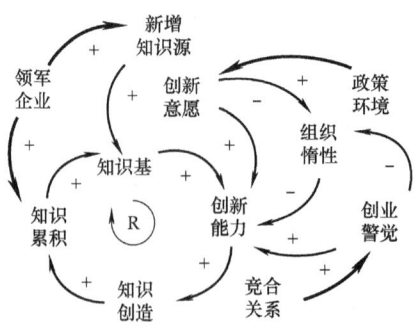

图6-4 产业创新能力子系统反馈回路

## 2. 市场子系统

市场子系统是一个由旅游企业、消费者、政府等市场主体与产业投资、资源开发和企业经营等市场活动及其之间的交互关系构成的动态子系统。产业经济学理论认为市场有效运行的最终目标是获得更多的收益。迈克尔·波特在《竞争策略》中提出，产业吸引力是决定企业盈利能力的首要因素。基于此，将产业吸引力作为市场子系统的状态变量。

在乡村旅游产业发展过程中，旅游产业的吸引力受到产品供给、市场份额、利润空间和进入壁垒的共同影响，是促进现存创业者二次创业、潜在创业者创业、外来投资以及游客进入的影响因素，因此，本文采用产业吸引力表征市场子系统，如图6-5所示。

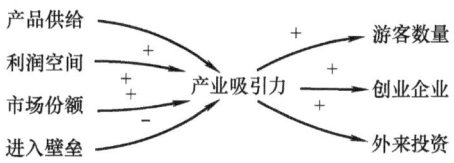

图6-5 产业吸引力表征在市场子系统中的初级因果逻辑

而旅游产品供给能力由资源、设施与服务构成，即目的地环境品质、旅游企业总数、产业创新能力以及旅游开发状况共同影响产品供给能力。旅游开发状况取决于资金投资、资源条件和政府支持，案例地的资金投资来源包括领军企业对目的地建设的资金投入、外来投资者的投资资金以及政府各类项目的资金投入，且政府政策除直接支持案例地旅游开发之外，还通过政策扶持进行招商引资，进一步提升旅游开发力度，从而促进案例地乡村旅游产业产品供给能力的增强。当案例地产品供给能力增强时，其对前往龙脊景区的游客吸引力提升，从而增加案例地的游客数量以及带来更多的旅游产业收入。

与此同时，随着游客量的增加，案例地乡村旅游产业系统的经营成本也会上升。产业平均利润由收入和成本的差值共同决定，当收入增加时，其产业利润增大；当成本增加时，利润降低。可观的产业利润空间促进案例地产业吸引力的提升，从而激发更多旅游小企业进入。然而，任何市场系统都会存在容量阈值，随着产业内企业数量的不断增加，其乡村旅游市场剩余份额则随之减少。并且当各个小企业间发生对抗性竞争时，虽然经营成本增加，但也会激发旅游企业加大对基础设施和产品服务的创新与改良，使得案例地乡村旅游行业的进入壁垒提升，削弱产业吸引力。综上，市场子系统反馈回路如图6-6所示。

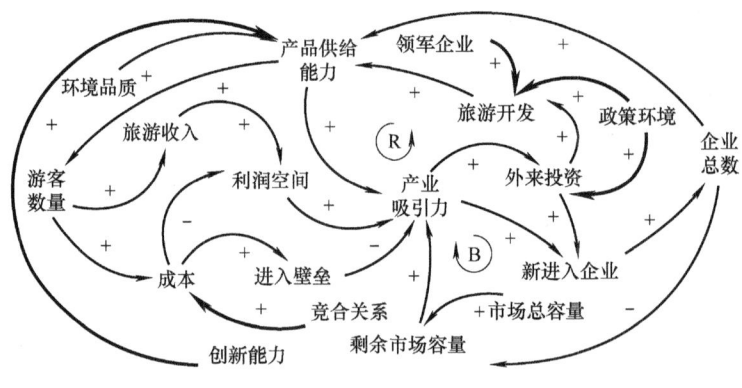

图6-6 市场子系统的反馈回路

### 3. 环境子系统

环境子系统为乡村旅游产业的发展提供了资源和制度保障，是影响民族地区乡村旅游产业供给能力的重要因素之一。在自然资源丰富的民族地区，乡村旅游是把"绿山青山"转变为"金山银山"的重要产业。旅游地资源景观和生态环境质量是乡村旅游目的地吸引力的重要影响因素。随着时代的发展，游客对乡村旅游目的地的环境期望值不断增加，目的地实际环境品质越好，游客感知到的产品附加值越高，越倾向于前往案例地旅游和进行重游。与此同时，旅游小企业、游客以及过度的旅游开发会对案例地造成环境污染，对其梯田景观、生态环境、文化多样性、资源品质等造成损害，抑制了案例地环境品质的增长，造成环境品质下降。旅游市场子系统的发展使系统环境品质的重要性凸显，领军企业和政策环境的共同作用促进环境投资和保护。综上,环境子系统反馈回路如图6-7所示。

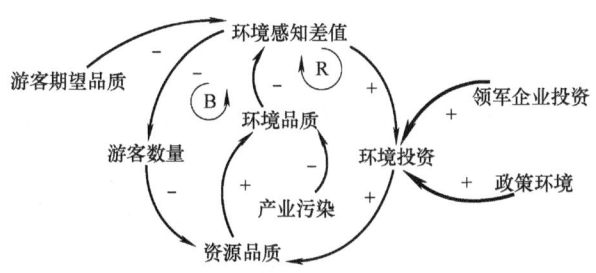

图6-7 环境子系统的反馈回路

**4. 乡村旅游产业跨越系统的总反馈回路**

综上,民族地区乡村旅游产业系统的总反馈回路如图6-8所示。

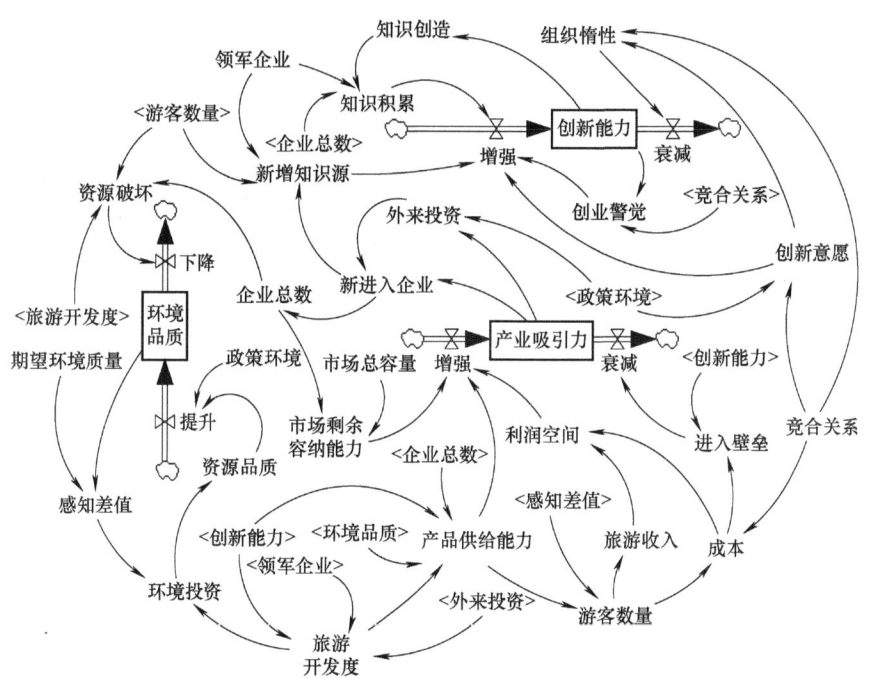

图6-8 总反馈回路

图6-8描述了在3个外生变量的交互作用下民族地区乡村旅游产业跨

越系统自发有序地进行路径运转。鉴于分析简洁性，本书从3个子系统交互的反馈回路中选取了9条关键反馈回路进行说明。

第一，创新能力—旅游开发度—产品供给能力—产业吸引力—新进入企业—新增知识源—创新能力。这是一条正反馈回路。创新能力子系统作用于市场子系统，市场子系统反哺创新能力子系统促进了创新能力增长。

第二，创新能力—旅游开发度—资源破坏—环境品质—产品供给能力—游客数量—新增知识源—创新能力。这是一条负反馈回路。创新能力子系统通过市场子系统作用于环境子系统造成环境破坏，环境子系统又通过市场子系统使得创新能力衰减。

第三，创新能力—旅游开发度—环境投资—资源品质—环境品质—产品供给能力—游客数量—新增知识源—创新能力。这是一条正反馈回路。创新能力子系统作用于环境子系统，环境子系统通过市场子系统促进了创新能力增长。

第四，产业吸引力—新进入企业—新增知识源—创新能力—旅游开发度—产品供给能力—产业吸引力。这是一条正反馈回路。市场子系统作用于创新能力子系统，创新能力子系统反哺市场子系统促进产业吸引力增强。

第五，产业吸引力—外来投资—旅游开发度—环境投资—资源品质—环境品质—感知差值—游客数量—成本—进入壁垒—产业吸引力。这是一条负反馈回路。市场子系统通过环境子系统促进更高级消费需求产生，转移为经营成本，提高了行业进入壁垒，导致产业吸引力衰减。

第六，产业吸引力—外来投资—新进入企业—企业总数—资源破坏—环境品质—感知差值—游客数量—成本—进入壁垒—产业吸引力。这是一条正反馈回路。市场子系统通过环境子系统削弱经营成本，抑制进入壁垒增长，从而推动产业吸引力增长。

第七，环境品质—产品供给能力—产业吸引力—外来投资—旅游开发度—环境投资—资源品质—环境品质。这是一条正反馈回路。环境子系统为市场子系统提供支撑，市场子系统反哺环境子系统促进环境品质力提升。

第八，环境品质—产品供给能力—游客数量—成本—进入壁垒—产业吸引力—外来投资—新进入企业—新增知识源—创新能力—旅游开发度—环境投资—资源品质—环境品质。这是一条负反馈回路。环境子系统在市场子系统过度消耗的情况下，影响市场主体的进入活力，从而削弱创新能力子系统的作用使得环境品质下降。

第九，环境品质—感知差值—游客数量—旅游收入—利润空间—产业吸引力—新进入企业—企业总数—知识积累—创新能力—旅游开发度—环境投资—资源品质—环境品质。这是一条正反馈回路。环境子系统为市场子系统提供了资源吸引，增强市场活力吸纳更多创新主体进入市场进行深层次的开发，促进环境品质的提升。

综合来看，一方面，3个子系统的耦合关系使得产业跨越系统的反馈回路呈现正负反馈交织的复杂运行趋势，3个子系统牵一发而动全身；另一方面，随着驱动要素的持续输入，3个子系统交互作用的正反馈回路持续性强化，负反馈作用被抵消，最终促使乡村旅游产业素质和旅游产业收益发生质变。

### 6.5.4 乡村旅游产业跨越动力系统仿真分析

**1. 变量选择**

上文研究发现领军企业、竞合关系、政策环境3个核心构念是引起龙脊景区乡村旅游产业跨越过程的产业素质和产业收益发生质变最本质的动力因素。龙脊乡村旅游产业跨越系统可解构为创新能力、环境、市场3个子系统，3个子系统呈正负反馈交织的复杂运行趋势，互相影响。鉴于奥卡姆剃刀原理，基于上述分析，在融合综合产业经济学、竞争优势理论以及国内外学者对乡村旅游研究的基础上，选取了3个状态变量，21个辅助变量，2个常量变量以及3个外生变量，所有变量的数据都来自一手访谈资料、项目团队储备的二手资料、广西壮族自治区龙胜各族自治县统计局公布的历年统计年鉴、龙胜各族自治县旅游局以及和平乡人民政府的历年工作总结、龙脊旅游公司等。具体的变量说明见表 6-2。

表6-2 变量说明表

| 变量类别 | 指标名称 | 符号 | 变量类别 | 指标名称 | 符号 |
|---|---|---|---|---|---|
| 状态变量 | 产业吸引力 | IA | 辅助变量 | 外来投资 | OI |
|  | 创新能力 | IN |  | 成本 | CO |
|  | 环境品质 | EQ |  | 进入壁垒 | IC |
| 辅助变量 | 资源品质吸引力 | PA |  | 组织惰性 | OD |
|  | 环境投资 | EI |  | 知识积累 | KA |
|  | 感知差值 | FC |  | 知识创造 | KC |
|  | 资源破坏 | ED |  | 新增知识源 | KN |
|  | 利润吸引力 | LA |  | 创新意愿 | CW |
|  | 产品供应能力 | PS |  | 创业警觉 | CJ |
|  | 剩余市场容量吸引力 | MSA | 常量变量 | 市场容量 | MA |
|  | 企业总数 | CQ |  | 期望环境质量 | EEQ |
|  | 新进入企业 | NQ | 外生变量 | 竞合关系 | CHC |
|  | 游客数量 | TQ |  | 领军企业 | LJC |
|  | 旅游收入 | TR |  | 政策环境 | PEJ |
|  | 旅游开发度 | TP |  |  |  |

**2. 方程构建**

参考相关研究以及民族地区乡村旅游产业实践设定参数和构建方程，鉴于篇幅限制列举部分关键方程。

乡村旅游产业跨越（CTIS）的系统模型公式设定为

$$CTIS = U_{Si} \ (i=1,2,3)$$

S1～S3 分别代表创新能力（I）子系统、市场（M）子系统与环境（E）子系统，将表征三个子系统的存量变量分别设置为创新能力（$IN$）、产业吸引力（$IA$）与环境品质（$EQ$）。在 I 子系统中，$t$ 时刻的创新能力

存量 $IN_t$ 由创新增长（$IN^+$）和创新衰减（$IN^-$）平衡后的总量累积而成。因此将创新能力表达式设置为

$$IN_t = \int_{t_0}^{t}(IN^+(s) - IN^-(s))\mathrm{d}s + IN_{t_0}$$

在 M 子系统中，产业吸引力为表征市场子系统的状态变量，产业吸引力在增长（$IA^+$）和衰减（$IA^-$）的抗衡中累计形成产业吸引力存量（$IA$），因此将产业吸引力 $IA_t$ 的表达式设置为

$$IA_t = \int_{t_0}^{t}(IA^+(s) - IA^-(s))\mathrm{d}s + IA_{t_0}$$

在 E 子系统中，环境品质存量 $EQ_t$ 也是由环境提升和环境破坏的差值累积而成的。因此，环境品质 $EQ_t$ 的表达式设置为

$$EQ_t = \int_{t_0}^{t}(EQ^+(s) - EQ^-(s))\mathrm{d}s + EQ_{t_0}$$

本部分研究旨在复现民族地区乡村产业跨越的动力机制，在建模中不考虑社会学以及心理学等其他因素的影响。同时参考已有的产业物理学、产业技术跨越研究，进行关系方程的构建，为简化模拟，不考虑因素的时间延迟函数。考虑到篇幅限制，此部分将列举部分关键方程，详见表6-3、表6-4及表6-5。

表6-3 创新能力子系统的部分关键变量公式

| 变量名称 | 公式设置 |
| --- | --- |
| I子系统 | $CW$=IF THEN ELSE(Time>=2010,(1-EXP(-0.05*$PEJ$-0.8*RAMP(0.13,1996,2030+0.001*$CHC$),0.735+0.01*LN($CHC$+0.001*$CHC$)+ 0.3*RAMP(0.01,1996,2030)) |
|  | $IN_t$= INTEG($IN^+$-$IN^-$,3) |
|  | $IN^+$=0.2*$CJ$+0.3*$CW$+0.1*$KN$+0.4*LN($KA$) |
|  | $KC$=1.5+LN($IN_t$) |
|  | $KA$=2*EXP(0.73*$KC$)+0.12*$LJC$^2*RAMP(2,2010,2030) |
|  | $CHC$=RANDOM UNIFORM(1,5,3) |
|  | $OD$=2*$CW$+0.03*$CJ$+0.06*$CHC$ |
|  | $KN$=(0.6*$NQ$+0.4*LN($TQ$)+0.5*$LJC$^2)*调节系数,调节系数=1 |
|  | $CJ$=LN($IN_t$)+3*$CHC$*0.2 |

表6-4 市场子系统的部分关键变量公式

| 变量名称 | 公式设置 |
| --- | --- |
| M子系统 | $IA_t = \text{INTEG}(IA_t^+ - IA_t^-, 10)$ |
| | $IA_t^- = 2.9*IC$ |
| | $IA_t^+ = 0.6*\text{LN}(PS) + LA + 0.2*\text{LN}(MSA)$ |
| | $PS = 0.1*CQ + 0.15 + IN_t*0.5 + 0.234*TP + 0.366*EQ_t$ |
| | $CQ = \text{INTEG}(NQ, 9)$ |
| | $LA = (TQ - CO)/TR$ |
| | $OI = IA_t*0.02 + 0.1*PEJ$ |
| | $MSA = MA - CQ, MA = 700$ |
| | $TQ = \text{WITH LOOKUP (Time} + (0.02*PS + FC)*0.03, ([(0,0)-(2030,3000)]), (1996, 0.37), (1997, 0.39), (1998, 0.41), (1999, 1.41), (2000, 2.75), (2001, 3.62), (2002, 9.59), (2003, 9.12), (2004, 14.28), (2005, 18.35), (2006, 23.7), (2007, 31.72), (2008, 29.55), (2009, 37), (2010, 41), (2011, 50.1), (2012, 58), (2013, 64.61), (2014, 77.53), (2015, 100), (2016, 111.26), (2017, 120.84), (2018, 145.35), (2019, 154.28), (2030, 340)))$ |
| | $IC = 0.1*\text{LN}(CO) + 0.1*\text{LN}(IN_t)$ |
| | $NQ = 7*(0.56*\text{LN}(IA_t) + 0.66*OI) - 3*\text{RAMP}(0.49, 2017, 2030)$ |
| | $TP = \text{IF THEN ELSE}(IN_t >= 45, 3.8*\text{LN}(10*IN_t\hat{\,}3), 0.65*IN_t) + 0.2*OI + 0.35*PEJ + 0.21*LJC$ |
| | $TR = \text{IF THEN ELSE}(\text{Time} >= 2007, -1170.01 + 78.66*TQ, -49.288 + 41.148*TQ) + 39*\text{PULSE}(1996, 2) + 39*\text{PULSE}(1998, 1)$ |

表6-5 环境子系统的部分关键变量公式

| 变量名称 | 公式设置 |
| --- | --- |
| E子系统 | $EEQ = \text{RANDOM UNIFORM}(3*\text{LN}(\text{RAMP}(0.1, 1969, 2030) + 6), 3*\text{LN}(\text{RAMP}(0.1, 1969, 2030) + 6) + 0.25, 4)$ |
| | $EQ_t = \text{INTEG}(EQ_t^+ - EQ_t^-, 100)$ |
| | $EQ_t^- = 1.29*ED$ |
| | $PEJ = \text{RANDOM UNIFORM}(1, 4, 2)$ |
| | $FC = (0.9*EEQ - 0.6*\text{LN}(EQ_t))/2$ |
| | $EI = 1.7*FC + 0.16*TP - 2*\text{PULSE}(2009, 2) - 2.9*\text{PULSE}(2016, 3)$ |

(续)

| 变量名称 | 公式设置 |
|---|---|
| E 子系统 | $EQ_t^+ = 1.5*PEJ+PA$ |
| | $PA = 35+0.75*EI$ |
| | $CO=0.53*(3*CHC+35*TQ-5*\text{PULSE}(1996,1)-12*\text{PULSE}(1996,1)-14*\text{PULSE}(1997,1)-16*\text{PULSE}(1998,1))-26*\text{PULSE}(1999,1)-12*\text{PULSE}(2000,1)$ |
| | $ED=25+0.02*CQ+0.3*TP^{\wedge}0.5+0.2*TQ^{\wedge}0.5-1.6*\text{PULSE}(2008,2)-2.9*\text{PULSE}(2017,3)$ |

首先将乡村旅游产业跨越（CTIS）系统模型的数学公式设定为

$$\text{CTIS} = U_{Si} \ (i=1,2,3)$$

S1～S3 分别代表创新能力（I）子系统、市场（M）子系统与环境（E）子系统，将表征三个子系统的存量变量分别设置为创新能力（$IN$）、产业吸引力（$IA$）与环境品质（$EQ$）。在 I 子系统中，$t$ 时刻的创新能力存量 $IN_t$ 由创新增长（$IN^+$）和创新衰减（$IN^-$）平衡后的总量累积而成，因此将创新能力表达式设置为

$$IN_t = \int_{t_0}^{t} (IN^+(s) - IN^-(s))\mathrm{d}s + IN_{t_0}$$

在 M 子系统中，产业吸引力为表征市场子系统的状态变量，产业吸引力在增长（$IA^+$）和衰减（$IA^-$）的抗衡中累计形成产业吸引力存量（$IA$），因此将产业吸引力 $IA_t$ 的表达式设置为

$$IA_t = \int_{t_0}^{t} (IA^+(s) - IA^-(s))\mathrm{d}s + IA_{t_0}$$

在 E 子系统中，环境品质存量 $EQ_t$ 也由环境提升和环境破坏的差值累积而成，因此，环境品质 $EQ_t$ 的表达式设置为

$$EQ_t = \int_{t_0}^{t} (EQ^+(s) - EQ^-(s))\mathrm{d}s + EQ_{t_0}$$

3. 模型检验与仿真分析

本部分旨在对复现的民族地区乡村旅游产业跨越系统进行系统仿真

和灵敏度分析，研究结果的有效性取决于民族地区乡村旅游产业系统构建的科学性。因此，参考系统动力学相关研究（连莲，2017；胡畔等，2018），本部分采用模型有效性、稳定性和极端值检验3种方式检验模型。首先，我们利用SPSS将系统运行出的游客数量和旅游收入数值等与案例地——龙脊景区乡村旅游产业的实际数据进行拟合，基本吻合，不存在显著偏差，通过了模型的有效性检验。其次，我们将时间步长进行依次叠半调整，分别取1年、0.5年、0.25年进行仿真，结果表明创新能力、市场、环境三个系统存量均未发生显著性变化，说明该系统较为稳定。最后，我们再次对跟踪案例地的专家进行深度访谈，将本部分涉及的29个变量的仿真结果与案例地乡村旅游产业发展过程各变量的实际情况进行比较，验证结果表明：仿真结果与实际情况较为一致，模型具有可靠性。

输入表6-5中的参数和方程，将模拟期限设定为1996—2030年，时间步长设置为1，单位设置为年份（Year），对民族地区乡村旅游产业跨越系统进行仿真分析，所得结果如图6-9所示。

产业吸引力、创新能力以及环境品质分别表征市场子系统、创新能力子系统、环境子系统3个子系统存量。总的来看，在民族地区乡村产业旅游跨越过程中，产业吸引力、创新能力以及环境品质3个存量均呈现快速增长的趋势，说明了典型案例地——龙脊乡村旅游产业跨越总系统内各要素构成的正反馈作用持续强于负反馈，促进民族地区乡村典型案例地旅游产业系统有效运转。

如图6-9a所示：在民族地区乡村旅游产业的积累和整合阶段，案例地市场子系统的产业吸引力呈现增量递减的增长趋势。该阶段各产业要素累积，乡村旅游产业系统内进入企业和游客的数量呈现爆发式增长，由此造成的经营总成本和进入壁垒水涨船高，进而转移为潜在新企业进入的机会成本，使得案例地的产业吸引力增速递减；在其实现跨越阶段，市场子系统的产业吸引力呈现近似直线的增长态势，该阶段案例地旅游基础建设已经基本完成，其旅游开发和产品供应能力发生了质的变化，游客数量增长所形成的巨大产业收益吸引力持续增加，案例地乡村旅游产业系统内产业链和产业形态相对成熟，产业吸引力增强和衰弱速度得以平衡。

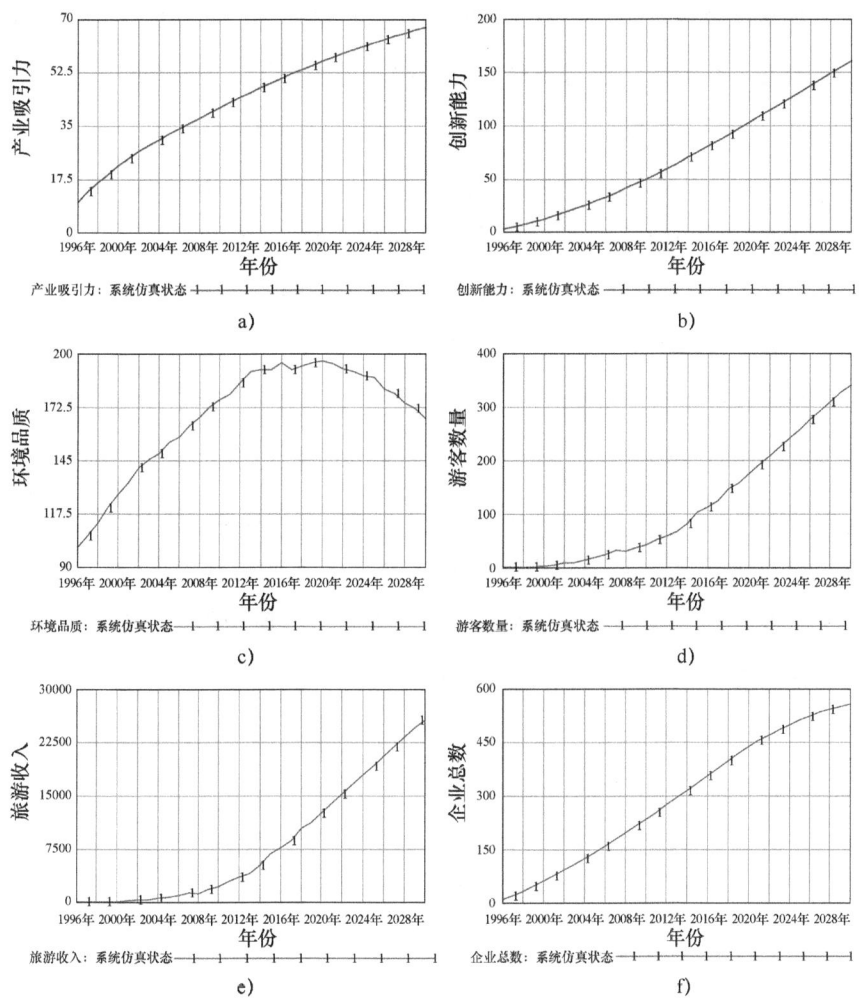

图6-9 民族地区乡村旅游产业跨越系统仿真分析结果
a）产业吸引力仿真结果 b）创新能力仿真结果 c）环境品质仿真结果 d）游客数量仿真结果
e）旅游收入仿真结果 f）企业总数仿真结果

如图 6-9b 所示，在民族地区乡村旅游产业跨越全过程中，创新能力发展呈现出类指数的增长趋势。在民族地区乡村旅游产业跨越积累阶段，各类旅游经营培训活动、专家学者以及外来旅游小企业的进入使得案例地乡村旅游产业系统的知识基总量迅速提升；此外，案例地乡村旅游产业系统内各小企业创新意愿和创业警觉度增强，知识转化为创新能力的速度不断提升。随着乡村旅游产业规模的增长，案例地乡村旅游产业的组织惰性程度也呈现出扁"S"形波动趋势。在 2008 年以前，组织惰性一直维持在系统初始值上下小幅度波动；2008—2012 年，组织惰性持续性增长；2012 年以后，组织惰性保持波动型缓慢增长的趋势。总的来看，影响龙脊创新能力衰减的各因素影响微弱，龙脊景区乡村旅游产业系统内创新能力增长变量一直呈现显著的增长态势。

如图 6-9c 所示，民族地区乡村旅游产业跨越全过程中，环境品质具体表现为：2009 年之前，呈现增速上升的持续增长趋势；2009—2012 年，呈现增速下降的增长趋势；2012 年之后，逐渐达到稳定的状态，产生"临界规模"效应。这是由于在案例地乡村旅游产业跨越初期，在政府支持、企业参与等作用下，案例地旅游开发度、其所提供的旅游产品和服务内涵日益提升，由传统的单一观光型向多元型产品转变，因此案例地乡村旅游产业系统内资源品质改善速率的斜率不断增大。但受限于民族地区乡村旅游产业系统生态的承载能力，案例地旅游市场规模的提升对生态资源的污染逐渐严重，环境投资对环境品质的提升作用速度变缓。而在 2012 年后，产业污染造成的环境品质下降与环境投资等因素促使的环境品质提升速率达到动态均衡状态，环境品质在小范围内呈现波动发展态势。当这种均衡失衡时，环境品质将开始不断下降。由图 6-9c 也可以发现，在跨越实现之后，案例地的环境品质存在失衡的趋势，其环境品质面临下降的威胁。

### 4. 政策环境灵敏度分析

本部分的政策环境是指：国家宏观政策、案例地所在自治县和镇政府的政策，以及项目支持等环境因素。通过上文的编码分析以及理论提取，政策环境是民族地区乡村旅游产业跨越过程的关键驱动因素之一。为了研究乡村旅游产业跨越系统的政策环境敏感性，我们将政策环境初始状态的变量参数依次提升 1 倍，其他值状态不变，仿真得出环境、创新能力和市场三个子系统的敏感性分析结果。篇幅所限，仅展示部分关键图像，如图 6-10～图 6-15 所示。

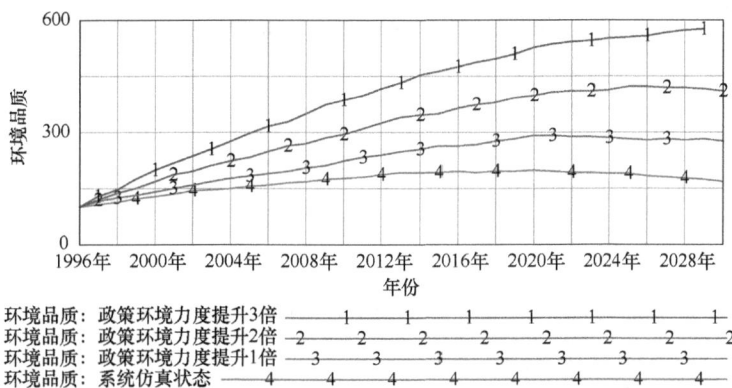

图 6-10 环境品质对政策环境优化的敏感性分析结果

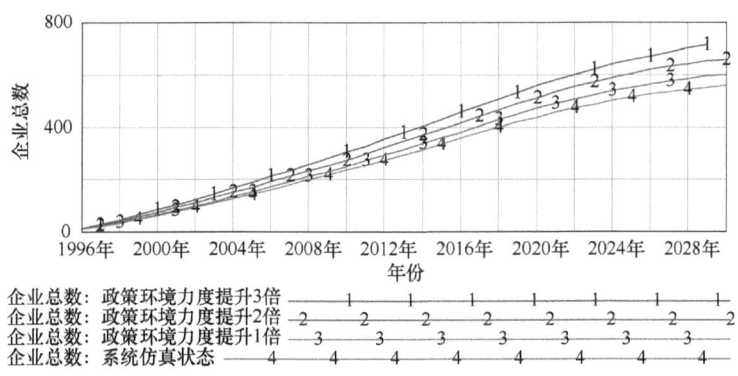

图 6-11 企业总数对政策环境优化的敏感性分析结果

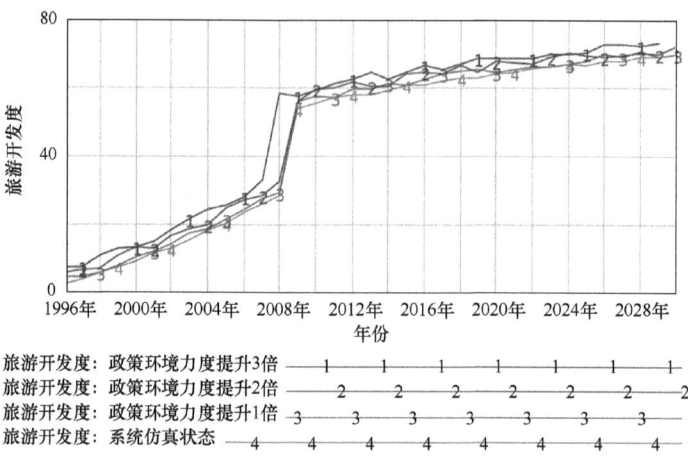

图 6-12 旅游开发度对政策环境优化的敏感性分析结果

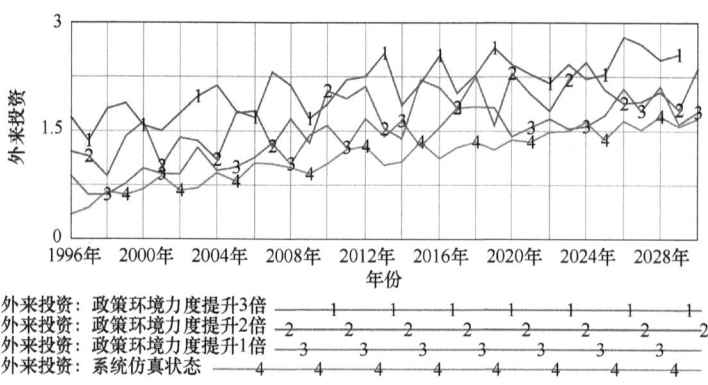

图 6-13 外来投资对政策环境优化的敏感性分析结果

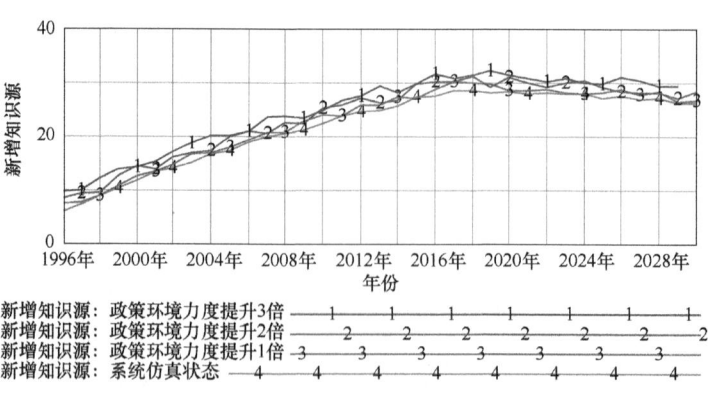

图 6-14 新增知识源对政策环境优化的敏感性分析结果

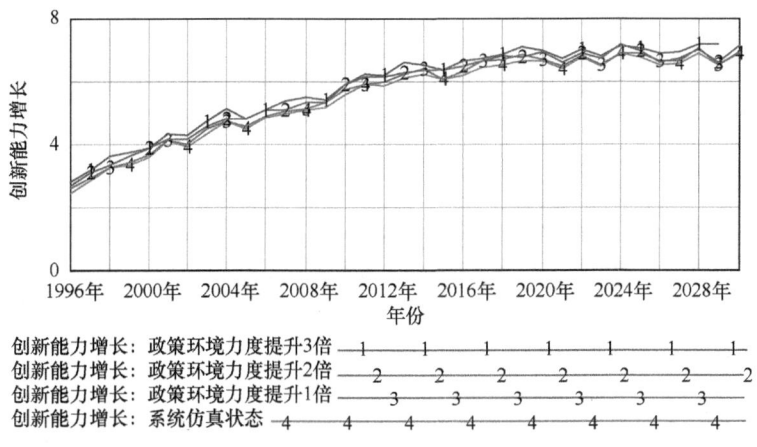

图 6-15　创新能力增长对政策环境优化的敏感性分析结果

图 6-10 和图 6-11 显示，在政策环境支持力度增加时，环境品质、创新能力和产业吸引力 3 个子系统存量均显著提高，且环境、创新能力和市场三个子系统对政策环境的灵敏度呈现出：环境子系统>市场子系统>创新能力子系统。这是由政府政策对民族地区乡村旅游产业系统的作用决定的。政府一方面通过直接资金支持和对领军企业项目倾斜等渠道，对案例地的旅游设施、水电网生活设施以及交通基础设施等公共物品进行建设投资；另一方面，政府通过宣传和政策优惠等引进外来资本、组织社会组织和高校专家等团体进入案例地，培训、指导、监督和管理案例地的旅游市场经营秩序。因此政策环境优化对环境、创新能力和市场 3 个子系统的边际贡献不断增强。

具体来看，政策环境发力点聚焦于提升案例地旅游产业供给能力和刺激旅游市场需求，当政策环境增强时，环境子系统和市场子系统是最前端的受力点，创新能力子系统存在延迟。此外，产业发展的经济秩序最终取决于市场这只"看不见的手"，即产业主体和产业结构才是民族地区乡村旅游市场经营的关键因素；相较于环境子系统，政策环境与产业吸引力的促进关系需要通过产品供给能力这条更长的反馈回路才能提升民族地区乡村旅游产业吸引力。因此，政策环境优化对民族地区乡村旅游产业系统的环境子系统改善的贡献幅度最大，对民族地区乡村旅游产业系统的创新能力子系统改善的贡献幅度最小。

进一步来看，由图 6-10～图 6-14 可知，在民族地区乡村旅游产业跨越的积累和整合阶段，环境品质、旅游开发度、新增知识源、企业总数、外来投资等因素对案例地政策环境优化的敏感度较高，边际贡献逐渐增强。

而由图 6-15 可知，创新能力增长和创新意愿等因素对案例地政策环境优化的敏感度较弱，政策环境对创新能力子系统的边际贡献维持在 2.3% 上下微弱波动的水平。值得注意的是，案例地在 2008—2012 年旅游开发度呈现陡然增长，是由于在这期间黄洛瑶寨歌舞场开始营业、古壮寨开放、"和大路口工程启动"、桂林金坑客运索道有限公司以及百度销售渠道的进入等事件，促使了龙脊景区乡村旅游产业的旅游吸引物内容、销售方式以及资源分布格局等旅游开发重点因素发生质变。政策环境的提升有利于缩短发生这种"质变"的年限，且对缩短力度的边际贡献逐渐增强，但政策环境提升的边际贡献增长并非贯穿整个跨越过程，在乡村旅游产业实现跨越阶段，政策环境对其旅游开发的边际贡献又回归到初始状态，并维持在相对稳定的水平。

**5. 领军企业的敏感性仿真分析**

通过上文编码可知，领军企业对案例地乡村旅游产业系统跨越的各个子系统均有贡献。在设置民族地区乡村旅游产业跨越系统的模型参数时，我们把领军企业变量作用强度依次提升 1 倍，其他值状态不变，得到 3 个子系统的仿真结果。篇幅所限，仅展示部分关键图像，如图 6-16～图 6-21 所示。

# 第 6 章　乡村旅游产业跨越动力与机制仿真研究

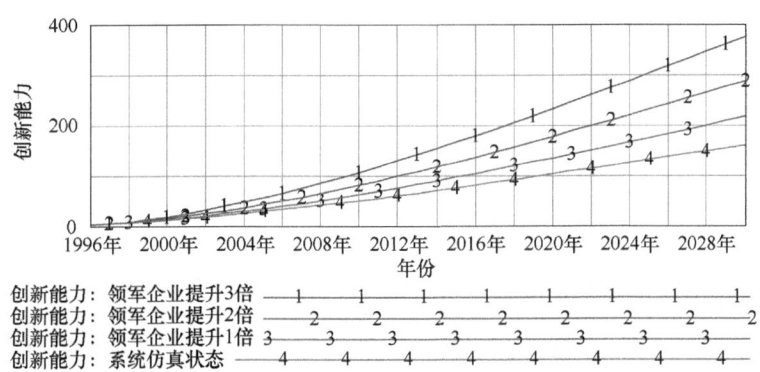

图 6-16　创新能力对领军企业投入增加的敏感性分析结果

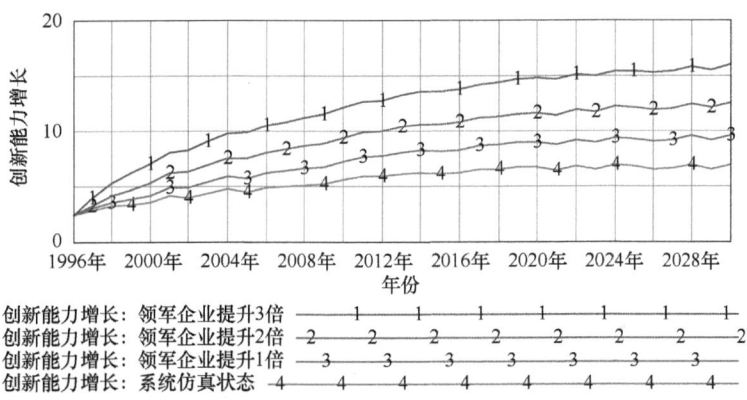

图 6-17　创新能力增长对领军企业投入增加的敏感性分析结果

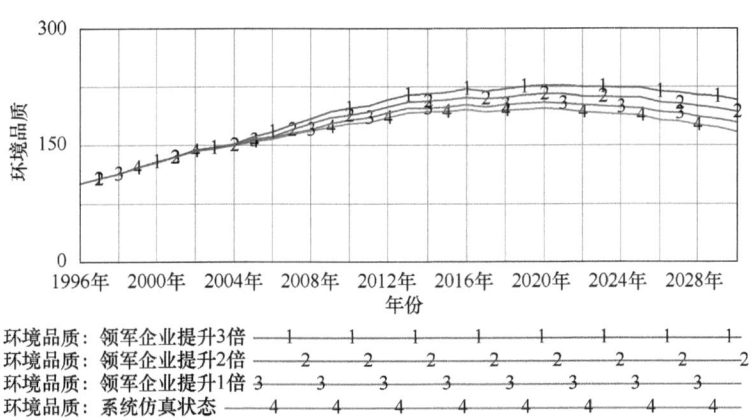

图 6-18　环境品质对领军企业投入增加的敏感性分析结果

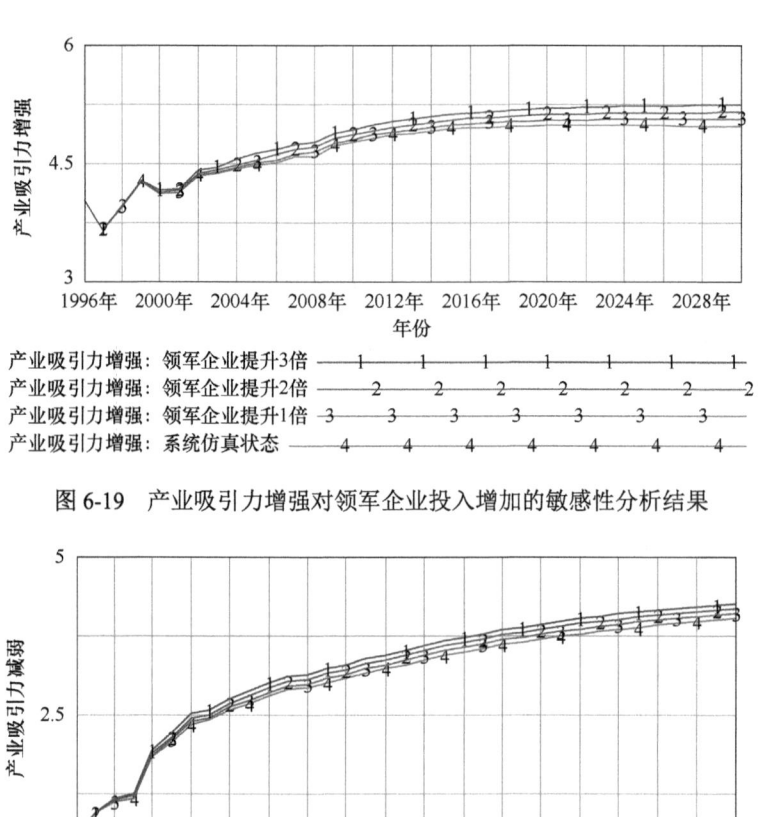

图 6-19 产业吸引力增强对领军企业投入增加的敏感性分析结果

图 6-20 产业吸引力减弱对领军企业投入增加的敏感性分析结果

综合比较图 6-16~图 6-19 可知,在领军企业的作用下,表征产业素质和产业收益的 3 个存量均显著性增强,且创新能力、环境以及市场 3 个子系统对领军企业的灵敏度呈现出:创新能力子系统>环境子系统>市场子系统。这是民族地区乡村旅游产业发展的特殊语境所导致的。案例地领军企业在一定程度上承担振兴民族地区乡村的社会责任,需要保障景区内部村寨农民能够参与乡村旅游产业的经营和发展。因此，领军企业不参与景区内部的住宿和餐饮经营，其收入来源主要为围绕旅游吸引物吸引客流量所产生的"门票经济"和公司间的利润分红。案例地的主要旅游吸引物为梯田景色、自然建筑文化与民族风情，资源禀赋是刺激游客消费动机的主要因素；换言之，领军企业的收益直接取决于环境子系统的资源吸引力和景区内各个旅游小企业的供给能力。因此领军企业对内聚焦于自然环境投资维护、交通和其他旅游基础设施建设工作，提供参与旅游的知识培训和咨询机会，以及给参与旅游经营的小企业和其他进行生态维护的居民进行利润分红；对外聚焦于进行市场宣传和招徕游客的工作。所以领军企业对市场子系统的敏感性较弱。

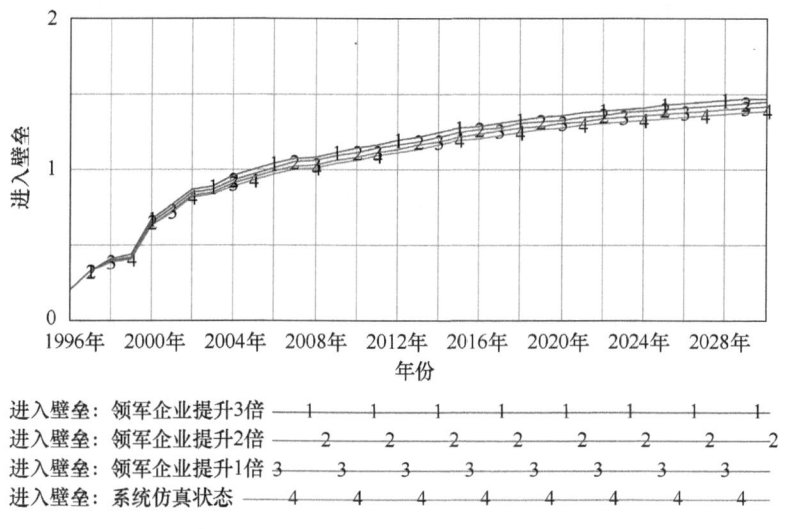

图 6-21　进入壁垒对领军企业投入增加的敏感性分析结果

由图 6-16 和图 6-17 可见，在民族地区乡村旅游产业跨越过程中，领军企业作用强度增强对创新能力子系统的贡献逐渐递增，且随着跨越过程演进其边际贡献不断增强。在积累阶段，囿于民族地区乡村的旅游小企业经营者多由传统农民转化而来，其教育接受程度和创业警觉度都相对较低（Filieri et al.，2014），创新能力存量较低，系统内小企业知识学习需求较强。当领军企业提供知识来源以及利润分红激励时，民族地区乡村旅游产业系统内部的潜在创业者和已有的其他旅游小企业经营者的创新意愿得以提升，知识获取来源持续增加。

在整合和实现跨越阶段，民族地区乡村旅游产业系统创新能力存量具备转化基础，游客共享和培训的经营知识更容易被旅游小企业吸收和转化；领军企业的供给力度提升，持续刺激创新能力增长正反馈，促使跨越不同阶段的领军企业对系统的边际贡献逐渐递增。由图 6-17 可以观察到，领军企业创新能力增长的边际贡献并未随着跨越完成而降低。

由图 6-18 可以观察到，在民族地区乡村旅游产业跨越过程中，领军企业作用强度增强对环境子系统的贡献度不断提升，提升了系统内环境品质的"临界规模"；随着跨越阶段的演进，其贡献强度不断增强。在积累和整合阶段，案例地乡村旅游产业系统内的生态环境自我修复能力能够克服环境破坏，领军企业作用增强对环境品质改善的边际贡献较低；但随着案例地的游客量和旅游小企业数量激增，发展旅游所产生的生活垃圾和生态破坏在与案例地生态自然修复能力的对抗中逐渐取胜，案例地生态系统内环境投资和保护需求增强，因此领军企业的作用强度对环境品质改善的边际贡献持续性增强；当实现跨越阶段之后，领军企业强度增强对环境品质的边际贡献维持在稳定的较高水平。因此也说明，在乡村旅游产业跨越的积累和整合阶段，领军企业增强对环境品质提升的边际贡献度不高，但在实现跨越阶段，领军企业应增强环境品质关注度，加大环境投资和保护力度，以提升旅游吸引物的品质、加快实现旅游产业跨越，以及延缓资源品质下降趋势。

由图 6-19～图 6-21 可知，在民族地区乡村旅游产业跨越过程中，领军企业作用强度提升导致案例地乡村旅游产业吸引力增长量和衰减量同时产生。一方面，案例地领军企业作用强度提升有利于旅游开发和产品供应能力的提升，促进其乡村旅游产业吸引力不断增强，吸纳更多外来旅游企业和社区居民投资创业以及游客；另一方面，案例地旅游产品品质的提升、旅游企业数量的增加和利润的降低提高民族地区乡村旅游产业的进入壁垒，导致其产业吸引力降低。

**6．竞合关系的敏感性仿真分析**

以往的研究表明，竞合关系对节约经营成本、提高生产力以及增强企业创新活力具有促进作用（Carlisle et al.，2013），但同时也会削弱企业的部分自主性和增加经营风险。此外，竞合强度提升使得案例地乡村旅游产业内部的旅游企业能够进行优劣互补和专业分工；有利于完善和优化系统内产业结构，促进案例地乡村旅游产业系统的供给能力增强，从而满足了前往案例地进行旅游消费的游客的多样化需求。为识别民族地区乡村旅游产业跨越系统对竞合关系的敏感性，我们分别将竞合关系的变量参数依次提升 1 倍，其他参数值不变，仿真得出创新能力、环境以及市场 3 个子系统的敏感性分析结果，篇幅所限，仅展示部分关键图像，如图 6-22～图 6-27 所示。

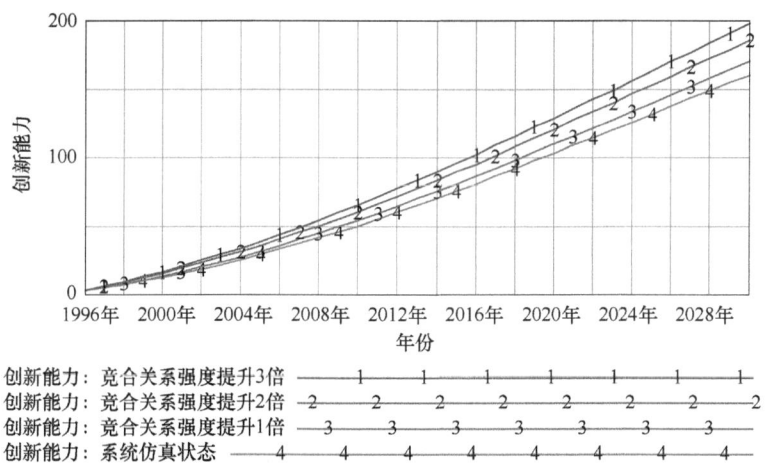

图 6-22　创新能力对竞合强度提升的敏感度分析结果

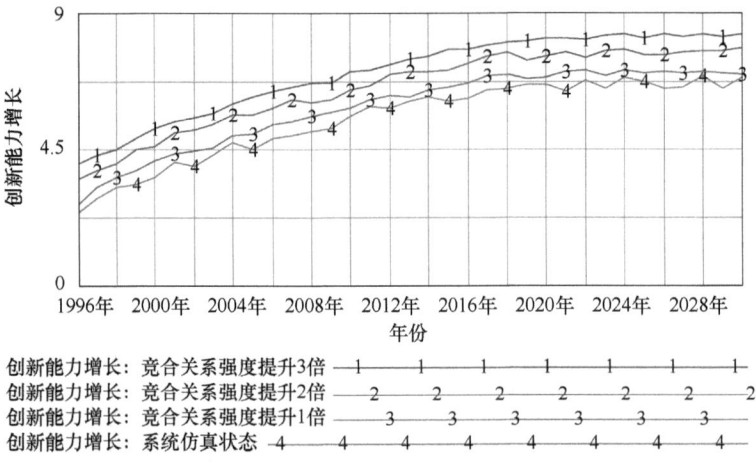

图 6-23　创新能力增长对竞合强度提升的敏感度分析结果

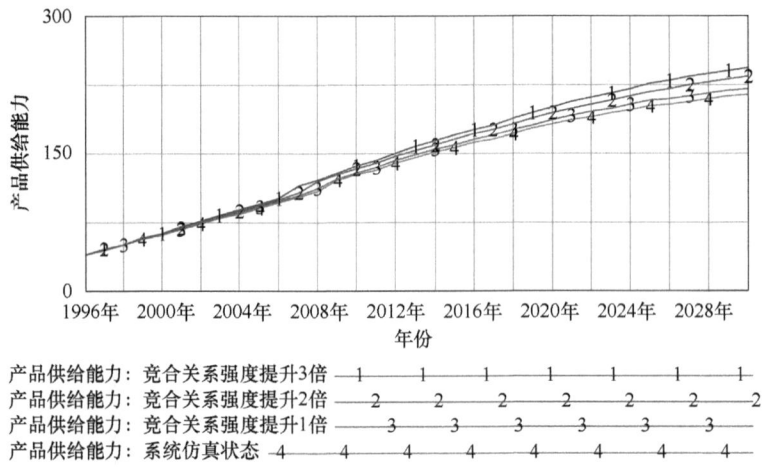

图 6-24　产品供给能力对竞合强度提升的敏感度分析结果

图 6-22～图 6-27 表明，当竞合关系作用强度增强时，民族地区乡村旅游产业跨越的创新能力、环境以及市场 3 个子系统对领军企业的灵敏度呈现出：创新能力子系统>市场子系统>环境子系统。这是由于民族地区乡村旅游产业的竞合关系主体以本土农民创业创办的旅游小企业为主，而这类旅游小企业通常以追求自身利益最大化为目标，易于"搭便车"，对自然环境和景观资源这类公共物品的投资意愿较低，案例地环境

发展和保护存在"公地悲剧"。所以竞合关系强度的增加对案例地环境子系统的敏感性最低。

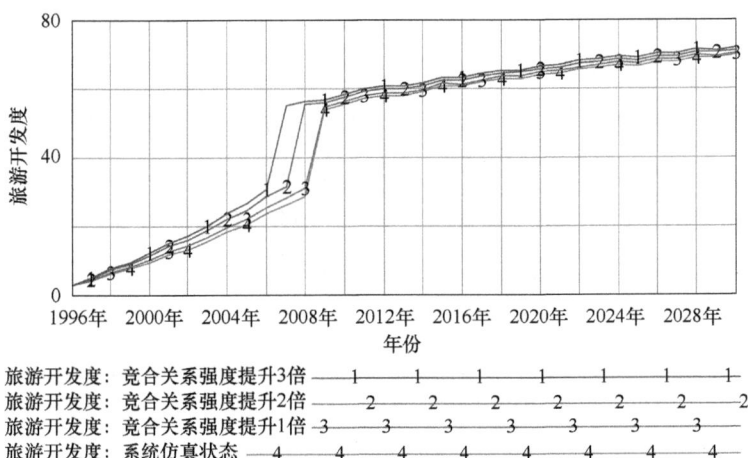

图 6-25 旅游开发度对竞合强度提升的敏感度分析结果

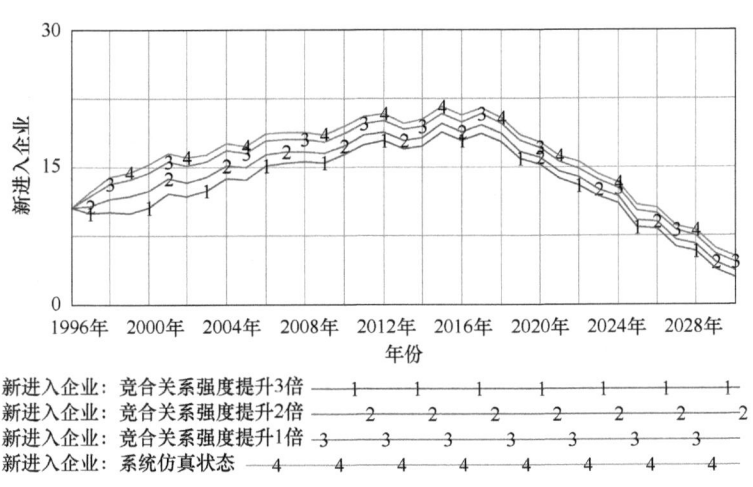

图 6-26 新进入企业对竞合强度增强的敏感度分析结果

具体来看，图 6-22 和图 6-23 描述了竞合关系强度增加对案例地创新能力子系统的影响。竞合关系强度促进民族地区乡村旅游产业的创新能力增长，在跨越初期，竞合关系强度增加对其创新能力贡献较小，随着跨越过程的演进而促进强度不断增强。图 6-23 说明了竞合关系对创新能力增长的边际贡献呈逐渐递减的趋势，即竞合关系对创新能力增长呈现出速度变缓的递增趋势。在跨越初期，案例地乡村旅游产业系统内的竞合关系由当地旅游小企业与具有营销能力的旅行社和领军企业合作以及与游客进行合作构成，以当地旅游小企业为主的竞合主体把旅游经营视作简单的住宿和餐饮提供，忽视自主营销创新能力和组织创新能力的培育，促进组织惰性滋生。另外，虽然民族地区村寨存在合作制度观念，秉承互助与合作的村寨"精神"，但生产上的合作关系并无法完全转化为产业创新合作关系（Novelli et al., 2006）。因此，竞合关系在这一阶段对案例地创新能力增长的贡献并不显著。

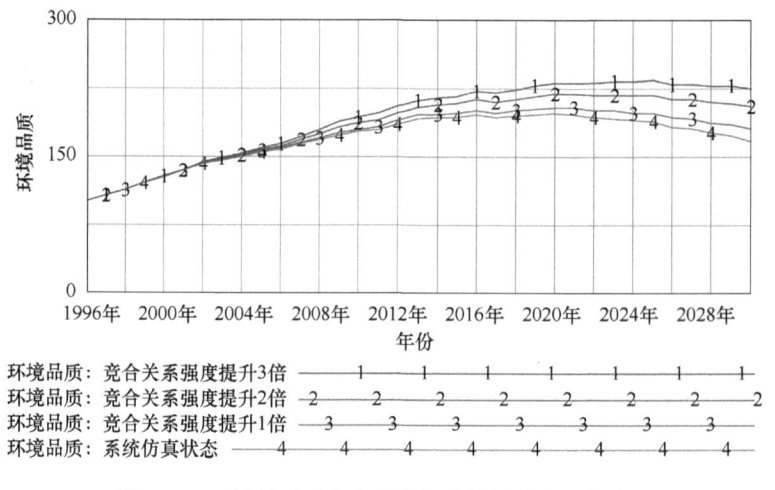

图 6-27　环境品质对竞合强度提升的敏感度分析结果

但随着跨越演进，大量的外来资本和新的创业企业不断加入案例地乡村旅游产业，具有较高创新能力的旅游企业借助环境红利以及资源禀赋提高了其竞争优势和经营规模。竞合关系强度提升，促使案例地乡村旅游产业系统内的创新能力势差增大，从而使得旅游企业间创业警觉度和知识获取需求激增。因此，在民族地区乡村旅游产业跨越初期，竞合关系对案例地创新能力的贡献作用持续增强。但随着案例地旅游市场规模的扩大，系统内组织惰性增强，抑制了创新能力的增长。因此竞合关系对创新能力增长的边际贡献递减。

图 6-24、图 6-25 及图 6-26 描述了竞合关系强度增加对案例地市场子系统的影响。竞合关系强度增加促使小企业间的竞争与合作关系更加激烈。总的来看，竞合关系强度增强提升了案例地市场子系统中的产品供给能力、旅游开发度情况，但对案例地的外来投资和新进入企业产生了抑制作用。在乡村旅游产业跨越初期，案例地旅游小企业经历了短暂的价格竞争，而实践表明无序的价格竞争并不有利于自身利益的最大化，其逐渐在发展中认识到以"合作共赢"和"整体性服务游客"理念为主导的竞合关系具有比较优势。因此，案例地旅游企业开始逐渐聚焦于产品与服务供给能力方面的良性竞争，与外来旅游企业和其他经营成功的本土旅游企业在经营中互相学习并进行创新，以此增强其在乡村旅游产业系统中的竞争优势。

图 6-24 说明了竞合关系强度增强对产品供给能力的边际贡献随民族地区乡村旅游产业跨越演进而逐渐增强，在实现产业跨越之后边际贡献趋于稳定。案例地产业供给能力增强强化了市场子系统内游客量和旅游收入的正反馈，促进其乡村旅游产业吸引力增长。高强度的竞合关系使得案例地企业间的关系更加紧密，对案例地旅游产品的供给品质要求更高，从而转嫁给新进入企业的进入壁垒也会更高，所以对案例地的外来投资和新进入企业数量产生了抑制。

图 6-25 表明了案例地乡村旅游产业竞合关系对其旅游开发度具有促进作用。在民族地区乡村旅游产业跨越的积累和整合阶段，竞合关系增强对案例地旅游开发度贡献程度较大；在实现跨越阶段，竞合关系增强对案例地旅游开发度贡献程度较小。这是由于在民族地区乡村旅游产业跨越前期，其发展旅游产业的基础薄弱，民族地区乡村旅游产业的开发主体为政府和领军企业。以当地农民创办的旅游小企业为主的旅游经营主体与政府和领军企业紧密合作，并借助政府等知识联盟在信息和资金等方面的帮助，多方合作促成了案例地能够开发建设大量的旅游基础设施和服务项目，使得系统旅游开发度大幅提升。而在实现跨越阶段，民族地区案例地竞合关系主体以旅游企业为主，个体旅游企业素质改善对

案例地旅游开发度影响微弱，而政府和领军企业出于保护案例地生态环境、前期可观的旅游投资回报率、旅游产业可持续发展等方面的考虑，与旅游企业的竞合主要体现在旅游营销和品牌打造等方面，对持续投资旅游开发的贡献较小。

图 6-26 说明了竞合关系强度增强与案例地新进入企业间呈倒"U"形关系。在民族地区乡村旅游产业跨越的积累和整合阶段，案例地乡村旅游市场竞争较弱，在位企业以本地农民创业而成的旅游小企业为主，企业主间具有民族文化语境的"亲缘""地缘"和"血缘"等非正式联系，具有这类联系并且创业成功的企业主对潜在进入和新进入企业的企业主通常采取鼓励帮助、合作经营、欢迎等态度；然而随着案例地旅游发展走上正轨以及更多外来经营者的加入，案例地乡村旅游市场竞争激烈，各旅游企业聚焦提升其自身竞争力，无形中增加了行业进入壁垒，导致新进入企业减少。

图 6-27 呈现了竞合关系强度增强对案例地环境子系统的影响。在民族地区乡村旅游产业跨越积累和整合阶段，竞合关系增强对环境品质增长贡献较弱，呈现贡献递增的趋势；在实现跨越阶段，竞合关系对案例地环境品质增长贡献显著且逐渐增大。在较低强度的竞合关系中，案例地的旅游企业更关注自身经营内容，而忽略了游客的旅游体验具有"整体性"特征；当竞合关系强度增强时，案例地的旅游企业通过交流与合作，加深了对游客需求体验的认知，注重对案例地整体生态资源和景观的保护。随着民族地区乡村旅游产业跨越阶段演进，案例地乡村旅游产业内部的旅游企业自身知识水平和创新能力存量提升，更加愿意通过合作维护共有的民族文化资源、梯田自然环境。因此，竞合关系增强在民族地区乡村旅游产业跨越后期对环境品质的边际贡献较强，且呈现持续加强趋势。

### 6.5.5 仿真分析结论

综合以上对民族地区典型案例——龙脊景区乡村旅游产业跨越系统

的仿真分析，所得结论如下。

第一，在民族地区乡村旅游产业跨越过程中，创新能力、环境品质和产业吸引力 3 个子系统存量均呈现快速增长趋势。其中，创新能力呈现类指数增长的趋势。环境投资促进环境品质持续提升，但在整合阶段增速逐渐减缓；在实现跨越阶段，环境品质产生"临界规模"效应，跨越实现后呈下降趋势。产业吸引力在积累和整合阶段呈现增量递减的趋势，在跨越实现阶段呈近似直线的增长趋势。

第二，在民族地区乡村旅游产业跨越过程中，政府政策对创新能力、环境以及市场 3 个子系统的推动作用持续增强，是缩短跨越年限的主要力量。政策环境优化推动民族地区乡村旅游产业跨越 3 个子系统发展；其中，优化政策环境对环境子系统的存量增长贡献最大，对创新能力子系统的推动作用存在时间延迟。在积累和整合阶段，政府政策发力点聚焦于提升民族地区乡村产业供给能力和刺激市场需求；环境品质、旅游开发度、新增知识源、企业总数、外来投资等因素对政策环境优化的敏感度较高，边际贡献逐渐增强；创新能力和创新意愿等对政策环境变化的敏感度较低。

第三，领军企业对创新能力、环境以及市场 3 个子系统的推动作用持续增强。领军企业对 3 个子系统发展的推动作用各有不同，是创新能力子系统发展的主要驱动力，而对市场子系统的敏感性较弱。民族地区乡村领军企业承担部分民族地区振兴乡村的责任，在经营中采取"让利村民"的战略，收入来源包括"门票经济"和利润分红。其对内聚焦于自然环境投资维护、交通和其他旅游基础设施建设工作、提供参与旅游的知识培训和咨询机会，以及给参与旅游经营的旅游企业和其他进行生态维护的居民进行利润分红；对外聚焦于进行市场宣传和招徕游客的工作。所以领军企业对市场子系统的敏感性较弱。尽管民族地区乡村旅游产业系统在积累阶段创新能力不足，领军企业对该系统创新能力的贡献较低；但随着跨越过程演进，领军企业对民族地区乡村旅游产业系统创新能力的边际贡献不断增强，创新能力子系统正反馈作用持续性增加，成为产业素质提升的主要力量。

第四，竞合关系与领军企业均是民族地区乡村旅游产业系统创新能力增长的主要驱动力。在民族地区乡村旅游产业跨越过程中，竞合关系对系统创新能力呈现边际贡献递减的贡献作用。一方面，竞合关系的增强推动了知识、资源、信息等在初始资源不足的民族地区乡村旅游产业系统内部流动，促进该系统创新能力的持续增长；另一方面，竞合关系增强引起了旅游企业经营成本增加和行业进入壁垒提高，一定程度上抑制了部分旅游企业的创新意愿。竞合关系对环境品质增长的贡献由低向高转变。竞合关系强度增强提升了市场子系统中的产品供给能力，促进了旅游深度开发，但对外来投资和新进入企业产生了抑制作用。

## 6.6 研究结论

本部分通过典型案例研究，采用文本分析和构建系统动力学模型复现龙脊乡村旅游产业跨越过程，探究其动力因素和动力机制。结论如下：

第一，创新能力、环境及市场 3 个子系统构成民族地区乡村旅游产业系统。领军企业、政策环境、竞合关系是民族地区乡村旅游产业跨越的动力因素。在动力因素作用下，民族地区乡村旅游产业系统的势能与动能持续加速转化，直至产业素质积蓄的势能激增，能量转换释放的巨大推力推动乡村旅游产业跨越。

第二，创新能力、环境及市场 3 个子系统构成多条复杂反馈回路，正反馈作用持续强于负反馈，抵消了负反馈对系统增长的抑制作用，促进系统有效运转。在跨越过程中，创新能力、环境品质和产业吸引力 3 个存量呈现快速增长趋势，其中，创新能力呈现类指数增长的趋势。环境品质在跨越过程中持续提高，在整合阶段增速逐渐减缓，在实现跨越阶段产生"临界规模"效应，跨越实现后呈下降趋势。产业吸引力在积累和整合阶段呈现增量递减的趋势，在跨越实现阶段呈近似直线的增长趋势。

第三，在产业跨越过程中，政府政策对 3 个子系统的推动力持续增强，是缩短跨越年限的主要力量。政策环境优化推动 3 个子系统发展，其中，对环境子系统的存量增长贡献最大，对创新能力子系统的推动作用存在时间延迟。在积累和整合阶段，政府政策发力点聚焦于提升民族地区乡村产业供给能力和刺激市场需求；环境品质、旅游开发度、新增知识源、企业总数、外来投资等因素对政策环境优化的敏感度较高，边际贡献逐渐增强；创新能力和创新意愿等对政策环境变化的敏感度较低。

第四，领军企业与竞合关系是民族地区乡村旅游产业创新能力增长的主要驱动力。在积累阶段，系统创新能力不足，领军企业对创新能力的贡献较低；随着跨越过程演进，领军企业对系统创新能力的边际贡献不断增强，创新能力子系统的正反馈作用持续性增加，成为产业素质提升的主要力量。在产业跨越过程中，竞合关系对创新能力的边际贡献递减。一方面，竞合关系的增强推动知识、资源、信息等在产业系统内流动，促进创新能力持续增长；另一方面，竞合关系增强引起企业经营成本增加和行业进入壁垒提高，一定程度上抑制部分旅游小企业的创新意愿。

**第四部分**

民族地区乡村旅游人才培育与产业升级策略

# 第7章 促进乡村旅游人才培育与产业升级的对策

## 7.1 系统动力学模型构建

本节采用系统动力学模型开展促进乡村旅游职业农民知识转移效果的政策设计研究。

### 7.1.1 模型适用性分析

系统动力学是一种适用于认识、分析动态复杂系统的跨学科研究方法。民族地区乡村旅游职业农民知识转移是在一定环境下进行的，包含信息反馈的知识识别、获取和应用行为。乡村旅游职业农民知识转移活动具有明确的研究边界，知识转移过程中存在正负反馈的信息交换，结果变量具有耗散特征，符合系统动力学建模的基本特征。基于此，本部分采用系统动力学模型开展促进乡村旅游职业农民知识转移效果的政策设计研究。

### 7.1.2 因果关系模型与反馈回路

根据研究主题，本部分主要考察知识源向旅游职业农民进行的知识转移。在这一转移过程中，知识转移量受到知识势差、知识转移能力、知识转移意愿、知识吸收能力、转移阈值及知识转移情境的影响。其中，知识势差是指知识源与乡村旅游职业农民知识存量的差距，转移主体间的知识势差越大，就越有可能进行知识共享和转移，知识转移量就越大。知识转移能力体现了知识源以简单高效的模式将需要传递的知识清晰地传达给知识接收者的能力,知识源的知识转移能力越强,旅游职业农民就越能够理解、学习并有效应用所转移知识。知识吸收能力反映了旅游职业农民对知识源所转移知识的识别、获取、消化和转化能力,知识吸收能力越强,知识就越容易被旅游职业农民理解、吸收、转化和应用,知识源知识转移的效率就越高。知识转移意愿是知识拥有者在多大程度上愿意与知识接收方分享,当知识源感知到知识转移活动能够为其带来声誉、尊重和肯定时,他们更倾向于向旅游职业农民提供知识,从而增加知识转移量。

此外,知识转移并非无限制地进行,转移阈值是决定能否进行知识转移的一个限定条件。知识具有稀缺性,知识源会对自身的知识进行一定程度的保护,随着知识源与旅游职业农民知识存量的不断接近,所转移的知识就会逐渐减少,直至停止。值得注意的是,知识转移的进行离不开具体的情境,因此旅游职业农民在通过知识源的知识转移获取知识时,必须重视其所处情境的影响。政府为帮助企业实现战略目标,最大限度地获取知识源的知识资源,会采取一定的措施和手段,营造有利于知识转移的情境。旅游职业农民与知识源间的知识转移情境主要包括国家战略、人力资本、信任关系和激励机制 4 个方面。此外,知识源和旅游职业农民的知识存量分别受各自知识创新量和失效量的影响,后者还受知识转移量的影响。知识源和旅游职业农民的知识创新量分别受各自知识存量和创新率的影响,旅游职业农民的知识创新量及创新绩效增速正向提高旅游职业农民的创新绩效。随着旅游职业农民收入的提升,越来越多的农民被吸引到旅游领域。旅游产业的蓬勃发展要求乡村旅游职业农民掌握更多专业技能和知识,这有效地增强了旅游职业农民的知识需求意愿,进而推动了他们的知识存量的不断增加。

综上,本部分构建了一个包含若干变量和反馈回路的知识源与旅游职业农民知识转移模型。因果关系模型如图 7-1 所示。

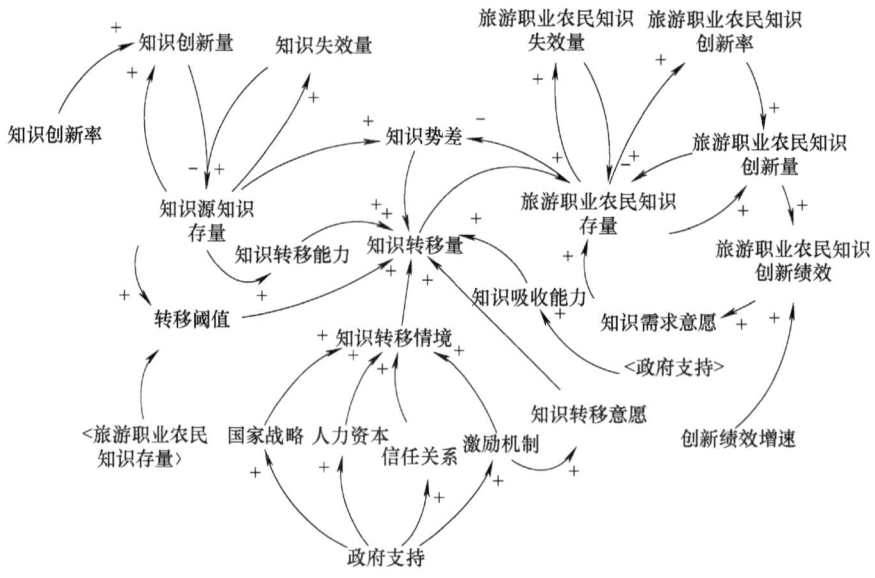

图 7-1 旅游职业农民知识转移的因果关系模型

图 7-1 涉及的主要反馈回路：

1）旅游职业农民知识存量↑→旅游职业农民知识创新量↑→旅游职业农民知识创新绩效↑→知识需求意愿↑→旅游职业农民知识存量↑。

2）旅游职业农民知识存量↑→旅游职业农民知识创新量↑→旅游职业农民知识存量↑。

3）旅游职业农民知识存量↑→旅游职业农民知识创新率↑→旅游职业农民知识创新量↑→旅游职业农民知识存量↑。

4）旅游职业农民知识存量↑→旅游职业农民知识失效量↑→旅游职业农民知识存量↓。

5）旅游职业农民知识存量↑→知识势差↓→知识转移量↓→旅游职业农民知识存量↓。

6）旅游职业农民知识存量↑→转移阈值↑→知识转移量↑→旅游职业农民知识存量↑。

7）知识源知识存量↑→知识创新量↑→知识源知识存量↑。

8）知识源知识存量↑→知识失效量↑→知识源知识存量↓。

## 7.1.3 模型假设与系统流图

模型的基本假设包括以下 3 个方面。第一，仅存在正向知识转移，即只考虑知识源向旅游职业农民进行的知识转移。第二，知识源与旅游职业农民间存在知识势差，作为知识转移方的知识源的知识存量较多。只要满足转移阈值的条件，知识势差就会导致知识源与旅游职业农民间知识转移。而且，知识源有转移知识的意愿，旅游职业农民有能力获取和吸收所转移的知识。第三，除了调整数值进行灵敏度分析，知识转移情境在单一仿真期间保持不变。

根据图 7-1 的因果关系模型，本部分建立了相应的系统流图，研究模型涉及的 2 个状态变量即知识源知识存量、旅游职业农民知识存量，4 个速率变量涵盖知识创新量、知识失效量、知识转移量和旅游职业农民知识失效量，14 个辅助变量包括转移阈值、知识势差、知识转移情境、知识吸收能力、知识转移能力、知识需求意愿、知识转移意愿、旅游职业农民知识创新率、旅游职业农民知识创新量、创新绩效增速、国家战略、人力资本、信任关系、激励机制、政府支持、旅游职业农民知识创新绩效，以及 1 个常量即知识创新率。完整的旅游职业农民知识转移系统动力学模型因果回路知识存量流量如图 7-2 所示。

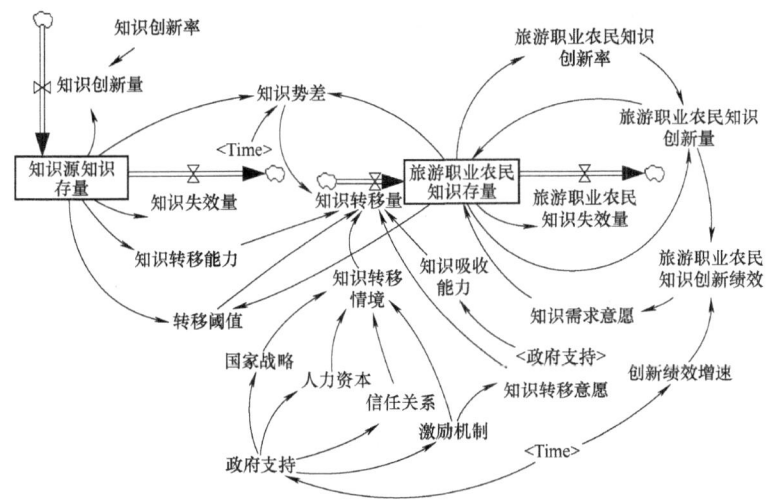

图 7-2　旅游职业农民知识转移的系统流图

### 7.1.4 方程设计及说明

以下对各个变量方程的设置予以充分说明：

1）转移阈值=DELAY1(0.08*知识源知识存量+旅游职业农民知识存量*0.00015，1)。

2）知识需求意愿=0.15*旅游职业农民知识创新绩效。

3）知识转移量=(知识势差+知识吸收能力+知识转移情境+知识转移意愿+知识转移能力+转移阈值)/(600+知识转移情境*0.3)。

4）知识转移能力=DELAY1(0.21*知识源知识存量，2)。

5）知识转移意愿=0.3*激励机制*0.2。

6）知识转移情境=人力资本*0.9+信任关系*0.2+国家战略*0.3+激励机制*0.1。

7）知识失效量=知识源知识存量*0.02。

8）知识吸收能力=0.1+0.75*政府支持。

9）知识源知识存量=INTEG(知识创新量−知识失效量，0.3)。

10）知识势差=0.4+0.5*MAX(0，旅游职业农民知识存量−知识源知识存量)+0.3*SIN(0.5*Time)。

11）知识创新量=知识创新率*知识源知识存量。

12）知识创新率=0.06。

13）激励机制=0.75*政府支持。

14）旅游职业农民知识存量=INTEG((知识转移量−旅游职业农民知识失效量+知识需求意愿*0.0001+旅游职业农民知识创新量*0.02)/10，0.1)。

15）旅游职业农民知识失效量=旅游职业农民知识存量*0.02。

16）旅游职业农民知识创新量=旅游职业农民知识创新率*旅游职业农民知识存量。

17）旅游职业农民知识创新绩效=INTEG(旅游职业农民知识创新绩效*创新绩效增速+旅游职业农民知识创新量*0.003，23.41)。

18）旅游职业农民知识创新率=0.05*LN(1+旅游职业农民知识存量)。

19）政府支持=WITH LOOKUP(Time，([(0，0)(2035，10)]，(1999，0.1)，(2019，0.5)，(2035，1))。

20）国家战略=0.93*政府支持。

21）信任关系=0.59*政府支持。

22）人力资本=0.48*政府支持。

23）创新绩效增速=WITH LOOKUP (Time，([(0，0)-(2023，10)]，(1999，0.9889)，(2000，0.8207)，(2001，2.0546)，(2002，0.0172)，(2003，1.0471)，(2004，0.3116)，(2005，0.3546)，(2006，0.3319)，(2007，-0.0682)，(2008，0.5551)，(2009，0.0249)，(2010，0.4828)，(2011，0.1823)，(2012，0.1185)，(2013，0.3721)，(2014，0.2607)，(2015，0.2016)，(2016，0.1355)，(2017，0.1961)，(2018，0.0008)，(2022，0.03)，(2023，0.01)])。

## 7.2 模型仿真与灵敏度分析

本节开展系统动力学模型仿真与灵敏度分析，包括模型检验和系统模型的灵敏度分析。

### 7.2.1 模型检验

**1. 系统边界适当性检验**

界定清晰的系统边界是模型成功与否的关键。系统边界的确定主要取决于研究所涉及的变量，以及时间的跨度，需要围绕研究对象和目的展开分析。系统边界适当性检验通常用来对模型变量的内生性及边界进行质性检验，一方面探究系统中的关键变量与概念是否内生变量，另一方面探讨边界的变化是否会为研究变量带来剧烈影响。本部分的研究对象是由旅游职业农民和知识源构成的知识转移系统，目的是分析转移情境下知识源向旅游职业农民进行知识转移的变化特征。该系统考虑了时间问题，未包括不必要的外生变量和影响较小的变量，纳入了与所研究问题密切相关的重要变量，且所涉及的概念和变量都来自现有研究成果。而且本部分通过对已有研究结果进行梳理并与专家沟通讨论,辅以对转移案例进行研读,修改并完善因果关系图与研究变量的应用,确保模型未包含非必要研究变量,所构建的因果关系模型和反馈回路符合以往研究成果。可见,本部分的知识转移系统边界设置较为合理。

### 2. 历史值检验

对旅游职业农民知识转移系统模型进行检验,将历史值与仿真结果进行对比,得到仿真模拟在历史值区间内各年的误差率,对比结果见表 7-1。相关研究认为平均误差率在-10%~15%范围内可接受,本部分系统仿真值与实际值的平均相对误差率介于-0.58%~0%之间。由于突发事件会严重影响系统动力学模型的预测能力,本部分排除 2020—2022 年疫情等重大突发事件的影响,对该阶段模型模拟仿真情况不作考虑。2023 年旅游职业农民知识创新绩效仿真值与实际值误差率为-0.58%,与实际基本吻合。综上,本部分所构建的旅游职业农民知识转移系统历史仿真结果拟合效果较好,可进行模型仿真。

表 7-1 旅游职业农民知识创新绩效仿真结果与实际值对比

| 时间 | 实际值 | 仿真值 | 误差率(%) | 时间 | 实际值 | 仿真值 | 误差率(%) |
| --- | --- | --- | --- | --- | --- | --- | --- |
| 1999 年 | 23.41 | 23.41 | 0.00 | 2010 年 | 1895.00 | 1894.96 | 0.00 |
| 2000 年 | 46.56 | 46.56 | 0.00 | 2011 年 | 2810.00 | 2809.84 | -0.01 |
| 2001 年 | 84.77 | 84.77 | 0.00 | 2012 年 | 3322.38 | 3322.07 | -0.01 |
| 2002 年 | 258.94 | 258.95 | 0.00 | 2013 年 | 3716.17 | 3715.74 | -0.01 |
| 2003 年 | 263.40 | 263.40 | 0.00 | 2014 年 | 5099.07 | 5098.37 | -0.01 |
| 2004 年 | 539.20 | 539.20 | 0.00 | 2015 年 | 6428.35 | 6427.51 | -0.01 |
| 2005 年 | 707.20 | 707.22 | 0.00 | 2016 年 | 7724.36 | 7723.3 | -0.01 |
| 2006 年 | 958.00 | 958.00 | 0.00 | 2017 年 | 8770.85 | 8769.81 | -0.01 |
| 2007 年 | 1276.00 | 1275.96 | 0.00 | 2018 年 | 10491.25 | 10489.6 | -0.02 |
| 2008 年 | 1189.00 | 1188.94 | -0.01 | 2019 年 | 10500.00 | 10498 | -0.02 |
| 2009 年 | 1849.00 | 1848.92 | 0.00 | 2023 年 | 11386.15 | 11319.6 | -0.58 |

### 3. 模型仿真检验

利用 Vensim PLE 软件,对构建的模型进行模拟仿真运算,初始指标

# 第 7 章 促进乡村旅游人才培育与产业升级的对策

设定为初始时间（Initial Time）=1999，结束时间（Final Time）=2035，时间单位（Units for Time）=月（Month），时间步长（Time Step）=0.25。对从系统中选取的关键变量——知识源知识存量、旅游职业农民知识存量、知识源知识创新量、旅游职业农民知识创新量、知识势差及知识转移量进行仿真检验，分析其结果是否符合实际情景，进而说明模型的拟合性。仿真结果如图 7-3 所示。

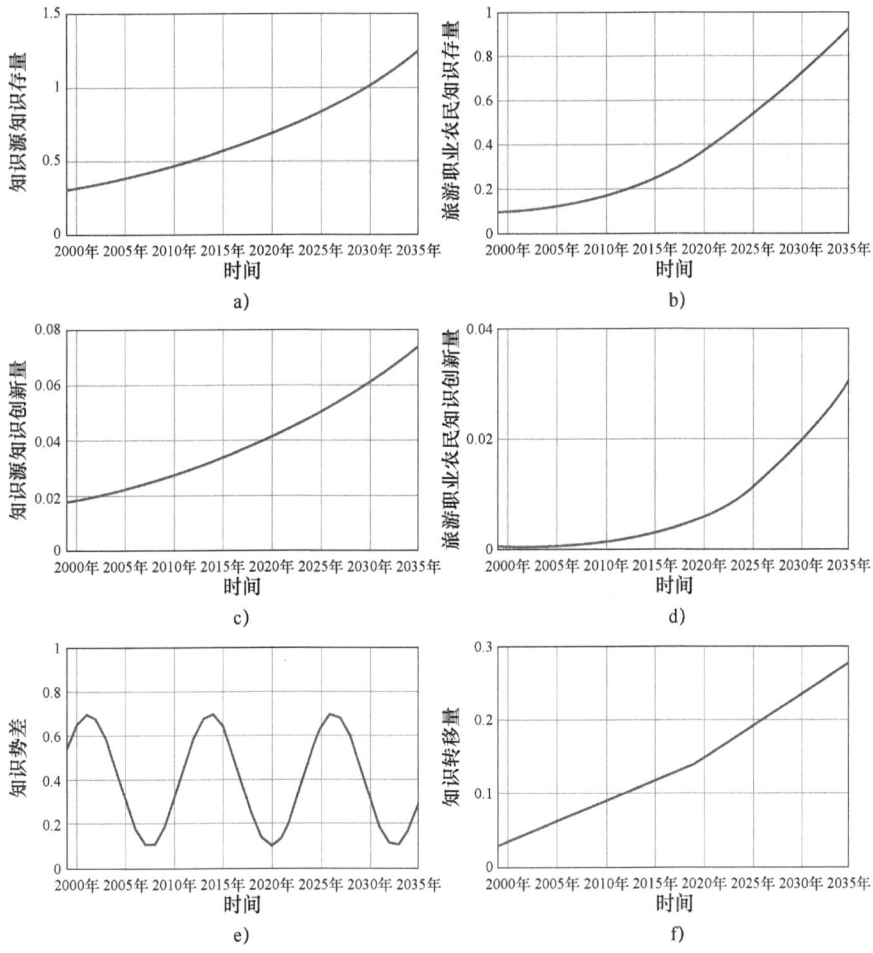

图 7-3 仿真分析结果

a）知识源知识存量仿真结果　b）旅游职业农民知识存量仿真结果　c）知识源知识创新量仿真结果
d）旅游职业农民知识创新量仿真结果　e）知识势差仿真结果　f）知识转移量仿真结果

由图 7-3a~d 可知，旅游职业农民知识存量和知识源知识存量均呈现先缓慢增长，后逐渐加速增长的趋势。随着时间的推移，知识转移双方通过共享、学习、反馈、创新等机制，促进双方知识互补与深化。旅游职业农民吸收新知识，知识源深化理解，反馈迭代优化知识，共同激发创新，实现知识持续增长。知识源在知识积累初期，主要从环境中获取知识，当有一定的知识积累后方能对知识进行转化应用和进一步创新，知识的积累速度也相应提升，知识储备逐渐丰富。旅游职业农民作为知识接收方，成长初期受限于较低的知识吸收能力与转化效能，其知识存量的增长速度相对缓慢。然而，随着知识基础的逐步构建与扩大，其知识吸收能力随之得到显著提升，进而驱动知识存量在后续阶段实现更为快速的累积与增长。尽管如此，与知识源相比，旅游职业农民的知识存量增速仍然较慢。这主要是因为知识源具有较高的知识存量基础，并且在仿真初期，知识源的知识创新量占据了主导地位，这使得知识源的知识存量得以快速增加。

由图 7-3e 可知，知识源与旅游职业农民之间的知识势差呈现出一种周期性的波动趋势，这一现象主要归因于双方知识更新速度的差异、学习意愿与能力的不同。具体而言，知识源通常处于知识创新的前沿，能够快速吸收并应用新知识，而旅游职业农民则可能因资源、条件或自身能力的限制，学习进度相对较慢，导致双方之间的知识势差逐渐扩大。然而，当旅游职业农民通过有效学习，成功吸收并应用新知识后，其知识水平便得以提升，进而与知识源的知识势差有所减小。当知识源察觉到旅游职业农民具备较强的知识吸收能力时，为防止核心知识进一步流失，会阻止知识转移的无限制进行，因此知识转移双方的知识势差呈波动趋势。

由图 7-3f 可知，随着旅游职业农民知识转移的持续进行，知识转移量呈现不断增大的趋势。这一现象的原因可以从 4 个方面来分析：首先，旅游职业农民的知识吸收能力逐渐增强，他们能够敏锐地洞察外部环境中的新知识、新技术和新理念，还能够高效地整合与运用这些来自知识源的知识资源,这有利于旅游职业农民实现知识转移;其次,知识源日益丰富的知识存量显著提升了其知识转移能力,使其能更清晰、更准确地将知识传达给旅游职业农民;再次,良好的知识转移情境能够降低知识传递的障碍,提高知识转移的效率和效果,知识转移情境的改善也是知识转移量增大的重要因素;最后,知识阈值的不断扩大及知识势差的周期性波动,激发了旅游职业农民知识转移的动力,推动了知识转移量的增大。

由仿真的运行结果可知,模拟出的曲线规律与现实中旅游职业农民知识转移的情形基本相符。这说明一定程度上模型是合理和可靠的,可以有效模拟旅游职业农民知识转移的动态过程,能够据此提供有价值的参考信息和科学合理的建议。

## 7.2.2 系统模型的灵敏度分析

一般地,采用系统动力学可以从过程和效果两个方面分析旅游职业农民的知识转移,即知识转移量的变化和旅游职业农民知识存量的变化。由此,为进一步明晰国家战略、人力资本、信任关系和激励机制这4个知识转移情境变量的影响,本部分分别调整这4个变量的数值,考察其对知识转移量和旅游职业农民知识存量的影响,提出促进旅游职业农民知识转移的政策建议。

### 1. 国家战略的敏感度分析

为研究旅游职业农民知识转移系统对国家战略的敏感性,将国家战略赋值依次提升1倍,其他值不变,结果如图7-4所示。

如图7-4所示,国家战略的加强提升了旅游职业农民的知识存量和知识转移量。国家战略在旅游职业农民知识转移过程中意义深远。在《中国农村扶贫开发纲要》(2011—2020年)中,明确将旅游扶贫作为重要战略方向,该政策为旅游职业农民提供了广阔的发展空间和机遇。全面推进乡村振兴就是要发展乡村旅游等新产业、新业态,使其作为推动农村

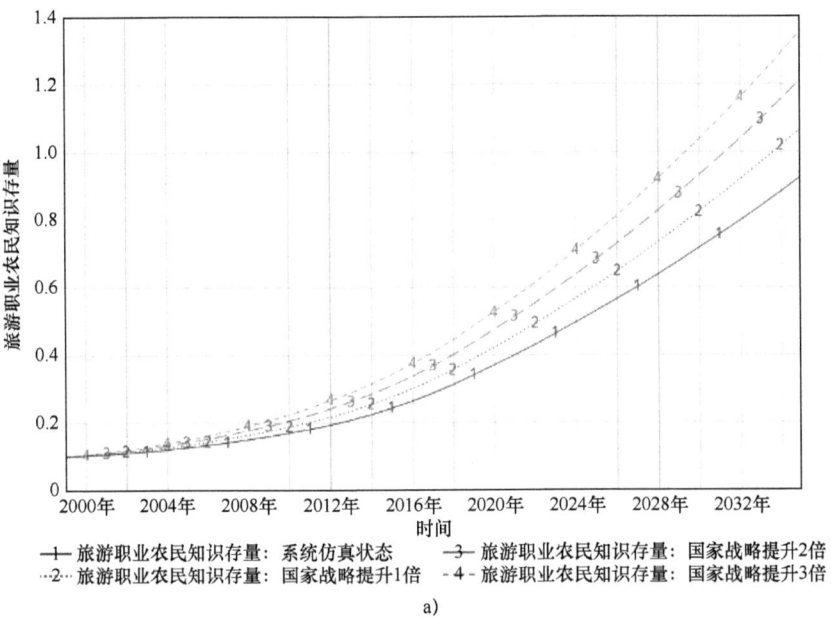

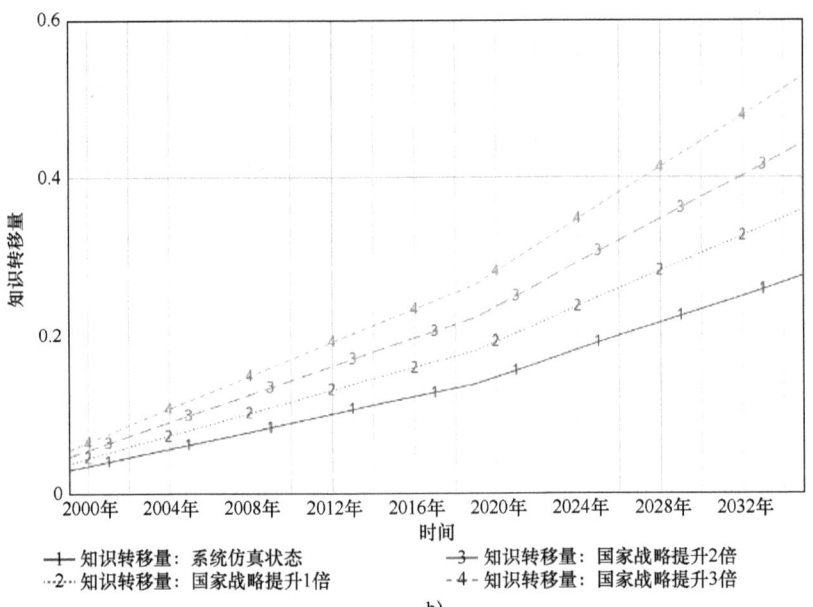

图 7-4 系统对国家战略的敏感性分析

a）旅游职业农民知识存量对国家战略提升的敏感性分析结果　b）知识转移量对国家战略提升的敏感性分析结果

经济转型升级和农民增收致富的重要途径。在此背景下，旅游职业农民成为促进乡村旅游、实现乡村振兴的重要力量。随着国家对乡村旅游发展的持续关注和扶持，旅游职业农民对旅游产业的认知不断深化，逐步意识到旅游业对提升农村经济、改善生活条件的重要作用。为了适应乡村旅游市场的变化和游客的多样化需求，旅游职业农民的知识需求意愿不断提高，他们积极学习先进的旅游服务理念、市场营销策略以及旅游产品开发等知识和技能，以期在乡村旅游市场中占据有利地位。与此同时，知识源也积极响应国家政策的号召，愿意将自身所积累的丰富旅游知识与实践经验传授给旅游职业农民，这不仅促进了知识转移量的不断增加，也使得旅游职业农民的知识存量得到了显著提升。

**2. 人力资本的敏感度分析**

为研究旅游职业农民知识转移系统对人力资本的敏感性，将人力资本赋值依次提升1倍，其他值不变，结果如图7-5所示。

由图7-5可知，在知识源和旅游职业农民知识转移过程中，旅游职业农民知识转移系统对人力资本强度变动比较敏感。政府对于人力资本的提升策略，对旅游职业农民知识存量及知识转移量的边际贡献逐步递增。首先，政府制定具有竞争力的人才引进政策，并搭建高效的人才交流平台，以吸引外地优秀人才。通过人力资本的迁移，特别是高技能人才的引入，能够弥补当地在信息和技术方面的不足，推动旅游职业农民从模仿学习向创新学习的转变。在这一过程中，知识转移量及旅游职业农民的知识存量得到了显著提升。其次，政府设置专项资金，组织各种形式的培训和教育活动，支持高校、科研机构等开展人才培养和培训工作，提高旅游职业农民的旅游服务意识、专业技能和知识水平。旅游职业农民的人力资本得到了显著提升，进而促进了知识转移的效率和质量。最后，政府建立有效的知识转移平台。通过这一平台，行业领军企业、高校、游客等知识源能及时向旅游职业农民传递最新行业动态、先进的技术方法以及成功的经营案例，进一步促进了知识的传递与共享。

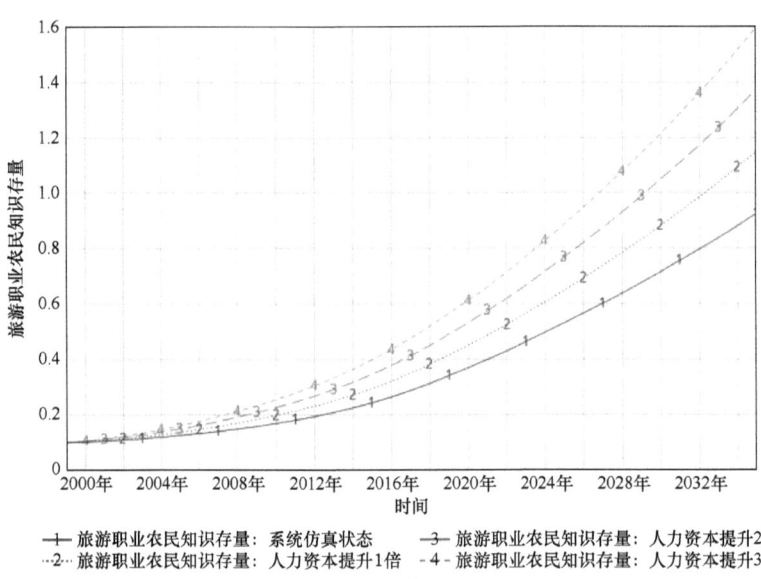

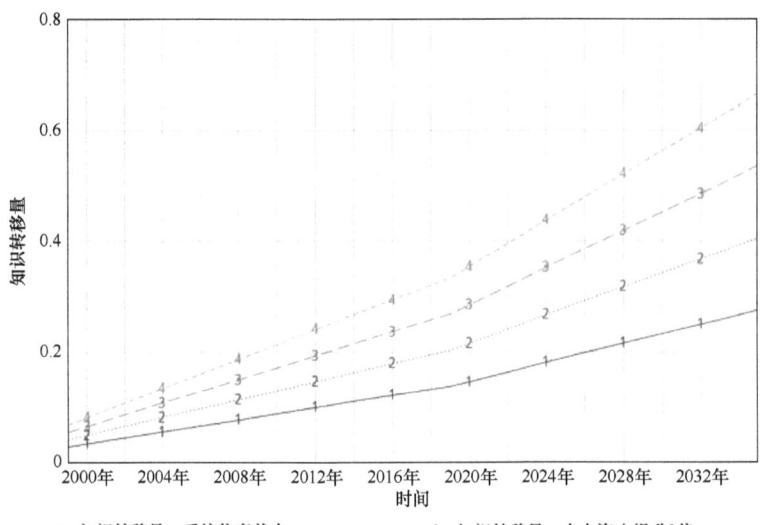

图 7-5　系统对人力资本的敏感度分析

a）旅游职业农民知识存量对人力资本提升的敏感性分析结果　b）知识转移量对人力资本提升的敏感性分析结果

### 3. 信任关系的敏感度分析

为研究旅游职业农民知识转移系统对信任关系的敏感性，将信任关

# 第 7 章 促进乡村旅游人才培育与产业升级的对策

系赋值依次提升1倍,其他值不变,结果如图7-6所示。

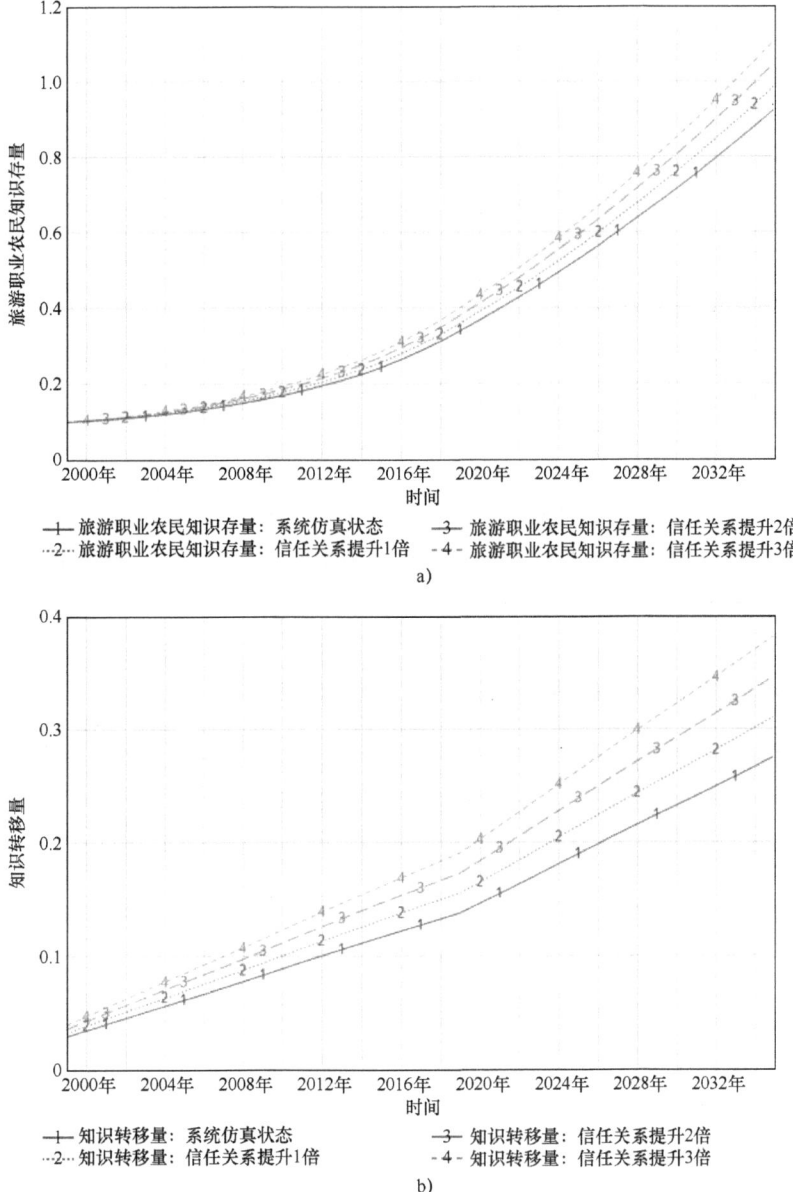

图 7-6 系统对信任关系的敏感性分析

a) 旅游职业农民知识存量对信任关系提升的敏感性分析结果　b) 知识转移量对信任关系提升的敏感性分析结果

由图 7-6 可知，知识源与旅游职业农民间的信任关系越强时，知识转移量与旅游职业农民的知识存量就越高。信任是知识转移的重要前提，有利于建立知识源对知识接收方的正面行为预期，从而减少其感知到的风险，提高知识共享意愿。政府在企业、高校、游客等知识源与旅游职业农民之间扮演着至关重要的桥梁角色，通过促进彼此间的信任程度，有效推动了知识转移量的增加以及旅游职业农民知识存量的提升。在乡村文化情境下，亲缘网络捆绑形成的强连带关系在旅游职业农民之间发挥着很强的联结作用，他们之间能够凭借紧密的关系和频繁的互动获取专业、深入的优质信息与知识。然而，民族地区乡村地理环境闭塞，旅游职业农民的社会网络关系发展受限，信息获取渠道不畅。政府政策支持有效帮助旅游职业农民寻找知识源、提供交流平台与合作信息、促成信任关系建立、推动产学研合作，使知识源和旅游职业农民间创建和维系更亲密的关系，从而进一步推动知识转移量的增加和旅游职业农民知识存量的提升。

**4. 激励机制的敏感度分析**

为研究旅游职业农民知识转移系统对激励机制的敏感性，将激励机制赋值依次提升 1 倍，其他值不变，结果如图 7-7 所示。

由图 7-7 可知，在相同的仿真期间内激励机制的优化显著增加了知识转移量、旅游职业农民的知识存量、知识转移意愿及旅游职业农民的知识创新量，并且激励机制对上述变量的边际贡献逐步增强。知识被视为可以专有的特殊资源，能够为拥有者带来潜在经济收益，一旦转移便会丧失竞争优势，并威胁自身地位和利益。激励机制对知识源与旅游职业农民间的知识转移具有促进作用。知识转移过程中，一方面，政府提供外部激励，设立奖金、津贴或其他形式的物质补偿，使知识源获得预期的经济回报，平衡知识源的风险和收益，化解旅游职业农民的惰性和不确定性；另一方面，政府注重内在激励，包括提供学习培训机会、满足知识源的社会网络关系需求，以及授予荣誉等，以增强知识源的自我效

# 第 7 章　促进乡村旅游人才培育与产业升级的对策

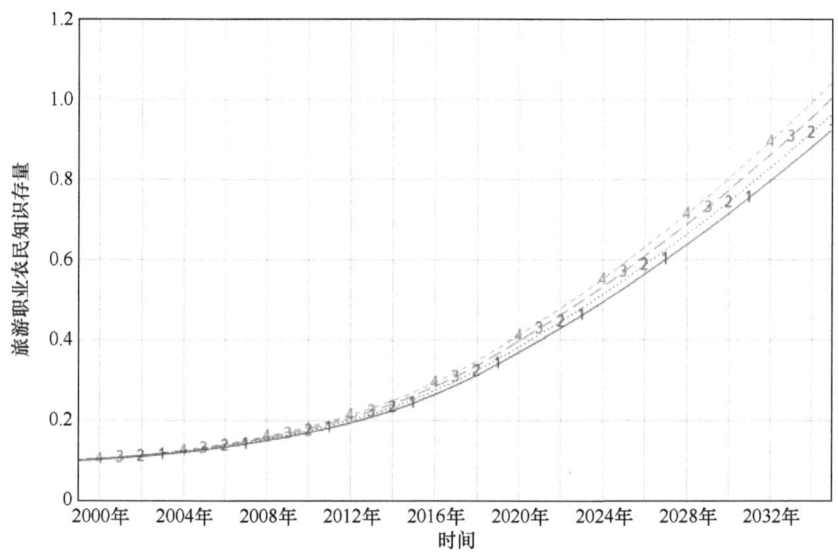

a)

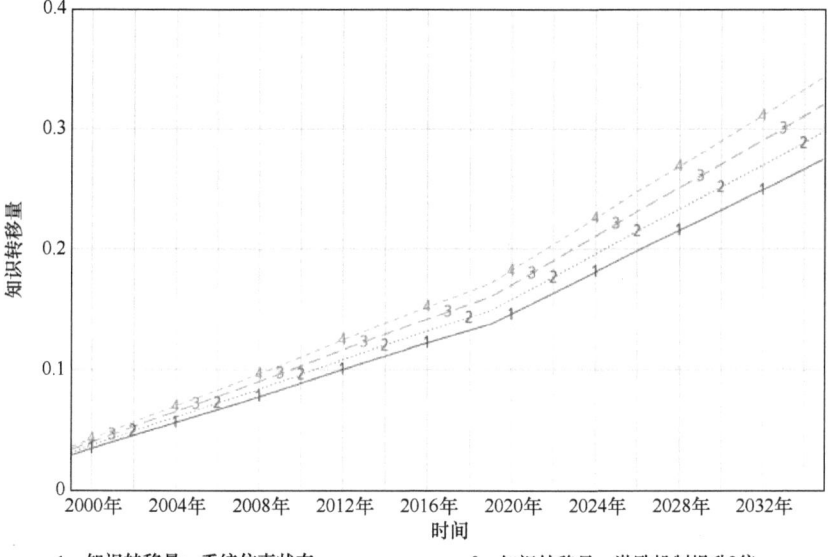

b)

图 7-7　系统对激励机制的敏感性分析

a）旅游职业农民知识存量对激励机制提升的敏感性分析结果　b）知识转移量对激励机制提升的敏感性分析结果

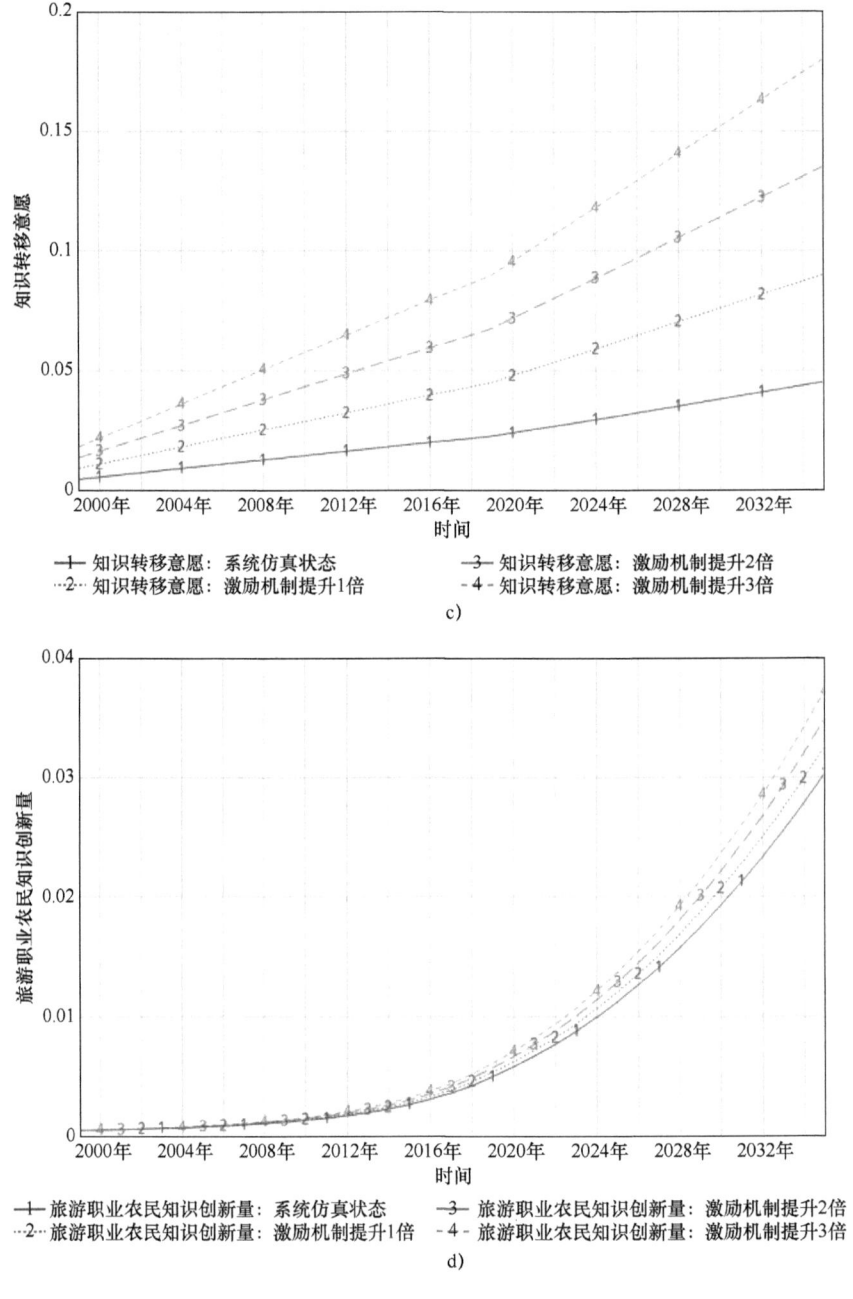

图 7-7 系统对激励机制的敏感性分析（续）

c）知识转移意愿对激励机制提升的敏感性分析结果　d）旅游职业农民知识创新量对激励机制提升的敏感性分析结果

能感和责任感,从而有效调动他们分享和转移知识的积极性。此外,在知识转移初期,旅游职业农民的知识创新量对激励机制的敏感性不强,这表明,当旅游职业农民的知识存量处于较低水平时,其知识创新能力相对较弱。然而,知识底蕴的逐渐积累与深化,有助于旅游职业农民创新理念的形成,其创新量也有所提升。

## 7.3 民族地区乡村旅游人才培育策略

基于本书对民族地区旅游职业农民知识转移的理论探索与实证分析结论,本节在农民、政府、乡村旅游精英、外来经营者和旅游企业视域,提出促进民族地区乡村旅游人才培育的对策建议。

### 7.3.1 农民应主动适应知识转移过程中的职业转变

民族地区乡村旅游模式已从早期的观光旅游、扶贫旅游逐渐向休闲度假旅游转变,旅游服务的经营理念、经营方式也随之变化。非正规教育的成人学习作为一项创新综合战略,可以满足农村社区的需求,提供可应用于旅游业的终身学习技能。成人学习与生存密切相关且不可或缺。成人学习以任务为导向,注重实践参与。

民族地区旅游职业农民应充分认识到知识转移是一个不断演进而不是一劳永逸的过程,要适应自身在知识转移过程中产生的职业角色转变,具有前瞻观念和危机意识,通过提升自身旅游服务能力来应对愈发激烈的市场竞争。农民应在平时做好旅游经营知识经验的积累和思考,面对机遇时勇于承担一定的风险,尝试旅游经营模式、经验思路、经营方式的创新,而不是墨守成规直至被市场淘汰。同时,旅游职业农民在参与乡村旅游经营时应充分利用自己的先前经验,将之前的工作、学习经历充分运用到当前的旅游经营中,基于自身经验对旅游经营模式、旅游服务进行创新。此外,为了应对愈发激烈的市场竞争,旅游职业农民在发觉自己遇到知识瓶颈后应不断学习新的旅游知识和技能,提升自身旅游服务能力。一方面，旅游职业农民应主动寻求新的知识源，善于利用社交媒体等方式与知识源建立长期联系，学习旅游电子商务运营知识、网络销售技巧、企业管理信息系统等方面的新知识；另一方面，旅游职业农民应充分利用外部资源，培养战略管理思维，例如，外聘专业技术人员改善旅游产品的智慧化水平，建立企业网络联盟，与OTA达成战略合作关系。

### 7.3.2 政府应多措并举提高知识转移效果

第一，政府应在民族地区乡村旅游发展初期主动介入旅游职业农民的知识转移中，利用电视、网络等媒体和面对面交流的机会，宣传旅游对乡村经济发展的促进作用。知识平台既是政府进行宏观把控、促进乡村旅游目的地旅游服务质量提升的重要途径，也是帮助民族地区旅游职业农民克服多重障碍获得新知识的有力补充。政府应通过政策引导、资金支持等多种方式主动搭建知识转移平台，如定期的旅游技能培训班、旅游经验分享会、旅游专家座谈会等，并承担知识转移的交易费用，有组织、有计划地推进知识转移。同时，政府也应建立知识转移奖励机制，进一步激发外在激励因素对知识转移的推动作用。比如，政府可以出台各项政策扶持旅游职业农民的创业活动，组织公益性旅游服务技能培训，通过税收优惠政策促进民间教育机构对旅游职业农民开展免费或较低收费的旅游服务技能培训，增加旅游职业农民与外部知识源的联系渠道和联系密度，进而培养旅游职业农民与时俱进、勇于探索的个人特质，鼓励他们接受新思想、新事物、新技术。此外，政府也可以积极推动产学研合作，支持专业人员开展乡村旅游研究，主动推广有益的研究成果。鼓励由研究者、高校教师和学生组成的专业群体对乡村旅游地进行调研，帮助旅游职业农民分析和选择合适的经营项目、经营模式，转移旅游行业知识，包括旅游资源优势认知、旅游接待基础设施的作用、投入产出、利益分配、资源环境的保护利用和企业创新发展等，进而实现在"干中学"的情境下进行知识转移，为旅游职业农民的职业发展和技能提升提供实践指导。

第二，政府应持续提供金融政策支持并致力于农民创新能力的培养。政府应通过金融政策扶持农民的创业活动。组织公益性旅游服务技能培训，同时，通过税收优惠政策促进民间教育机构对农民开展免费或较低收费的旅游服务技能培训。培养农民与时俱进、勇于探索的个人特质，接受新思想、新事物、新技术。鼓励农民主动寻求知识源，运用社交媒体与知识源建立长期联系，学习旅游电子商务运营知识、网络销售技巧、企业管理信息系统等方面的新知识。

第三，教育水平影响少数民族农民的旅游参与水平，政府和公益性扶贫组织应重点提高农民的参与能力，加强对农民的培训和学习，如餐饮技能、服务技能、沟通技能、竞赛技能等，进而提高旅游职业农民的旅游服务水平和竞争优势。注重建立当地农民与外部知识源之间的联系，鼓励专家、学者等外部知识源向农民传授实用和先进的旅游服务知识。此外，应认识到农民的个体差异性，如经验、兴趣、认知方式和能力的差异。针对旅游职业农民的知识传授应根据个体需求，实时调整授课的内容、方法、途径和评估标准。此外，政府、教育机构、社会组织要致力于为农民提供合适的学习机会，并保障农民拥有平等的受教育机会。

第四，民族地区乡村受地理位置、受教育程度、人际关系的限制，农村居民的信息敏感度较低。信息获取滞后、信息渠道不畅阻碍他们及时了解外部变化。由于农民普遍缺乏信息、缺乏沟通渠道、缺乏融资能力，大多数民族地区参与乡村旅游的农民数量有限，且参与积极性不高，因此，政府应建立农民与外界顺畅的沟通渠道。政府应继续改善农村基础设施，包括互联网、公路与铁路。

### 7.3.3 乡村旅游精英应发挥带头作用，积极分享经验教训

应重视第一批乡村旅游创业者等乡村旅游精英在民族地区旅游职业农民知识转移过程中的特殊地位，支持乡村旅游精英最先学习先进的旅

游知识，进行知识的吸收、内化和应用，做"第一个吃螃蟹的人"，主动探索乡村旅游致富道路。同时，第一批乡村旅游创业者等乡村旅游精英应扮演好政府与农民间的沟通者、农民集体利益的代言人和乡村建设的依靠力量等角色，充分利用自身所拥有的社会资源，积极联系专家、学者、记者及游客等知识源为当地农民带来先进旅游知识，实现社区利益的整体提升；主动承诺对周边农民提供一定的技术援助和经济支持，构建和强化乡村社区的社会福利，形成与社区及居民的和谐紧密关联。此外，要在本地乡村社区营造良好的知识分享、知识交流的社会文化氛围，号召乡村旅游精英积极承担社会责任，履行社会义务，鼓励他们通过交流会、参观学习等正式或非正式的方式将自己在乡村旅游经营中的成功经验或失败教训分享给周边的其他人，尽可能地带动周边农民参与乡村旅游经营，充分发挥第一批乡村旅游创业者等乡村旅游精英的引领和示范作用。

### 7.3.4 外来经营者应打破知识壁垒，做好知识转移榜样

外来经营者的知识转移意愿至关重要，如果外来经营者抱着利益至上的想法对自身知识进行封锁，那么知识转移将很难进行。应通过政策规制、道德约束等多种方式鼓励外来经营者主动打破知识壁垒，将先进经营理念、专业管理知识和更规范的服务标准等知识转移给旅游职业农民，进而提升旅游目的地整体旅游服务质量和旅游形象。同时，外来经营者应认识到当地旅游职业农民不仅是他们的竞争对手，更是共同促进地方乡村旅游市场扩张、维持旅游市场繁荣的伙伴。外来经营者不应借助自身的知识优势、资金优势和经营优势等来占领当地市场，挤垮旅游职业农民，而应维持与旅游职业农民间的良好信任关系，邀请他们到自身经营场所进行参观学习，做好知识转移榜样，将先进的乡村旅游经营模式、乡村旅游服务标准、线上线下运营管理等知识灌输给当地旅游职业农民，实现乡村旅游市场的繁荣与发展。此外，外来经营者和本地旅游职业农民经营的旅游企业往往在地理空间上较为接近，空间上的集聚

性和他们之间知识的异质性可以为彼此带来更多的创新知识，这也成为实现知识创新、推动旅游创新的重要来源。外来经营者与本地旅游职业农民应进一步加强相互之间乡村旅游经营知识经验的沟通交流与水平互补，完善乡村旅游产业体系，实现本地乡村旅游业态创新。

### 7.3.5 旅游企业应配合国家战略，积极推动旅游产业升级

OTA平台等旅游企业应积极响应国家巩固脱贫攻坚成果、实现乡村振兴的战略，在拓展民族地区乡村旅游市场的同时帮助当地农民掌握相应的平台运营、宣传营销知识。同时，OTA平台等旅游企业还应充分发挥与利用平台的优势和资源，将民族地区乡村分散的土地资源和人力资源与全球旅游市场信息进行有序对接，构建旅游的全链条产业体系，将更多其他地区乡村旅游运营的优秀案例介绍给当地旅游职业农民，通过项目试点、手把手帮扶、针对性培训等方式探索共同富裕的新道路，实现保护生态环境、传承本土民族文化和促进知识转移的目的。此外，乡村旅游产业升级意味着旅游职业农民必须积极学习新知识、掌握市场新动态才能适应市场变化，这会大大提升民族地区旅游职业农民知识转移的动力与意愿。所以OTA平台等旅游企业还应积极利用大数据、5G、VR（虚拟现实）、AR（增强现实）等新技术促进乡村旅游产业的数字化、网络化、智能化转型升级，提升旅游产品品质、消费者体验和旅游管理效率，从而为民族地区旅游职业农民知识转移提供根本的前进动力。

## 7.4 民族地区乡村旅游产业升级策略

基于本书对民族地区乡村旅游产业升级的理论探索与实证分析结论，本节针对民族地区乡村旅游产业升级提出具体对策。

### 7.4.1 推动建立学习型组织和多类型知识联盟

长期来看，低成本和差异化是在民族地区乡村旅游产业系统中构成

竞争优势的两个关键要素，系统内部的正式制度、人力资本素质以及知识基础都有利于组织减少信息搜寻的成本、交易费用成本等。当旅游小企业经营成本相近时，差异化成为构成其竞争优势的根源。组织学习能力有利于促进旅游小企业识别创业威胁与机会、吸收知识联盟转移的知识和资源、提升创新绩效以及增强企业素质等动态能力的发展，直接影响组织对资源的配置效率。因此，应强化组织对内外部知识和资源的动态吸收能力，预防组织陷入路径锁定和组织惰性的困境。

一方面，知识联盟能够突破民族地区乡村旅游小企业资本、信息、知识等资源不足的窠臼；另一方面，相较于一般的旅游小企业，初始资源不足的民族地区乡村旅游小企业更加崇尚知识，对具有知识威望的高校学者、具有制度威望的政府、具有资本实力的旅游公司、具有客源威望的旅行社或者 OTA 平台等更容易认同和信任，从而有利于促进本土旅游小企业接收和转移知识联盟共享的知识和信息，推动组织在竞争中更加有效地识别创业环境、提升学习能力、弥补资源缺口等。地方政府应支持，一方面规范制度环境保障市场秩序；另一方面承担组织者的角色，为民族地区乡村引入多类型知识联盟主体以增加产业系统内组织知识获取渠道。

### 7.4.2 促进乡村旅游企业合理配置资源

在民族地区乡村旅游产业进化过程中，"新进入–资源富裕""传统–资源富裕""新进入–资源有限"以及"传统–资源有限"等多种类型的旅游小企业在产业选择机制中均能脱颖而出，这得益于其较高的资源配置效率。尤其对于资源有限的民族地区乡村，应结合实际情况，依据资源禀赋制定旅游产业发展规划，选择相应的产业发展路径，实现旅游产业进化和产业振兴。

一方面，民族地区仍有许多农民的生计来源依赖传统农业，经济活力以及内生动力不足，同时受到信息、资金、价值观等的约束，村集体组织和农民没有能力自主完善旅游产业链、调整产业结构以及市场化运营,因而旅游产业处于较低的发展水平;另一方面,由于旅游产业基础生产要素的投资成本周期过长、资源公共属性等抑制农民创业活力,诸多想要追加投资的既有创业者和潜在创业者望而却步。因此,引入领军企业能够在资金、知识引入、人才招纳、客流吸引方面为处于初创期的旅游目的地系统持续性注入能量与活力,从而能够激发各产业主体有效的创新学习和应用。但同时,初创期的旅游目的地也要避免过度依赖领军企业的能量注入,防止陷入路径锁定状态或者形成组织惰性,要注重培育民族地区乡村自组织能力。

### 7.4.3 优化政策环境对乡村旅游产业的促进作用

政策环境有利于克服市场经济存在的道德风险、信息不对称等劣势以及保障资本落地等(马晓龙 等,2020),因而政府在民族地区乡村旅游产业跨越和发展前期所承担的角色往往是主导者、管理者或者控制者。随着乡村旅游产业跨越的实现,政府主导的边际贡献降低;但囿于市场和资本"逐利"的本质,政府的角色并不能缺位,这表明随着旅游目的地产业体系日趋成熟,对政府治理能力提出了更高的要求(杨昀和保继刚,2018),即在新阶段政府必须发挥监督和保障作用,建立合理有序的旅游产业管理机制、危机预警机制、市场监督机制、产业品质保障机制、社区利益保障机制等,以推动民族地区乡村旅游产业系统的可持续运转。

### 7.4.4 增强乡村旅游产业创新能力

创新能力是民族地区乡村旅游产业跨越过程中产业素质和产业收益的重要表征,增强创新能力有利于提高产业系统的供给能力,进而促进旅游消费和旅游升级。近年来我国旅游产业的生产与销售行为倾向于依赖虚拟化和数字化技术,互联网的发展以及云计算、大数据和人工智能等,数字技术的应用使得消费者与旅游目的地之间的联系日趋紧密,推动旅游产业产生多元化的新业态。当环境变化和潜在风险来临时,没有创新能力的组织将无法应对。这对处于初创期和快速成长期的民族地区乡村旅游产业在资源开发、组织管理以及市场营销等方面的创新发展均是一个挑战。因此，一方面应该通过长期提供培训机会以及设立激励机制等措施，增强景区内旅游小企业的学习意识、学习能力、新技术应用能力；另一方面，积极引入人才，加强与高校、公益团体和其他非政府组织等的合作，形成知识联盟帮扶团体，保障系统内稳定的知识来源。

### 7.4.5 旅游产业跨越不同阶段的具体对策

在民族地区乡村旅游产业发展初期，应着重建立优良的招商引资环境，提供税收优惠、财政补贴等政策，吸引领军企业进入，以摆脱内生动力不足、产业初始资源匮乏、市场化运作能力较低等因素的限制。在乡村旅游产业跨越过程中，产业系统内各主体应聚焦于自身知识、经验、创业警觉等有助于创新能力提升的因素，当环境变化和潜在风险来临时，没有创新能力的组织将无法应对，应避免过度依赖领军企业和政府扶持而缺失话语权。当旅游产业进入快速成长期时，政府和领军企业应关注环境品质的优化及管理水平的提升，促进乡村旅游产业的可持续发展。在乡村旅游产业不同发展阶段采取的具体策略如下。

**1. 在产业跨越过程中政府角色动态转化，加速乡村旅游产业质变**

在民族地区乡村旅游产业初创期，其旅游产业系统发展的势能和动能均处于较低水平，仅依赖民族地区既有的人力资源和自然资源无法推动产业系统发展，亟待从政府、领军企业等外部吸收能量。政策环境有利于克服市场经济存在的道德风险、信息不对称等劣势，因此，在乡村旅游产业发展初期，政府在民族地区乡村旅游产业系统中承担的角色应是主导者、管理者或者控制者。政府应着重完善基础设施建设、营造优良的投资环境、进行深度旅游开发以及鼓励和支持农民创业者的创业等，为民族地区乡村提供发展机会，缩短其产业跨越的年限。

但随着民族地区乡村旅游产业实现跨越，政府主导的边际贡献降低;但这并不意味着政府不再发挥作用,囿于市场和资本"逐利"的特质,为避免由旅游目的地产业主体恶性竞争引起的自然生态环境和产业生态环境恶化,对政府的治理能力提出了更高的要求。尤其是旅游产业处于快速成长期时,产业要素和产业关系已相对完善,环境品质与旅游发展的良性互动成为该阶段的主要目标。而旅游企业通常对环境等公共物的投资意愿较低,政府和领军企业应注重改善环境品质和建立合理有效的管理机制、危机预警机制、市场监督机制、产业品质保障机制等。这就意味着,在新阶段政府必须发挥监督和保障作用,促进乡村旅游产业可持续发展。

**2. 在发展初期引进领军企业,适度赋能,推动乡村旅游产业升级**

在乡村旅游产业发展初期,民族地区乡村旅游目的地可引入具有实力的领军企业共同参与旅游开发、投资与经营,发挥领军企业的资金、信息、知识和人才优势,解决该阶段民族地区乡村旅游产业内生动力不足、初始资源匮乏、农民市场化运作能力较低的发展难题,为其乡村旅游产业储蓄能量和积累动力,引领带动乡村旅游产业升级。一方面,当下我国仍有许多民族地区乡村生计发展依赖传统农业,农村经济内生动力和活力不足,又受到信息、资金、价值观的约束,村集体组织和农民并没有能力支撑完善旅游产业链、调整产业结构以及市场化运营,而处于较低的旅游产业发展水平;另一方面,旅游产业所包含的基础生产要素投资成本周期和资源公共属性抑制了农民的创业活力,使得诸多既有创业者和潜在创业者望而却步。领军企业的进入能够弥补民族地区乡村的农民在跨越积累阶段系统创新能力的不足。

随着乡村旅游产业跨越过程的演进,民族地区乡村旅游产业的需求也随之升级,要求旅游企业经营者能够提供更舒适的设施设备、更贴心的服务和难忘的景观体验。民族地区乡村旅游小企业经营者多由教育接受程度相对较低的农民转化而来,尽管在参与旅游经营过程中积累了知识和资源,但在乡村旅游产业进入整合阶段之后,要素的无序积累不能推动产业进入快速发展，而这些民族地区的新型职业农民尚欠缺旅游经营所需的资源编排能力。领军企业对民族地区乡村创新能力子系统的边际贡献随作用强度增强和企业知识基水平增加而提升，因此，在跨越整合及之后阶段，本土型民族地区乡村旅游小企业经营者应重视与领军企业建立有效的合作关系，向其学习"市场化""优质服务""景区整体性"及"生态保护"等先进的可持续的旅游发展理念，共同打造一个有序、安全、健康的乡村旅游产业环境。值得注意的是，在民族地区乡村旅游产业跨越过程中，民族地区乡村旅游目的地也应避免过度依赖领军企业的能量注入而陷入路径锁定和形成组织惰性。

### 3. 在产业整合阶段鼓励农民投资创业，增强民族地区乡村自组织能力

民族地区乡村旅游产业最大的价值在于促进乡村振兴。在民族地区乡村旅游产业发展积累阶段，部分当地农民参与了旅游经营，由于市场竞争较弱和旅游市场潜力较大，取得了创业成功。而随着乡村旅游产业的演进，系统内存在外来型、本土成功型、"本土-外来合作型"等多类型旅游经营者，竞争加剧，外来型旅游经营者在服务设施、经营理念等方面具有比较优势。而当民族地区农民创办的旅游小企业在产业体系中不能发挥主体作用时，就可能面临"旅游飞地"现象、核心能力较弱等阻碍其实现产业振兴的困境。

因此，在民族地区乡村旅游产业发展的整合和跨越阶段，当地农民应积极识别创业威胁与机会，主动获取与整合政府和领军企业提供的知识、资本、政策等资源参与创业，主动学习外来投资旅游企业的优势，积极与旅行社、OTA 平台、其他旅游企业等构建合作联盟，提升知识储量、积累经验和增强创业警觉，以更新经营内容、提升服务能力和风险应对能力，逐步提升在乡村旅游产业系统中的竞争力。值得注意的是，在乡村旅游产业完成跨越进入快速成长期后，产业要素和产业关系已相对完善，环境品质与旅游发展的良性互动成为该阶段的主要目标。多数

农民在前期旅游创业中积累了经验和资金，在这一阶段应具有持续创新和"主人翁"意识，积极主动和政府、领军企业、外来投资型旅游企业共同参与产业发展规划、乡村旅游产业发展建设等，逐步提升民族地区乡村的自组织能力，实现农民在乡村振兴中的主体地位。

**4．在实现跨越阶段聚焦创新能力提升，创造产业持续竞争优势**

竞合关系和领军企业是促进民族地区乡村旅游产业创新能力子系统提升创新能力的关键动力因素，而创新能力受到知识基水平、创新意愿、组织惰性的影响。民族地区乡村旅游产业在经历积累和整合阶段后，在实现跨越阶段更易于接受和学习先进的旅游知识，进行旅游创新。因此，一方面，应该在实现跨越阶段及以后提供持续性培训机会以及设立激励机制，增强景区内旅游小企业的学习意识、学习能力、新技术应用能力；另一方面，在实现跨越阶段可增强人才引入，加强与高校、公益团体和其他非政府组织等的合作，形成知识联盟帮扶团体，保障系统内知识的稳定来源。

附 录

# 附录 A
# 专家调查问卷

尊敬的专家：

您好！非常感谢您在百忙之中抽出时间填写本份问卷！

我是某大学某专业的研究生。本问卷旨在研究现阶段龙脊梯田景区、程阳八寨景区和肇兴侗寨景区乡村旅游职业农民知识转移影响因素的相关情况，特此诚恳地请您对因素之间的逻辑影响给出判断。此项调查材料仅用于学术研究，您的信息将会受到严格保密。再次感谢您的合作与帮助！

## 1. 问卷描述

本研究分析发现，当前阶段以上 3 个民族村寨旅游职业农民知识转移主要受到 13 个因素影响，包括技术进步、国家战略、社会文化、转移能力、转移意愿、信任关系、知识势差、知识瓶颈、外来经营者的冲击、先前经验、经济收入刺激、知识的层次性、知识的专业性，记作 $S_i$（$i=1,2,\cdots,13$）。本问卷列出了所有影响因素之间的联系，请您根据龙脊梯田景区旅游职业农民知识转移的实际情况做出相应的判断。

您所填的结果反映影响因素间的逻辑关系及相互影响程度，具体见下例：其中 S 表示影响元指标，$S_{ij}$ 即表格中的数值，表示 $S_i$ 对 $S_j$ 的直接影响程度，一般情况下 $S_{ij} \neq S_{ji}$，打分所形成的直接影响矩阵不是一个对称矩阵。$S_{ij}$ 的取值含义见表 A-1。

表 A-1　$S_{ij}$ 的取值含义表

| $S_{ij}$ 的取值 | 含　义 |
|---|---|
| 0 | $S_i$ 对 $S_j$ 无影响 |
| 1 | $S_i$ 对 $S_j$ 为轻度影响 |
| 2 | $S_i$ 对 $S_j$ 为中度影响 |
| 3 | $S_i$ 对 $S_j$ 为高度影响 |
| 4 | $S_i$ 对 $S_j$ 为极其影响 |

## 2. 问卷内容

（1）影响因素解释

本问卷的影响因素解释见表 A-2。

表 A-2　龙脊梯田景区旅游职业农民知识转移影响因素

| 序号 | 影响因素 | 具体内容解释 |
|---|---|---|
| S1 | 技术进步 | 移动互联网的普及；5G、大数据等新技术的应用 |
| S2 | 国家战略 | 脱贫攻坚、乡村振兴等国家战略的实施 |
| S3 | 社会文化 | 积极向成功者学习旅游知识、提升自身旅游服务质量的社会文化 |
| S4 | 转移能力 | 政府、旅游企业、高校专家、游客、外来经营者和其他旅游职业农民清晰、准确表达旅游经营知识经验的能力 |
| S5 | 转移意愿 | 政府、旅游企业、高校专家、游客、外来经营者和其他旅游职业农民对当地农民传授旅游经营知识经验的意愿 |
| S6 | 信任关系 | 政府、旅游企业、高校专家、游客、外来经营者、其他旅游职业农民和当地农民之间相互信任的程度 |
| S7 | 知识势差 | 政府、旅游企业、高校专家、游客、外来经营者和其他旅游职业农民等知识源与当地农民之间在旅游经营知识经验方面的差距程度 |
| S8 | 知识瓶颈 | 旅游职业农民仅凭自身能力无法进一步提升旅游服务质量 |
| S9 | 外来经营者的冲击 | 外来经营者的进入加剧了市场竞争，对当地旅游职业农民的旅游经营造成的冲击 |
| S10 | 先前经验 | 当地农民在从事旅游经营前的职业经历、知识经验 |
| S11 | 经济收入刺激 | 他人的大量旅游经营收入对当地未从事旅游经营农民的刺激 |
| S12 | 知识的层次性 | 当地农民接收的知识难易程度不同、知识需求的不同导致转移内容呈现出明显的层次性 |
| S13 | 知识的专业性 | 广告位购买、搜索引擎竞价等网络营销知识以及 OTA 平台运营等知识具有很强的专业性，难以被所有旅游职业农民掌握 |

（2）具体评价部分

请您在表 A-3 中对龙脊梯田景区旅游职业农民知识转移影响因素间的逻辑关系及相互影响程度进行判断打分。

表 A-3　专家评分表

| 知识转移影响因素 | | 影响因素间的逻辑关系及相互影响程度 | | | | | | | | | | | |
|---|---|---|---|---|---|---|---|---|---|---|---|---|---|
| | | S1 技术进步 | S2 国家战略 | S3 社会文化 | S4 转移能力 | S5 转移意愿 | S6 信任关系 | S7 知识势差 | S8 知识瓶颈 | S9 外来经营者的冲击 | S10 先前经验 | S11 经济收入刺激 | S12 知识的层次性 | S13 知识的专业性 |
| S1 | 技术进步 | — | | | | | | | | | | | | |
| S2 | 国家战略 | | — | | | | | | | | | | | |
| S3 | 社会文化 | | | — | | | | | | | | | | |
| S4 | 转移能力 | | | | — | | | | | | | | | |
| S5 | 转移意愿 | | | | | — | | | | | | | | |
| S6 | 信任关系 | | | | | | — | | | | | | | |
| S7 | 知识势差 | | | | | | | — | | | | | | |
| S8 | 知识瓶颈 | | | | | | | | — | | | | | |
| S9 | 外来经营者的冲击 | | | | | | | | | — | | | | |
| S10 | 先前经验 | | | | | | | | | | — | | | |
| S11 | 经济收入刺激 | | | | | | | | | | | — | | |
| S12 | 知识的层次性 | | | | | | | | | | | | — | |
| S13 | 知识的专业性 | | | | | | | | | | | | | — |

# 附录 B
# 典型证据编码表

表 B-1 政策环境-部分证据编码说明

| 一阶构念 | 聚焦维度 | 案例证据援引 |
|---|---|---|
| 政策环境 | 环境 | "为加强对民族传统文化的保护,龙脊镇人民政府还积极地将龙脊地区的民族文化申报为文化遗产。" G13(政府支持→文化环境) |
| | | "龙脊景区中的平安寨、大寨以及古壮寨的半数农民都开起了农家旅馆和农家乐,在调查的过程中,可以随处看到一些农民正在装修、建新房,以及参与旅游创业。" T2(政府支持→创业环境) |
| | | "我们的政府经常下来宣传、开会,要把卫生搞好。像我们这里自然风景很多,卫生要好,不然城市那些来的游客受不了牛、鸡、鸭那些味道。像有的不搞旅游的村寨就还是比较脏。" T167 |
| | | "政府与旅游企业的宣传与建议,提高了农民的卫生意识,促进了当地卫生条件的极大改善。由于游客的到来意味着经济收入的增加与商机,因此农民也就很自觉地维护着景区的卫生与环境。" T11(政府宣传→生态环境维护) |
| | | "政府是整体性全面推进的,是这样子的。那对于整个房屋的外观、体量,以及它的风格、样式,都可以邀请艺术家进村或者邀请设计师、建筑师一家家解决。" P615(政府规划→经营环境) |
| | 行为 | "早期的话,在政府运作过程中要扶贫,政府会给很多支持,如开发农家乐。" P6214(政府建设→旅游开发) |
| | | 今天,路修通了,桥搞好了,通了水,有了电;现在参与投资开发的龙脊旅游公司和桂林市天天游国际旅游有限公司,都是看中(龙脊)这里的地理优势和民族特色。而道路的畅通和便利,也让更多客人来了。" T13(政府建设→外来投资行为) |

— 213 —

（续）

| 一阶构念 | 聚焦维度 | 案例证据援引 |
| --- | --- | --- |
| 政策环境 | 行为 | "我们之前由于钱不够没开起来，比较害怕如果贷款装修房屋，我们贷的利息高，贷多了还不起。今年我们打算开，想要得到政府和一些钱（贷款方面）上的帮助。"F20（政府支持→创业行为） |
| | | "政府组织成立了旅游管理局，聘请了几个村民参加景区的管理，负责协调、组织轿子队和背篓队的工作，一个人600元一个月，公司和政府都负担一部分。龙脊的许多工作由协管员担任负责指导完成。"D56（政府组织→经营管理） |
| | | "我们（政府）多次组织村民代表去考察学习（旅游经营），拓宽村民（龙脊景区旅游创业者）的视野，希望激发村民（龙脊景区旅游创业者）自己主动去求变的意识。"F18（政府组织活动→知识量和创新意愿） |
| | 结构 | "龙胜各族自治县以生态、旅游、扶贫'三位一体'的发展模式，带动众多群众吃上'旅游饭''生态饭'，摆脱贫困奔向小康。据统计，目前该县直接从事旅游业的有××人，间接从事旅游业的有×人，乡村旅游业覆盖建档立卡贫困群众的比例在30%以上。"G19（政府扶贫→就业结构） |
| | | "经过村两委干部再三讨论，反复征求意见，从2009年开始，大寨村决定以梯田面积数为主，兼顾农户数和人口数以及村集体提留几方面考虑制定分红方案；到了2012年，随着村集体经济收入的增多，经过讨论又将上述分配比例进行了调整。"N75（基层政府干部→收入分配结构） |
| | | "农民的创业有很强的示范性，谁走前头谁去吃螃蟹，那个是会死人的（有风险的）。所以政府往往就是通过这些能人、敢试的人，让他们先把这个（旅游经营）知识给消化了，然后再转移给后面跟上来的这些（旅游小企业）。"P62（政府规划→创业企业构成） |
| | | "政府买断了景区的运输专线，为什么不给他们（村民）搞呢，主要还是安全的问题。那个路你走过几次就知道，路险得很，正好有一年一对来自香港的夫妇就在里面出事了，你看看，他能赔得起嘛，不还是景区负责的嘛，所以政府这才垄断了。"F35（政府规划→经营权） |
| | 绩效 | "拿我们以前这么苦来比，现在是百分之百的好，比以前轻松多了，因为经济来源多了。开公路以后，去赶圩就方便些，买肥料什么的用车子拉就方便些。现在通路了，道路变平坦了，我们走路也轻松多了。"T15（政府建设→社会效益） |

附录 B 典型证据编码表

(续)

| 一阶构念 | 聚焦维度 | 案例证据援引 |
|---|---|---|
| 政策环境 | 绩效 | "黄洛能有今天这样的好日子,全靠政府,全靠党的好政策。"T13<br>"你像我们这里(龙脊)原来是很穷的,去外面、去城里都被外人瞧不起,(政府)开发旅游之后,我们的生活改变了,成了别人羡慕我们,我们自己也很自豪。"F2967(政府政策→乡村经济发展)<br>"大寨村开寨迎客后,与政府、企业合资成立的龙脊旅游公司签订协议,由村集体获得数万元的旅游收入分红。随后,大寨村的分红体系逐渐完整成熟,老百姓用梯田、建筑、民俗文化入股,并引进索道公司等更多旅游运营资源,分红也实现飞跃。"N51(牵头→经济效益)<br>"县旅游局也支持我们。现在新的歌舞场也开起来了,还有人饮工程、消防池,都做好了,客人越来越多。"F214(政策支持→旅游开发) |

表 B-2 领军企业-部分编码证据说明

| 一阶构念 | 聚焦维度 | 案例证据援引 |
|---|---|---|
| 领军企业 | 环境 | "公司为了避免梯田撂荒、保持龙脊梯田景区的完整性,建立了梯田耕种的奖励制度,对耕种梯田的村民每亩奖励 1000 元,并且在收的时候以高于市场价格的保护价将村民的稻谷进行回收。"F37(领军企业→资源环境保护)<br>"经过各种尝试后,大寨村同桂林的旅游公司合作,将梯田打造成景区,大力发展农耕文化和红瑶文化。慕名而来的游客越来越多,不少村民看到新商机,外出务工的青年纷纷返乡创业,村里的民宿和餐饮业迅速发展起来。"N91(领军企业→创业环境)<br>"现在年轻人好多也会种梯田,因为种田每年有分红;具体分红方式 40%按人口分,60%按水稻种植面积分,不种田就分得少,只能分 40%,谁种了水稻谁就分 60%,哪怕是外人种的。"F963<br>"我们这里梯田塌方是旅游公司拿钱请工人来修,梯田没水是政府请人来修。"F961<br>"公司定额给村委一笔梯田管护费,用来种植水稻和维护梯田景观。大寨村的梯田维护费,在 2014 年有 220 多万元。"G25(领军企业→景观维持) |
| | 行为 | "当时公司买了'和大路口'40 年的使用权,利用景区的基础设施,引进运输公司投资商(桂林骏达运输股份有限公司),垄断了景区内的交通。"P62(领军企业→深度旅游开发) |

— 215 —

（续）

| 一阶构念 | 聚焦维度 | 案例证据援引 |
|---|---|---|
| 领军企业 | 行为 | "大约是 2014—2015 年，旅游公司、政府、管理局的给村民培训怎么服务、怎么搞农家乐等，我去参加过几期，儿子、儿媳也参加过，一次差不多一个星期。我们去学，人家教我们知识，还每天给我们生活补助，学到了对自己是有好处的，感觉能够增长见识。"F2189（公司引入新知识源→知识积累） |
| | | "为了调动参与旅游开发的积极性，景区（旅游公司）在支持群众做农家乐的同时，鼓励大家把闲置的土地租给有能力的人种，让龙脊梯田一年四季都有不同的农耕景观。种田的人按劳分配，也能领取景区分红。"N66（公司鼓励→资源开发） |
| | 结构 | "前两年平安寨只有两三万名游客，桂林旅游发展总公司收购龙脊旅游公司以后，龙脊旅游产业才逐步发展起来，并且形成了规模。"T46
"我们这个公司已经不是一个正常的公司了，是什么公司？是扶贫公司。扶贫公司进驻龙脊梯田以来，先后投资了差不多 7.5 亿元。建设景区投资了，每年还要拿出门票收入的 10%给村民分红，此外每年还要向政府纳税。"F30（领军企业→开发投资） |
| | | "在专业化的旅游龙头企业的带动下，村民与企业签订协议，获得门票、歌舞表演等收入分红以及梯田耕种补贴，脱贫致富，成为旅游业发展的直接受益者。"N61（领军企业→收入结构） |
| | | "出事了你看看，他能赔得起嘛，上次香港夫妇出事不还是旅游公司负责的嘛。你要让村民负责任你看他理不理你，他们担不起那个责任。"F396 |
| | | "第二个，大巴人多嘛？哪有几个人。那你说这一趟赚钱嘛？淡旺季差距太明显。那你说淡季没人公司就把班车停了嘛？没有吧，就算班次少了也是要保障运营的吧。你让村民自己搞，没钱赚他会去？班车都没有了，游客也不来了，村寨里的人还咋活，你说是不是？"F391（领军企业→经营业务分工） |
| | 绩效 | "在龙脊旅游公司的大力宣传促销下，大寨的金坑红瑶梯田知名度提高。"N35（领军企业→开发品牌效果） |
| | | "如果我们这（龙脊景区）不是搞旅游、搞开发，这些村民现在还过着'面朝黄土背朝天'的日子。"F12 |
| | | "现如今，水电到户，硬化道路通村，参与旅游产业，人人都能获得分红，村里人的日子越过越红火。"N27（公司开发→社会收益和经济收益） |

(续)

| 一阶构念 | 聚焦维度 | 案例证据援引 |
|---|---|---|
| 领军企业 | 绩效 | "旅游对我们（黄洛瑶寨）的生活有很大影响。差不多在 2007 年，我们与公司合作；与公司合作后，公司一直大力推广黄洛瑶的文化和歌舞，使到黄洛的游客接待量、接待收入快速增长。"S12<br>"2016 年，我们旅游歌舞表演的收入有 200 多万元，工艺品的销售收入有 8 万多元，差不多每户这一年平均下来有 2 万多元的旅游收入。"S13（领军企业→旅游开发经济收益） |

表 B-3 竞合关系-部分编码证据说明

| 一阶构念 | 聚焦维度 | 案例证据援引 |
|---|---|---|
| 竞合关系 | 环境 | "我们不种，我亲戚可以拿来，让他送过来，好像他卖得便宜一点，他就把它收了又卖辣椒。"F247<br>"居住在龙脊梯田景区内，人们纷纷把握机遇，积极投身到旅游开发当中来。他们父子齐上阵，母女同创业。"N52（竞合关系→创业环境的形成）<br>"主要是竞争太大了，然后后面他们改进的房子越来越好，也想跟上他们，所以想改造。"F2524（竞合关系→创新环境）<br>"基本上是让他在压力下去改变的，人有懒惰性，没有压力他是不会改变的。"P610（竞争成本→抑制组织惰性） |
| | 行为 | "寨子都在搞旅游开发，我也觉得大有机会，于是在 2011 年的时候我就把自己的积蓄拿出来，又借了一部分钱，在自己家开起了餐馆。"F271（竞合关系→创业警觉）<br>"感觉这边的梯田环境都很好啊，我们上次来玩是在平安寨那边。网上看大寨的风景更宏伟一点，就联系平安寨那个民宿老板，老板就给我推荐到大寨他姑姑家的民宿。感觉装修风格、服务啊这边要更好一点，不过房钱还是和之前收的一样。"F45（合作揽客→降低经营成本）<br>"网上是有做的，有些登在网上，但是什么时候来单子我们是不知道的，我跟我老婆都不会，所以跟旅行社合作。"F252（竞合关系→增加销售渠道）<br>"周围都开起了旅馆客栈，于是我想到了全家人一起开旅馆。于是我把打工积攒的钱都拿出来，再向亲朋好友借钱，然后通过去银行抵押贷款，在自家原来房屋的基础上，建起了三层旅馆并进行了装修。"T17（竞合关系→创业警觉） |

（续）

| 一阶构念 | 聚焦维度 | 案例证据援引 |
| --- | --- | --- |
| 竞合关系 | 行为 | "现在大家都在竞争了，都在提升服务品质，适应市场需要（竞合关系→创新意愿）。游客来到后发现一般的土木楼、一般的农家乐没味道，感觉不想住了。有更好的房子游客就去住更好的了，所以激发大家都开始改造房子了。" F29（竞合关系→固定经营成本） |
| | 结构 | "那么这中间的话最早了一个美国华人，在那里建了一个理安山庄，搞了个围墙把它圈起来，完全封闭式管理，非游客一个都不允许进去，服务员也不是当地人。但是他那里的经营是有壮族特色的，穿着民族服装。他把知识封锁了，不允许当地农民进去参观，我们去那里调查参观，他都不让我们进去。这实际上是一种文创的民宿，但是一直到现在我们才学会了他的经营模式。竟然经过了 20 年那么长的时间，为什么？因为他很超前，他是按照欧洲的眼光、个性化的酒店、个性化的民宿来做的。" P65（低合作→经营内容结构） |
| | | "黄洛长发表演一开始是要放在大寨的，结果大寨村民不搞啊，说我盖旅馆收入多高啊，搞这个有什么用，这不就在黄洛搞的嘛。结果怎么样，黄洛一年光长发表演收入就有 8000 万元到 1 亿元，这还不算看完表演吃饭住宿的。现在大寨也想搞了，但是搞不得，别人品牌已经打出去了，离得又这么近。" F14（竞合关系→市场份额） |
| | | "都是我们自己盖的，也是边看人家怎么做边创新。如果客人觉得原来的房子矮了，光线和通风不好就主动建议我们，所以我们现在新的房子就高。像一些外来的做得比较好的（旅游小企业），我们也会去看去学。" F261（竞合关系→知识创造） |
| | | "你像外面 3 个小伙子就是我前面的推荐过来的，像这种的话才是长久之计啊，你要是把太多的重点放在这（竞争）上面，然后客人到了你没服务好的话，这个是不行的嘛，所以这些东西我就不担心他们学会会怎么样。" F258（竞合关系→创新能力） |
| | 绩效 | "面对外来企业主的竞争，很多（龙脊）居民也将自己的旅馆拆除，重新建起水泥房，以提升住宿设施条件。在 2010 年以前，只有少数几家旅馆敢去拆除木楼重建水泥房。" T79（竞合关系→经营产品素质质变） |
| | | "竞争这个是没办法避免的，每个人都要生活。你要大家一起做起来才行。如果是一帮朋友做的话，你都要去全部做起来才好玩。" F2351 |
| | | "自己一家做大不行，必须要村民一起做大才会有游客来看，要愿意与周边经营者分享自己的经营知识。虽然大家有竞争的关系，但最主要的应该是一起把游客服务好，让游客愿意来。" F243（竞合关系→产业吸引力） |

# 参考文献

[1] 安传艳，翟洲燕，李同昇，2020. 近 10 年来国外乡村旅游研究特征及对中国的启示：基于 Elsevier ScienceDirect 收录文献的分析[J]. 资源科学，42(5)：956-968.

[2] 曹新向，2007. 中国省域旅游业发展潜力的比较研究[J]. 人文地理(1)：18-22.

[3] 曾艳芳，许锐，2013. 旅游目的地网络知识转移机制研究：基于社会网络视角[J]. 四川师范大学学报（社会科学版），40(5)：59-64.

[4] 陈志军，徐飞雄，2019. 乡村旅游地发展驱动因素及机制研究：基于长沙市的实证分析[J]. 经济地理，39(10)：231-239.

[5] 程玉，杨勇，刘震，等，2020. 中国旅游业发展回顾与展望[J]. 华东经济管理，34(3)：1-9.

[6] 翟运开，2007. 企业间合作创新的知识转移及其实现研究[J]. 工业技术经济，26(3)：43-46.

[7] 翟运开，2008. 知识转移粘滞对合作创新绩效的影响研究[D]. 武汉：武汉理工大学.

[8] 顾志刚，2007. 发展中国家产业集群创新网络构建和技术能力提高[J]. 经济地理，27(6)：961-964.

[9] 何建民，2011. 我国旅游产业融合发展的形式、动因、路径、障碍及机制[J]. 旅游学刊，26(4)：8-9.

[10] 胡畔，王刚毅，于渤，2018. 技术跨越过程中本土制造企业创新能力演化的系统动力学建模与仿真分析[J]. 工业技术经济，37(8)：68-77.

[11] 黄锐，谢朝武，李勇泉，2021. 中国文化旅游产业政策演进及有效性分析：基于2009—2018 年政策样本的实证研究[J]. 旅游学刊，36(1)：27-40.

[12] 黄微，尹爽，徐瑶，等，2011. 基于专利分析的竞争企业间知识转移模式研究[J]. 图书情报工作，55(22)：78-82.

[13] 贾榕榕，吴冰，2020. 乡村旅游精英的权力维度及其阶段性呈现特征：以袁家村为例[J]. 人文地理，35(2)：142-151.

[14] 李江帆，李美云，1999. 旅游产业与旅游增加值的测算[J]. 旅游学刊(5)：16-

19，76.

[15] 李涛，王兵，2003. 我国知识工作者组织内知识共享问题的研究[J]. 南开管理评论(5)：16-19.

[16] 连莲，2017. 基于系统动力学视角的产业经济增长研究[D]. 北京：北京交通大学.

[17] 林晶晶，周国华，2006. 企业-大学合作中的知识转移机制研究：以某转制院所实施项目管理模式为例[J]. 中国软科学，(3)：139-144.

[18] 刘鲁，吴必虎，2021. "城市-景区"双驱动型乡村发展：路径选择及其动态演化过程[J]. 地理科学，41(11)：1897-1906.

[19] 刘相军，孙九霞，2019. 民族旅游社区居民生计方式转型与传统文化适应：基于个人建构理论视角[J]. 旅游学刊，34(2)：16-28.

[20] 卢小丽，隋立军，郭玲玲，等，2017. 乡村旅游发展驱动机制的系统仿真研究：以大连市为例[J]. 系统工程，35(11)：121-129.

[21] 卢艳芹，彭福扬，2016. 基于耗散结构理论的自然与社会互动关系探析[J]. 生态经济，32(2)：211-214.

[22] 陆林，1997. 山岳型旅游地生命周期研究：安徽黄山、九华山实证分析[J]. 地理科学(1)：64-70.

[23] 陆林，刘烨铭，2019. 政府主导乡村旅游开发进程中的农民利益保护研究：以云南KY小镇为例[J]. 农村经济(6)：50-56.

[24] 陆林，天娜，虞虎，等，2015. 安徽太平湖旅游地演化过程及机制[J]. 自然资源学报，30(4)：604-616.

[25] 吕宁，韩霄，赵亚茹，2021. 旅游中小企业经营者创新行为的影响机制：基于计划行为理论的扎根研究[J]. 旅游学刊，36(3)：57-69.

[26] 马晓龙，陈泠静，尹平，等，2020. 政府在推动乡村旅游投资中的作用：基于动态博弈的分析[J]. 旅游科学，34(3)：19-31.

[27] 屈学书，矫丽会，2020. 乡村振兴背景下乡村旅游产业升级路径研究[J]. 经济问题(12)：108-113.

[28] 饶勇，杨岳轩，林雪琼，等，2018. 旅游扶贫中的"外来劳动者-本地贫困人口"知识转移[J]. 旅游学刊，33(12)：26-35.

[29] 阮平南，栾梦雪，魏云凤，等，2019. 创新网络组织间知识转移影响因素元分析[J]. 科技进步与对策，36(18)：7-14.

[30] 申先甲，1999. 能量守恒与转化原理的确立[J]. 科学学与科学技术管理(12)：51-53.

[31] 沈克, 2018. 基于旅游地生命周期理论的乡村旅游成长性研究: 以信阳郝堂村为例[J]. 信阳师范学院学报（自然科学版）, 31(1): 68-72.

[32] 生延超, 刘晴, 2021. 都市近郊传统村落乡村旅游嬗变过程中人地关系的演化: 以浔龙河村为例[J]. 旅游学刊, 36(3): 95-108.

[33] 生延超, 钟志平, 2009. 旅游产业与区域经济的耦合协调度研究: 以湖南省为例[J]. 旅游学刊, 24(8): 23-29.

[34] 宋子千, 韩元军, 2013. 中国旅游产业的增长方式与面向现代服务业的转型: 基于2005—2009年22个旅游城市面板数据的实证分析[J]. 经济地理, 33(10): 163-167.

[35] 孙婧雯, 马远军, 王振波, 等, 2020. 基于锁定效应的乡村旅游产业振兴路径[J]. 地理科学进展, 39(6): 1037-1046.

[36] 孙静, 陈紫娟, 2023. 基于系统动力学的黑龙江乡村旅游高质量发展研究[J]. 中国农业资源与区划, 44(1): 206-213.

[37] 唐健雄, 孙婧瑶, 孙桥, 等, 2023. 酒店数字化转型动态能力: 内涵、结构及测量[J]. 旅游科学, 37(6): 1-23.

[38] 王慧敏, 2007. 旅游产业: 转变经济增长方式的策动力: 以长三角为例[J]. 社会科学(9): 55-64.

[39] 王清晓, 2008. 子公司创新倾向对跨国公司内部知识转移影响的实证研究[J]. 科学学与科学技术管理(1): 88-92.

[40] 王淑佳, 孙九霞, 2022. 普适道路还是隐形门槛？不同类型乡村旅游发展路径的外源因素[J]. 自然资源学报, 37(3): 662-680.

[41] 王素洁, 李想, 2011. 基于社会网络视角的可持续乡村旅游决策探究: 以山东省潍坊市杨家埠村为例[J]. 中国农村经济(3): 59-69, 90.

[42] 王欣, 邹统钎, 2010. 高速铁路网对我国区域旅游产业发展与布局的影响[J]. 经济地理, 30(7): 1189-1194.

[43] 王秀伟, 李晓军, 2022. 中国乡村旅游重点村的空间特征及影响因素[J]. 地理学报, 77(4): 900-917.

[44] 王转弟, 马红玉, 2020. 创业环境、创业精神与农村女性创业绩效[J]. 科学学研究, 38(5): 868-876.

[45] 魏超, 戈大专, 龙花楼, 等, 2018. 大城市边缘区旅游开发引导的乡村转型发展模式: 以武汉市为例[J]. 经济地理, 38(10): 211-217.

[46] 魏小安, 金准, 2012. "高速时代"的中国旅游业发展[J]. 旅游学刊, 27(12):

40-46.

[47] 吴彬，徐旭初，徐菁，2022. 跨边界发展网络：欠发达地区乡村产业振兴的实现逻辑：基于甘肃省临洮县的案例分析[J]. 农业经济问题(12)：59-72.

[48] 吴冰，贾榕榕，卢欢，等，2020. 乡村旅游小企业创业环境、创业学习与机会识别：以袁家村为例[J]. 陕西师范大学学报（自然科学版），48(4)：79-86.

[49] 吴茂英，王怡，李秋成，2021. 乡村文旅小微企业助力乡村振兴的多重效应[J]. 旅游学刊，36(4)：5-7.

[50] 吴忠军，罗洁，2020. 民族乡村经济振兴的"龙脊模式"研究[J]. 广西民族研究(1)：117-127.

[51] 向阳，曹勇，2012. 知识治理、知识共享与员工创新行为：基于认知视角的研究[J]. 中国管理科学，20(S2)：600-607.

[52] 徐建中，朱晓亚，2018. 社会网络嵌入情境下R＆D团队内部知识转移影响机理：基于制造企业的实证研究[J]. 系统管理学报，27(3)：422-432，451.

[53] 颜苗苗，梅青，王明康，2021. 复杂适应系统理论视角下的乡村旅游系统发展研究：以山东省淄博市中郝峪村为例[J]. 地域研究与开发，40(5)：125-130.

[54] 杨春宇，2009. 旅游地阶段预测模型构建及实证研究[J]. 资源科学，31(6)：1015-1021.

[55] 杨春宇，黄震方，毛卫东，2009. 基于系统科学的旅游地演化机制及规律性初探[J]. 旅游学刊，24(3)：55-62.

[56] 杨建春，吴建国，2012. 民族旅游村寨系统非线性动态演化研究[J]. 生态经济(8)：85-89.

[57] 杨军，2006. 中国乡村旅游驱动力因子及其系统优化研究[J]. 旅游科学 (4)：7-11.

[58] 杨勇军，2015. 知识转移视阈下的乡村旅游低碳转型研究：基于产业链的旅行社网络组织双向互动[J]. 云南科技管理，28(2)：16-18.

[59] 杨昀，保继刚，2018. 旅游大发展阶段的治理困境：阳朔西街市场乱象的特征及其发生机制[J]. 旅游学刊，33(11)：16-25.

[60] 叶红，2006. 我国旅游产业区模式：比较与实证分析[J]. 旅游学刊(8)：24-29.

[61] 于秋阳，杨斯涵，2014. 高速铁路对节点城市旅游业发展的影响研究：以西安市为例[J]. 人文地理，29(5)：142-148.

[62] 袁国宏，2008. 旅游系统管理及其与旅游可持续发展的关系研究[D]. 广州：暨南大学.

[63] 张宏，侯国林，黄震方，等，2015. 古镇旅游地废弃物的环境影响研究：以不同

生命周期阶段周庄、锦溪、千灯为例[J]. 地理科学，35(11)：1419-1428.

[64] 张敬伟，裴雪婷，2018. 中国农民创业者的创业学习行为探析[J]. 科学学研究，36(11)：2046-2054.

[65] 张立超，刘怡君，2016. 面向产业安全的产业物理学研究：概念辨析、问题论域与理论基础[J]. 管理评论，28(6)：169-179.

[66] 张凌云，2000. 试论有关旅游产业在地区经济发展中地位和产业政策的几个问题[J]. 旅游学刊(1)：10-14.

[67] 张睿，姬长旭，2022. 民族地区乡村旅游职业农民知识转移演进过程研究：基于广西龙脊梯田景区的纵向单案例研究[J]. 旅游科学，36(1)：50-72.

[68] 张树民，钟林生，王灵恩，2012. 基于旅游系统理论的中国乡村旅游发展模式探讨[J]. 地理研究，31(11)：2094-2103.

[69] 张永宁，陈磊，2007. 知识特性与知识转移研究综述[J]. 中国石油大学学报（社会科学版）(1)：62-67.

[70] 郑世卿，2011. 世博后上海旅游业的产业定位与发展战略研究[J]. 上海经济研究(1)：113-122.

[71] 郑世卿，2013. 产业组织视角下的中国旅游业[M]. 上海：上海社会科学院出版社：47-48.

[72] 周波，2019. 社会资本、知识转移与乡村社区居民旅游支持态度的关系研究[D]. 杭州：浙江大学.

[73] 周玲强，周波，2018. 社会资本、知识转移与社区居民旅游支持态度：基于三个乡村社区样本的实证研究[J]. 浙江大学学报（人文社会科学版），48(2)：19-32.

[74] 邹统钎，2005. 中国乡村旅游发展模式研究：成都农家乐与北京民俗村的比较与对策分析[J]. 旅游学刊(3)：63-68.

[75] AALBERS R, DOLFSMA W, KOPPIUS O, 2013. Individual connectedness in innovation networks: on the role of individual motivation[J]. Research Policy, 42(3): 624-634.

[76] ALADWANI A M, 2002. An integrated performance model information systems projects[J]. Journal of Management Information Systems, 19(1): 185-210.

[77] ALBERS R, DOLFSMA W, KOPPIUS O, 2013. Individual connectedness in innovation networks: on the role of individual motivation[J]. Research Policy, 42(3): 624-634.

[78] ALBINO V, GARAVELLI A C, SCHIUMA G, 1998. Knowledge transfer and inter-

firm relationships in industrial districts: the role of the leader firm[J]. Technovation, 19(1): 53-63.

[79] ALEXOPOULOS A N, BUCKLEY F, 2013. What trust matters when: the temporal value of professional and personal trust for effective knowledge transfer[J]. Group & Organization Management, 38(3): 361-391.

[80] ANDERSON P, 1999. Perspective: complexity theory and organization science[J]. Organization Science, 10(3): 216-232.

[81] BAKER T, NELSON R E, 2005. Creating something from nothing: resource construction through entrepreneurial bricolage[J]. Administrative Science Quarterly, 50(3): 329-366.

[82] BATTISTELLA C, DE TONI A F, PILLON R, 2016. Inter-organisational technology/knowledge transfer: a framework from critical literature review[J]. The Journal of Technology Transfer, 41(5): 1195-1234.

[83] BEKKERS R, FREITAS I M B, 2008. Analysing knowledge transfer channels between universities and industry: to what degree do sectors also matter?[J]. Research Policy, 37(10): 1837-1853.

[84] BLUMBERG M, PRINGLE C D, 1982. The missing opportunity in organizational research: some implications for a theory of work performance[J]. Academy of Management Review, 7(4): 560-569.

[85] BOCK G, ZMUD R W, KIM Y, et al., 2005. Behavioral intention formation in knowledge sharing: examining the roles of extrinsic motivators, social-psychological forces, and organizational climate[J]. MIS Quarterly, 29(1): 87-111.

[86] BUCKLEY P J, CLEGG J, TAN H, 2006. Cultural awareness in knowledge transfer to China: the role of guanxi and mianzi[J]. Journal of World Business, 41(3): 275-288.

[87] BUTLER R, 2006. The tourism area life cycle[M]. Bristol: Channel View Publications.

[88] CARLISLE S, KUNC M, JONES E, et al., 2013. Supporting innovation for tourism development through multi-stakeholder approaches: experiences from Africa[J]. Tourism Management, 35: 59-69.

[89] CHANG C L, LIN T C, 2015. The role of organizational culture in the knowledge management process[J]. Journal of Knowledge Management, 19(3): 433-455.

[90] CHANG Y Y, GONG Y, PENG M W, 2012. Expatriate knowledge transfer, subsidiary absorptive capacity, and subsidiary performance[J]. Academy of Management Journal,

55(4): 927-948.

[91] CHEN J K, 2021. Improved DEMATEL-ISM integration approach for complex systems[J]. Plos One, 16(7): e0254694.

[92] CHEN K Y, LEE C F, 2017. Market knowledge of the travel industry from knowledge-based view[J]. Asia Pacific Journal of Tourism Research, 22(7): 781-797.

[93] CONNELLY C E, ZWEIG D, WEBSTER J, et al., 2012. Knowledge hiding in organizations[J]. Journal of Organization Behavior, 33(1): 64-88.

[94] COOPER C, 2006. Knowledge management and tourism[J]. Annals of Tourism Research, 33(1): 47-64.

[95] COYNE K P, 1986. Sustainable competitive advantage: what it is, what it isn't[J]. Business Horizons, 29(1): 54-61.

[96] CRUZ N M, PÉREZ V M, CANTERO C T, 2009. The influence of employee motivation on knowledge transfer[J]. Journal of Knowledge Management, 13(6): 478-490.

[97] CUMMINGS J L, TENG B S, 2003. Transferring R&D knowledge: the key factors affecting knowledge transfer success[J]. Journal of Engineering and Technology Management, 20(1-2): 39-68.

[98] DALLAGO B, 2000. The organisational and productive impact of the economic system. The case of SMEs[J]. Small Business Economics, 15: 303-319.

[99] DAVENPORT T H, 1998. Working knowledge: how organizations manage what they know[J]. Journal of Engineering and Technology Management, 1(16): 103-106.

[100] DAVIDSSON P, HONIG B, 2003. The role of social and human capital among nascent entrepreneurs[J]. Journal of Business Venturing, 18(3): 301-331.

[101] DERELI D D, 2015. Innovation management in global competition and competitive advantage[J]. Procedia-Social and Behavioral Sciences, 195: 1365-1370.

[102] EASTERBY SMITH M, LYLES M A, TSANG E W, 2008. Inter-organizational knowledge transfer: current themes and future prospects[J]. Journal of Management Studies, 45(4): 677-690.

[103] EISENHARDT K M, 1989. Building theories from case study research[J]. Academy of Management Review, 14(4): 532-550.

[104] FERREIRA S L A, HUNTER C A, 2017. Wine tourism development in South Africa:

a geographical analysis[J]. Tourism Geographies, 19(5): 676-698.

[105] FILIERI R, MCNALLY R C, O'DWYER M, et al., 2014. Structural social capital evolution and knowledge transfer: evidence from an Irish pharmaceutical network[J]. Industrial Marketing Management, 43(3): 429-440.

[106] FISS P C, 2011. Building better causal theories: a fuzzy set approach to typologies in organization research[J]. Academy of Management Journal, 54(2): 393-420.

[107] GABUS A, FONTELA E, 1972. World problems, an invitation to further thought within the framework of DEMATEL[J]. Battelle Geneva Research Center, Geneva, Switzerland, 1(8): 12-14.

[108] GAO J, WU B, 2017. Revitalizing traditional villages through rural tourism: a case study of Yuanjia Village, Shanxi Province, China[J]. Tourism Management, 63: 223-233.

[109] GETZ D, PETERSEN T, 2005. Growth and profit-oriented entrepreneurship among family business owners in the tourism and hospitality industry[J]. International Journal of Hospitality Management, 24(2): 219-242.

[110] GILBERT M, CORDEY-HAYES M, 1996. Understanding the process of knowledge transfer to achieve successful technological innovation[J]. Technovation, 16(6): 301-312.

[111] HAMEL G, 1991. Competition for competence and interpartner learning within international strategic alliances[J]. Strategic Management Journal, 12(S1): 83-103.

[112] HELMSING B, 2001. Externalities, learning and governance: new perspectives on local economic development[J]. Development and Change, 32(2): 277-308.

[113] HJALAGER A M, 2002. Repairing innovation defectiveness in tourism[J]. Tourism Management, 23(5): 465-474.

[114] HOFER C W, SCHENDEL D, 1978. Strategy formulation: analytical concepts[M]. St.Paul: West Publishing Company.

[115] HOLTHAM C, COURTNEY N, 2001. Developing managerial learning styles in the context of the strategic application of information and communications technologies[J]. International Journal of Training and Development, 5(1): 23-33.

[116] HSU M H, JU T L, YEN C H, et al., 2007. Knowledge sharing behavior in virtual communities: the relationship between trust, self-efficacy, and outcome expectations[J]. International Journal of Human-Computer Studies, 65(2): 153-169.

[117] HUBER G P, 1991. Organizational learning: the contributing processes and the literatures[J]. Organization Science, 2(1): 88-115.

[118] HWANG D, STEWART W P, 2017. Social capital and collective action in rural tourism[J]. Journal of Travel Research, 56(1): 81-93.

[119] INKPEN A C, TSANG E W K, 2005. Social capital, networks, and knowledge transfer[J]. Academy of Management Review, 30(1): 146-165.

[120] JAAFAR M, ISMAIL S, RASOOLIMANESH S M, 2015. Perceived social effects of tourism development: a case study of kinabalu national park [J]. Theoretical and Empirical Researches in Urban Management, 10(2): 5-20.

[121] JOONG KIM Y, HANCER M, 2010. The effect of knowledge management resource inputs on organizational effectiveness in the restaurant industry[J]. Journal of Hospitality and Tourism Technology, 1(2): 174-189.

[122] KALLMUENZER A, PETERS M, 2018. Entrepreneurial behaviour, firm size and financial performance: the case of rural tourism family firms[J]. Tourism Recreation Research, 43(1): 2-14.

[123] KANG M, SAUK HAU Y, 2014. Multi-level analysis of knowledge transfer: a knowledge recipient's perspective[J]. Journal of Knowledge Management, 18(4): 758-776.

[124] KANKANHALLI A, TAN B C, WEI K K, 2005. Contributing knowledge to electronic knowledge repositories: an empirical investigation[J]. MIS Quarterly: 113-143.

[125] KASTENHOLZ E, CARNEIRO M J, EUSÉBIO C, et al., 2013. Host-guest relationships in rural tourism: evidence from two Portuguese villages[J]. Anatolia, 24(3): 367-380.

[126] KAUFFELD-MONZ M, FRITSCH M, 2001. The impact of network structure on knowledge transfer: an empirical application of social network analysis in the context of regional networks of innovation[J]. Jena Economic Research Papers: 2008-2036.

[127] KOGUT B, ZANDER U, 2003. Knowledge of the firm and the evolutionary theory of the multinational corporation[J]. Journal of International Business Studies, 34(6): 516-529.

[128] KOSTOVA T, 1999. Transnational transfer of strategic organizational practices: a contextual perspective[J]. Academy of Management Review, 24(2): 308-324.

[129] KUNASEKARAN P, MOSTAFA RASOOLIMANESH S, WANG M, et al., 2022.

Enhancing local community participation towards heritage tourism in Taiping, Malaysia: application of the Motivation-Opportunity-Ability (MOA) model[J]. Journal of Heritage Tourism, 17(4): 465-484.

[130] LARKIN R, 2020. Knowledge transfer effects of clustering in dual configuration MNEs[J]. International Journal of Hospitality Management, 90: 102649.

[131] LE D, SCOTT N, BECKEN S, et al., 2019. Tourists' aesthetic assessment of environmental changes, linking conservation planning to sustainable tourism development[J]. Journal of Sustainable Tourism, 27(10): 1477-1494.

[132] LINDA A, PAUL I, 2000. Knowledge transfer: a basis for competitive advantage in firms[J]. Organizational Behavior and Human Decision Processes, 82(1): 150-169.

[133] LIU A, 2006. Tourism in rural areas: Kedah, Malaysia[J]. Tourism Management, 27(5): 878-889.

[134] LIU Y, DONG J, MEI L, et al, 2023. Digital innovation and performance of manufacturing firms: an affordance perspective[J]. Technovation, 119: 102458.

[135] LONGART P, WICKENS E, OCAÑA W, et al., 2017. A stakeholder analysis of a service learning project for tourism development in An Ecuadorian Rural Community[J]. Journal of Hospitality, Leisure, Sport & Tourism Education, 20: 87-100.

[136] LOW K Y J, ROBINS J A, 2014. Finding knowledge: the role of reputation in knowledge-transfer to Chinese companies[J]. Long Range Planning, 47(6): 353-364.

[137] LUO W, TIMOTHY D J, ZHONG C, et al., 2022. Influential factors in agrarian households' engagement in rural tourism development[J]. Tourism Management Perspectives, 44: 101009.

[138] MARTÍNEZ J M G, MARTÍN J M M, FERNÁNDEZ J A S, et al., 2019. An analysis of the stability of rural tourism as a desired condition for sustainable tourism[J]. Journal of Business Research, 100: 165-174.

[139] MAYER J R, 1862. XLVIII. Remarks on the forces of inorganic nature[J]. The London, Edinburgh, and Dublin Philosophical Magazine and Journal of Science, 24(162): 371-377.

[140] MCKERCHER B, 1999. A chaos approach to tourism[J]. Tourism Management, 20(4): 425-434.

[141] MINBAEVA D, PEDERSEN T, BJÖRKMAN I, et al., 2002. MNC knowledge transfer, subsidiary absorptive capacity and HRM[Z].

[142] MOLOSE T, EZEUDUJI I O, 2015. Knowledge sharing, team culture, and service innovation in the hospitality sector: the case of South Africa[J]. African Journal of Hospitality, Tourism and Leisure, 4(1): 1-16.

[143] MOORE J F, 1993. Predators and prey: a new ecology of competition[J]. Harvard Business Review, 71(3): 75-86.

[144] NAJAFI-TAVANI Z, GIROUD A, ANDERSSON U, 2014. The interplay of networking activities and internal knowledge actions for subsidiary influence within MNCs[J]. Journal of World Business, 49(1): 122-131.

[145] NAKAUCHI M, WASHBURN M, KLEIN K, 2017. Differences between inter-and intra-group dynamics in knowledge transfer processes[J]. Management Decision, 55(4): 766-782.

[146] NOVELLI M, SCHMITZ B, SPENCER T, 2006. Networks, clusters and innovation in tourism: a UK experience[J]. Tourism Management, 27(6): 1141-1152.

[147] ÖZGENER Ş, İRAZ R, 2006. Customer relationship management in small–medium enterprises: the case of Turkish tourism industry[J]. Tourism Management, 27(6): 1356-1363.

[148] PANAGIOTOU G, 2006. The impact of managerial cognitions on the structure-conduct-performance (SCP) paradigm: a strategic group perspective[J]. Management Decision, 44(3): 423-441.

[149] PARK D B, DOH K R, KIM K H, 2014. Successful managerial behaviour for farm-based tourism: a functional approach[J]. Tourism Management, 45: 201-210.

[150] PÉREZ NORDTVEDT L, KEDIA B L, DATTA D K, et al., 2008. Effectiveness and efficiency of cross-border knowledge transfer: an empirical examination[J]. Journal of Management Studies, 45(4): 714-744.

[151] PLETSCH C S, ZONATTO V C D S, 2018. Evidence of the effects of psychological capital on the transfer of knowledge from accounting students to business organizations[J]. Journal of Knowledge Management, 22(8): 1826-1843.

[152] PORTER M E, 1985. Competitive advantage[M]. New York: Free Press.

[153] PRESENZA A, CIPOLLINA M, 2010. Analysing tourism stakeholders networks[J]. Tourism Review, 65(4): 17-30.

[154] QUARANTA G, CITRO E, SALVIA R, 2016. Economic and social sustainable synergies to promote innovations in rural tourism and local development[J].

Sustainability, 8(7): 668.

[155] RAGIN C C, STRAND S I, 2008. Using qualitative comparative analysis to study causal order: comment on Caren and Panofsky (2005)[J]. Sociological Methods & Research, 36(4): 431-441.

[156] RAISI H, BAGGIO R, BARRATT-PUGH L, et al., 2020. A network perspective of knowledge transfer in tourism[J]. Annals of Tourism Research, 80: 102817.

[157] REN X, DENG X, LIANG L, 2018. Knowledge transfer between projects within project-based organizations: the project nature perspective[J]. Journal of Knowledge Management, 22(5): 1082-1103.

[158] REN X, YAN Z, WANG Z, et al., 2019. Inter-project knowledge transfer in project-based organizations: an organizational context perspective[J]. Management Decision, 58(5): 844-863.

[159] RETZER S, YOONG P, HOOPER V, 2012. Inter-organisational knowledge transfer in social networks: a definition of intermediate ties[J]. Information Systems Frontiers, 14: 343-361.

[160] ROSALINA P D, DUPRE K, WANG Y, 2021. Rural tourism: a systematic literature review on definitions and challenges[J]. Journal of Hospitality and Tourism Management, 47: 134-149.

[161] SHAW G, WILLIAMS A, 2009. Knowledge transfer and management in tourism organisations: an emerging research agenda[J]. Tourism Management, 30(3): 325-335.

[162] SHEN C, ZHENG J, 2020. Does global value chains participation really promote skill-biased technological change? Theory and evidence from China[J]. Economic Modelling, 86: 10-18.

[163] SIEMSEN E, ROTH A V, BALASUBRAMANIAN S, 2008. How motivation, opportunity, and ability drive knowledge sharing: the constraining-factor model[J]. Journal of Operations Management, 26(3): 426-445.

[164] SIEMSEN E, ROTH A V, BALASUBRAMANIAN S, 2008. How motivation, opportunity, and ability drive knowledge sharing: the constraining-factor model[J]. Journal of Operations Management, 26(3): 426-445.

[165] SIMONIN B L, 1999. Transfer of marketing know-how in international strategic alliances: an empirical investigation of the role and antecedents of knowledge ambiguity[J]. Journal of International Business Studies, 30: 463-490.

[166] SINGH R, BHANOT N, 2020. An integrated DEMATEL-MMDE-ISM based approach for analysing the barriers of IoT implementation in the manufacturing industry[J]. International Journal of Production Research, 58(8): 2454-2476.

[167] SIRMON D G, HITT M A, ARREGLE J L, et al., 2010. The dynamic interplay of capability strengths and weaknesses: investigating the bases of temporary competitive advantage[J]. Strategic Management Journal, 31(13): 1386-1409.

[168] SLATER S F, NARVER J C, 1995. Market orientation and the learning organization[J]. Journal of Marketing, 59(3): 63-74.

[169] SNIEŠKA V, BARKAUSKIENĖ K, BARKAUSKAS V, 2014. The impact of economic factors on the development of rural tourism: lithuanian case[J]. Procedia-Social and Behavioral Sciences, 156: 280-285.

[170] SØRENSEN F, 2007. The geographies of social networks and innovation in tourism[J]. Tourism Geographies, 9(1): 22-48.

[171] STEPHAN A, BENING C R, SCHMIDT T S, et al., 2019. The role of inter-sectoral knowledge spillovers in technological innovations: the case of lithium-ion batteries[J]. Technological Forecasting and Social Change, 148: 119718.

[172] SWAP W, LEONARD D, SHIELDS M, et al., 2001. Using Mentoring and Storytelling to Transfer Knowledge in the Workplace [J]. Journal of Management Information Systems, 18(1): 95-114.

[173] SZULANSKI G, 1996. Exploring internal stickiness: impediments to the transfer of best practice within the firm[J]. Strategic Management Journal, 17(S2): 27-43.

[174] TEECE D J, 1977. Technology transfer by multinational firms: the resource cost of transferring technological know-how[J]. The Economic Journal, 87(346): 242-261.

[175] TICHY N M, SHERMAN S, 1994. Control your destiny or someone else will[M]. New York: HarperBusiness.

[176] TORTORIELLO M, REAGANS R, MCEVILY B, 2012. Bridging the knowledge gap: the influence of strong ties, network cohesion, and network range on the transfer of knowledge between organizational units[J]. Organization Science, 23(4): 1024-1039.

[177] TSAI H Y, 2022. Individual-level absorptive capacity and multidimensional work behavior in tourism[J]. Journal of Organizational Change Management, 35(2): 280-292.

[178] TÜRKMENDAĞ Z, TUNA M, 2022. Empowering leadership and knowledge management: the mediating role of followers' technology use[J]. Journal of Organizational Change Management, 35(2): 330-347.

[179] TYRE A J, MICHAELS S, 2011. Confronting socially generated uncertainty in adaptive management[J]. Journal of Environmental Management, 92(5): 1365-1370.

[180] UZZI B, 1999. Embeddedness in the making of financial capital: how social relations and networks benefit firms seeking financing[J]. American Sociological Review, 64: 481-505.

[181] VALERI M, BAGGIO R, 2022. Increasing the efficiency of knowledge transfer in an Italian tourism system: a network approach[J]. Current Issues in Tourism, 25(13): 2127-2142.

[182] VEBLEN T, 1898. Why is economics not an evolutionary science?[J]. The Quarterly Journal of Economics, 12(4): 373-397.

[183] VENKATESH V, DAVIS F D, 2000. A theoretical extension of the technology acceptance model: four longitudinal field studies[J]. Management Science, 46(2): 186-204.

[184] WANG J, HU Y, ZHANG Z, 2021. Skill-biased technological change and labor market polarization in China[J]. Economic Modelling, 100: 105507.

[185] WASKO M M L, FARAJ S, 2005. Why should I share? Examining social capital and knowledge contribution in electronic networks of practice[J]. MIS Quarterly, 1(29): 35-57.

[186] WEI J, ZHENG W, ZHANG M, 2011. Social capital and knowledge transfer: a multi-level analysis[J]. Human Relations, 64(11): 1401-1423.

[187] WEIDENFELD A, WILLIAMS A M, BUTLER R W, 2010. Knowledge transfer and innovation among attractions[J]. Annals of Tourism Research, 37(3): 604-626.

[188] WILTSHIER P, EDWARDS M, 2014. Managing knowledge transfer partnership for a rural community: the outcomes at Wirksworth, UK[J]. Kybernetes, 43(3/4): 629-651.

[189] WINTER S G, 2003. Understanding dynamic capabilities[J]. Strategic Management Journal, 24(10): 991-995.

[190] WOODSIDE A G, 2013. Moving beyond multiple regression analysis to algorithms: calling for adoption of a paradigm shift from symmetric to asymmetric thinking in

data analysis and crafting theory[J]. Journal of Business Research, 66(4): 463-472.

[191] ZAND D E, 1972. Trust and managerial problem solving[J]. Administrative Science Quarterly: 229-239.

[192] ZHAO D, ZUO M, DENG X N, 2015. Examining the factors influencing cross-project knowledge transfer: an empirical study of IT services firms in China[J]. International Journal of Project Management, 33(2): 325-340.